D0506395

AQUI Y AHORA

BARBARA MUJICA

Georgetown University

Holt, Rinehart and Winston

New York   San Francisco   Toronto   London

PHOTOGRAPH CREDITS (by page number)

Jerry Frank: 3, 4, 35, 79, 95, 158, 161, 174, 192, 198, 200, 203, 210, 211, 213; Lida Moser: 13; Sybil Shelton, Monkmeyer: 34, 55, 64; Margarita Clarke: 47, 94; David Powers: 59; HRW Photo Library: 84, 113, 127; UPI: 128, 217; Colombia Information Service: 175; Bob Fitch, Black Star: 193.

All line drawings in the text are by Ric Estrada except the following:

Mafalda by Quinto, *El Tiempo:* 99; **Talia** by De la Torre, *El Tiempo:* 100; Cartoon by Rosa Sánchez, *Mujer:* 101; **La exposición** by Juan Pablo Avendaño, *¿Qué pasa?:* 106; Cartoons, *Publicar Ltd.:* 156, 177.

Acknowledgments for reading selections appear on page 276.

Library of Congress Cataloging in Publication Data

Main entry under title:
Aquí y ahora.

    1. Spanish language — Readers.   I. Mujica,
Barbara Kaminar de.
PC4117.A739 468'.6'421 78-23215
ISBN 0–03–042396–1

Copyright © 1979 by Holt, Rinehart and Winston
All Rights Reserved
Printed in the United States of America
     3 039 9 8 7 6 5 4 3

To Mauro, Lillian, and Mariana

Contents

Preface

Aquí y ahora is an intermediate textbook designed to develop the students' cultural awareness of the Hispanic world and their ability to communicate in Spanish.

The book is divided into seven chapters, each of which contains an introduction in English, four to five reading selections, exercises on the readings, and themes for discussion and composition. The various chapters focus on diverse cultural aspects of Hispanic society: the family, sex roles, education, leisure-time activities, current ethical issues, myths and beliefs, the search for identity.

Each chapter begins with an introduction designed to give students the cultural information they need to comprehend the reading selections. A special effort has been made to compare North American and Hispanic attitudes and to dispel some of the myths about Spanish-speaking people that pervade Anglo-American society. The students should be made aware, however, that these essays describe general tendencies, for the Hispanic world is infinitely complex and there may be many exceptions to the norms described here.

The cultural introductions are followed by readings — stories, articles, short plays, dialogs, letters, and diaries — arranged by order of difficulty. Many of the fiction selections were written by major Spanish and Latin American authors, while the majority of articles are from Hispanic magazines and newspapers. Each selection deals with a topic of current interest, and several readings deal with particularly controversial issues. All of these materials have been tested in the classroom and have been found to hold student attention and to generate conversation.

The reading selections are accompanied by side glosses that clarify the meanings of difficult words either through translation or, whenever possible, through explanations in Spanish.

Most readings are preceded by a section called **Atención**, whose purpose is to acquaint students with difficulties presented by the particular selection before they start to read. Wherever appropriate, the **Atención** section treats idiomatic expressions, potentially confusing structures, or regional language. Occasionally, additional related vocabulary the students will need to discuss the material in the reading selections is provided here.

The reading selections in *Aquí y ahora* are followed by a variety of exercises which aid in the acquisition of vocabulary. The first exercise that follows each selection assures reading comprehension. This exercise may consist of questions, incomplete sentences that students finish with material from the reading, items to be included in a summary of the article or story, or statements which the students identify as true or false with explanations.

The reading comprehension exercise is followed by a series of vocabulary exercises. These progress from simple drills that check comprehension of individual terms, to more complex manipulative tasks that require students to use the items in the appropriate forms, and finally, to still more difficult activities that guide the students in the production of original sentences, paragraphs, and compositions. In order to make the exercises enjoyable, some have been presented in the form of stories or puzzles.

The vocabulary required for these exercises is listed after each reading in the section called **Vocabulario Activo.** An effort has been made to incorporate active vocabulary items into subsequent chapters so that students will remember and assimilate them. A complete list of the words in this book appears in the **Vocabulario** at the end of the text.

When students have read and understood the reading selections and have mastered the active vocabulary, they will be ready to use the material they have learned for free communication. Each chapter ends with a discussion section designed to encourage the students to relate to the readings on a personal level and to express their opinions. Sometimes a debate topic or a suggestion for a special activity is also included. Often the **Discusión** section is followed by topics for composition.

It is hoped, then, that *Aquí y ahora* will help to develop the five major aspects of the intermediate Spanish program: cultural appreciation, reading comprehension, vocabulary building, conversation, and writing skills. Moreover, it is hoped that, by presenting students with interesting, timely materials they can read with minimal difficulty, *Aquí y ahora* will help make learning Spanish a gratifying and pleasurable experience.

Barbara Mujica

1
PADRES E HIJOS

What Is a Family?

What is a family? A North American and a Spaniard or Spanish American might not answer this question in the same way. Most North Americans tend to think of the family as simply parents and their children. For Spanish-speaking people, however, the family consists of parents, children, grandparents, aunts and uncles, cousins and even godparents.

Hispanic people tend to depend on members of their own families more than most North Americans do. For example, in a Spanish-speaking country, if an older woman is left a widow, she will typically go to live in the home of one of her married children. There are few homes for the aged in Hispanic countries because elderly people rely on members of their families to take care of them. In Spanish-speaking countries, it is not unusual for several generations to live in the same house. Unmarried adults often live with a married sister or brother, and many households include uncles and aunts.

Spaniards and Spanish Americans typically feel a great deal of loyalty to their families. Politicians who are in power often appoint members of their own families to important positions. This practice, which sometimes seems unusual or even unethical to North Americans, is not viewed as such by most Hispanics, who consider loyalty to one's own family to be perfectly normal and healthy.

In Latin America and Spain many businesses are run by families instead of by individuals. Young men often go to work for their fathers or uncles and eventually take over the family business, sometimes sharing its operation with their brothers or cousins.

Members of a household usually spend more time with each other than is customary in the United States. For example, they nearly always eat the midday meal together at home. Although the exact hour of the meal varies from country to country, lunch is the largest meal of the day in all Spanish-speaking countries. Although in some of the more industrialized areas offices are adopting an American-style work schedule, in most places schools, stores, and offices close at lunchtime and children and parents return to their homes. After they eat, there is a period of conversation called the **sobremesa**. Then everyone relaxes awhile before going back to school or work. In the evening, family members gather again for dinner. Because most middle and upper class families employ at least one maid, the mother is free to sit at the table with her family without getting up to serve.

Sundays are normally dedicated to the family. In the morning the members of the household go to mass. In the afternoon, the entire family gathers at the home of an aunt and uncle or the grandparents for the Sunday meal. At gatherings of this type, many generations are present—grandparents, aunts and uncles, children and babies of all ages. Spanish-speaking people are less inclined to isolate themselves into age groups than most North Americans are.

In addition to Sunday reunions, the family gathers for other occasions, many of them religious in nature: baptisms, first communions, confirmations, weddings, birthdays, saint's days[1], and funerals.

In addition to the blood relatives, godparents are considered to be family members. The godparents are the persons who promise to protect and to be responsible for a child at the time the child is baptized. Godparents may be relatives or close friends of the parents. Sometimes the parents will ask an influential person in their village or neighborhood to be their child's godparent so

---

[1]In predominantly Catholic countries people celebrate their saint's day or name day as well as their birthday. According to the Catholic calendar, each day of the year is assigned to one or more saints. A person's saint's day is the day of the saint whose name he or she bears.

that the child will have the benefit of the protection and assistance of that person later on in life. The duties of the godparents are taken very seriously in most parts of the Spanish-speaking world. The word for godparents —**compadres** —means "co-parents" and implies that those honored with the title will take some responsibility for raising the child.

Naturally, not all Hispanic families fit the description presented here. Especially among the poor it is common for couples to live together and raise families without the formality of marriage. There are also thousands of cases of children born out of wedlock to mothers who have been abandoned by the child's father. The Spanish term for "illegitimate child" —**hijo natural** —does not carry the stigma the English term does, but even so, the lot of these children who grow up without the economic, psychological, and social benefits of having a father is often a difficult one.

One further consideration in the description of the Hispanic family is that divorce and legal separation—once impossible to obtain in Spanish-speaking countries—are becoming increasingly common, especially among the wealthier classes.

ATENCION

When used with the preterit, **hace** + *period of time* + **que** translates English expressions with *ago*.

Hace dos años que su esposo murió. *Her husband died two years ago.*
Su esposo murió hace dos años.

Hace una hora que llegué. *I arrived an hour ago.*
Llegué hace una hora.

Notice that **hace** can occur either at the beginning of a sentence or immediately after the period of time. In the second case, **que** is omitted.

Padres e hijos y otros...

Me llamo Francisca, pero todo el mundo me dice Panchi. (Mi apodo es Panchi.)

Tengo dieciocho años y soy la menor de cinco hijos. Mis hermanos tienen veinte, veintidós, veintitrés y veinticinco años.

Fernando es el mayor. El es casado. Su esposa (señora, mujer) se llama Cristina. Ella es mi cuñada.

Fernando y Cristina tienen dos hijos, un varoncito que se llama Fernando como él, y una mujercita que se llama Cristina, como ella. Nosotros les decimos Nano y Tina. Nano y Tina son mis sobrinos. Yo soy la tía de ellos.

Fernando y Cristina tienen un departamento (apartamento) en el centro. La mamá de Cristina vive con ellos. Ella es una viuda. Su esposo (marido) murió hace dos años.

La mamá de Cristina se llama Teresa. Doña[1] Teresa es la suegra de Fernando y la abuela de Nano y Tina. A doña Teresa le encantan sus nietos.

También vive otra persona en la casa de mi hermano: Marta, la empleada (criada, sirvienta).

Marta limpia la casa y ayuda con los niños, pero no cocina porque a doña Teresa le gusta cocinar.

Mis otros hermanos y yo no somos casados. Somos solteros. Por nuestro lado Nano y Tina no tienen primos.

---

[1]**Doña** is a title of respect used with feminine first names. The corresponding masculine title is **don**. **Don** and **doña** are capitalized only at the beginning of a sentence.

VOCABULARIO ACTIVO

la abuela   *grandmother*
el abuelo   *grandfather, grandparent*
el apartamento   *apartment*
el apodo   *nickname*
casado, -a   *married*
la criada   *maid*
la cuñada   *sister-in-law*
el cuñado   *brother-in-law*
el departamento   *apartment*
la empleada   *maid*
la esposa   *wife*
el esposo   *husband*
el marido   *husband*
menor   *younger*

la mujer   *wife*
el nieto   *grandchild*
el primo   *cousin*
la señora   *wife*
la sirvienta   *maid*
la sobrina   *niece*
el sobrino   *nephew*
soltero, -a   *single, unmarried*
la suegra   *mother-in-law*
el suegro   *father-in-law*
la tía   *aunt*
el tío   *uncle*
la viuda   *widow*
el viudo   *widower*

jaleo=ruido
asilo- asylum
asilo para ancianos- nursing home

PREGUNTAS

1. ¿Cuál es el apodo de Francisca? *Panchi*
2. ¿Cuántos años tiene ella? ¿Es la mayor o la menor de los hermanos? *18*
3. ¿Quién es Fernando? ¿Es casado o soltero? *Hermano*
4. ¿Cómo se llama la esposa de Fernando? *Cristina*
5. ¿Cuántos hijos tienen Fernando y Cristina? *Dos*
6. ¿Cómo se llaman sus hijos? ¿Tienen algún apodo? *Nano Tina*
7. ¿Cuál es la relación que existe entre Francisca, Nano y Tina? *Tía/sobrinos*
8. ¿Quién es doña Teresa? ¿Cuándo murió su esposo? Le gustan a ella sus nietos? *Mamá   Dos   Sí*
9. ¿Quién es Marta? ¿Qué hace? ¿Por qué no cocina? *Criada   limpia   Teresa*
10. ¿Son casados Panchi y sus otros hermanos? *No*

VAMOS A PRACTICAR

El Vocabulario

A. *Complete la frase con el vocablo más apropiado y dé el artículo, si es necesario.*

1. Me llamo Graciela pero todos me dicen Chela. Chela es mi *apodo*
2. Yo soy la más joven de mis hermanos. Es decir, yo soy *la menor*
3. Mi hermano no es soltero. Es *casado*

4. La esposa de mi hermano es mi _cuñada_ . El esposo de mi hermana es mi _cuñado_

5. Los hijos de mi hermano son mis _sobrinos_

6. La hermana de mi mamá es mi _tía_. El hermano de mi mamá es mi _tío_.

7. La mamá de mi mamá es mi _abuela_. El papá de mi mamá es mi _abuelo_

8. Una mujer de quien el esposo ha muerto es _viuda_. Un hombre de quien la esposa ha muerto es _viudo_

9. La mamá de mi esposo es mi _suegra_. El papá de mi esposo es mi _suegro_

10. Los hijos de mis tíos son mis _primos_

B. Sinónimos

Reemplace con un sinónimo los vocablos en letra cursiva (italics).

1. El *marido* de Cristina se llama Fernando. _esposo_
2. La *señora* de Fernando es Cristina. _esposa_
3. Viven en un *apartamento*. _departamento_
4. Tienen una *empleada*. _criada, sirvienta_

C. *Traduzca al español.*

1. Her husband died two years ago.
2. Her son arrived an hour ago.
3. My sister-in-law left ten minutes ago.
4. My grandmother called a week ago.
5. The maid cleaned the house a little while ago. (*hace poco*)

DISCUSION

1. ¿Cómo se llama usted? ¿Tiene usted un apodo?   2. ¿Tiene usted el mismo nombre que su mamá o papá?   ¿Existe en los Estados Unidos la costumbre de ponerle a un niño el mismo nombre de su papá o mamá? Cuando el hijo y el padre tienen el mismo nombre, ¿cuáles son algunos de los problemas que tiene la familia?   3. ¿Tiene usted hermanos? ¿Cuántos? ¿Cuántos años tienen? ¿Es usted mayor o menor que ellos?   4. ¿Es usted casado o soltero? ¿Tiene usted hermanos casados?   5. ¿Tiene usted un cuñado? ¿Tiene sobrinos? ¿Cuántos? ¿Quiénes son los otros miembros de su familia?   6. ¿Prefiere usted vivir en una casa o en un departamento? ¿Por qué?   7. ¿Es viuda su abuela? ¿Vive en su casa? En los Estados Unidos, ¿es común que la abuela o el abuelo viva con la familia? ¿Dónde vive normalmente?   8. ¿Tiene su mamá una empleada? ¿Es común tener una empleada en los Estados Unidos? ¿Qué hace una empleada?   9. ¿A usted le gusta cocinar? ¿Le gusta limpiar la casa?   10. ¿Qué no le gusta hacer en casa?

La familia

La familia es la unidad básica y fundamental de la sociedad. La familia se reconoce° en todas las culturas como una entidad social, económica y educadora por excelencia.

    La familia tiene su origen en la naturaleza°—en la procreación de hijos y en las características biológicas del ser° humano, que nace indefenso e incapaz° de proveerse de° comida y protección.

    A las necesidades físicas se agregan° otras de tipo espiritual e intelectual, que también dependen principalmente del medio° que le proporciona° al individuo su familia.

    Así se observa que tanto el desarrollo° físico como el mental de una persona depende en su mayor parte° de la familia. Claro que hay otros factores que son importantes también: las características genéticas, el medio físico, el clima, las condiciones de vida, el tipo de comida.

    Pero sociólogos y educadores han demostrado que el medio familiar° modela la personalidad del individuo, ya que° las características principales de la personalidad se fijan° durante los primeros años de vida, como consecuencia de lo que un niño observa y aprende de sus padres°.

se . . . is recognized

nature

being / incapable
proveerse . . . *providing himself with*
se . . . *are added*

environment / da

development
en . . . principalmente

de la familia
ya . . . *since*
se . . . *are fixed*
parents

VOCABULARIO ACTIVO

agregar   *add*
el desarrollo   *development*
en su mayor parte   *principally, mainly*
fijar   *fix*
incapaz   *incapable*
el medio   *environment*

la naturaleza   *nature*
los padres   *parents*
reconocer (zc)   *recognize*
el ser   *being*
ya que   *since*

PARA COMPLETAR

Escoja la respuesta correcta.

1. La familia es una unidad básica y fundamental
   a) solamente en la cultura europea   b) en todas las sociedades   c) en pocos países.
2. La familia es una entidad natural porque
   a) el hombre es indefenso   b) los niños dependen de sus padres por su comida y protección   c) los niños se proveen de comida y protección.
3. Las necesidades espirituales e intelectuales
   a) son las únicas que satisfacen la familia   b) son menos importantes que las físicas c) también dependen de la familia para satisfacerse.
4. Las características genéticas, el medio físico, el clima, las condiciones de vida y el tipo de comida
   a) son otros factores que influyen en la formación de una persona   b) no tienen mucha importancia para el desarrollo del individuo   c) son más importantes que la familia.
5. El medio familiar modela la personalidad porque
   a) eso es lo que dicen los sociólogos y educadores   b) las características principales de la personalidad se establecen durante los primeros años de vida   c) el niño observa y aprende de sus padres sólo durante los primeros años de vida.

VAMOS A PRACTICAR

El Vocabulario

Complete las frases con los vocablos más apropiados.

1. Los árboles, las montañas, los lagos son parte (del desarrollo / de la naturaleza / del ser humano).
2. La familia (se reconoce / se agrega / se fija) como la base de la sociedad.
3. El niño es (indefenso / incapaz / intelectual) de proveerse de comida y protección.
4. Un niño siempre imita a (sus padres / su naturaleza / su desarrollo).
5. La familia modela la personalidad del individuo (ya que / por excelencia / en su mayor parte) el niño aprende mucho de sus padres y hermanos.
6. Todos somos (seres / desarrollos / medios) humanos.

DISCUSION

1. ¿Ha sido su familia importante para su desarrollo personal? ¿Cuáles son algunas de las cosas que usted ha aprendido de su familia? **2.** ¿Qué otros factores han contribuido a su desarrollo físico, espiritual e intelectual? **3.** ¿Prefiere usted vivir con su familia o con otros estudiantes? ¿Por qué? **4.** ¿Es la familia menos importante ahora que antes? Explique.

ATENCION

Sino not **pero** translates *but* when the first part of a sentence is negative and the second part contradicts the previously mentioned negative idea.

No es alta, sino baja.	*She's not tall, but short.*
No estudio francés, sino español.	*I don't study French, but Spanish.*
No depende del número de hijos, sino de la forma en que los padres eduquen a sus hijos.	*It doesn't depend on the number of children, but on the way parents bring up their children.*

Notice that the same part of speech is replaced when **sino** is used. That is, noun replaces noun, adjective replaces adjective, etcetera: *alta/baja, número/forma,* and so on.

Sino is also used to translate *but* in sentences that express the idea *not only . . . but also.*

La personalidad no depende sólo de la educación, sino también de factores hereditarios.	*Personality doesn't depend only on upbringing, but also on hereditary factors.*

Sino que is used under the same circumstances but is always followed by a conjugated verb.

El hijo único no depende excesivamente de sus padres, sino que demuestra más autoconfianza que otros niños.	*The only child does not depend on his parents excessively, but demonstrates more self-confidence than other children.*
Estos chicos no solamente son inteligentes, sino que también han estudiado en buenas escuelas.	*These youngsters are not only intelligent, but have also studied in good schools.*

However, when an infinitive is used, **sino** is required.

No quiero estudiar, sino pensar.	*I don't want to study, but to think.*

El hijo único:° ¿un problema?

hijo . . . *only child*

Hasta hace unos cuantos° años, había pocas parejas° que querían tener un único hijo. Todavía hoy, inclusive aquellas parejas que desean limitar su familia generalmente prefieren tener, por lo menos,° dos hijos. Y muchos padres que, por una razón u otra, sólo tienen un único hijo, se sienten culpables° por no haberle dado° hermanos a ese hijo. Piensan que su hijo puede resultar° malcriado° y consentido° o egoísta por no haber tenido hermanos con quienes compartir°.

Muchas de las ideas comunes que generalmente circulan acerca de los hijos únicos y su educación no tienen, en realidad, ningún fundamento válido, como lo demuestran las más recientes investigaciones sociológicas. Vamos a examinar algunas de estas ideas:

1. *Los hijos únicos son malcriados.*

Incorrecto. Mire a su alrededor° y encontrará muchos casos que, lejos de corroborar esta teoría, muestran que es falsa. Hay muchos hijos únicos que no son malcriados.

pocos / *couples*

por . . . *at least*

guilty / **no** . . . *not having given him*
turn out to be / ill-behaved
spoiled
share

a . . . *around you*

También hay niños de familias de numerosos hermanos que son absolutamente insoportables. La malacrianza infantil, o la ausencia° de ésta, no parece depender del número de hijos que se tengan, sino de la forma en que los padres eduquen° a sus hijos.

2. *Los hijos únicos son más difíciles de educar.*

Las personas que mejor pueden responder son los padres de los hijos únicos. Una investigación de la Fundación Millbank en Indianápolis, Indiana, Estados Unidos, tiende a demostrar que los padres de hijos únicos se sienten «más felices» que los que tienen familias grandes.

Otra investigación realizada en los Estados Unidos señala° que el 60 por ciento° de los padres con hijos únicos recomiendan que no se tenga más de uno.

Estos estudios no parecen respaldar° la tesis de que los hijos únicos sean más difíciles de educar.

3. *Los hijos únicos no son populares entre los chicos de su edad°.*

Los estudios psicológicos demuestran todo lo contrario. Los hijos únicos, precisamente por no tener hermanos, tienen una mayor predisposición a disfrutar° más de la compañía de los compañeros y una tendencia más marcada a buscar y a ganar° amigos.

Por lo general, precisamente porque buscan la compañía de sus iguales, son más abiertos para compartir sus intereses, juegos y experiencias.

4. *Los hijos únicos dependen excesivamente de sus padres.*

Es posible que los hijos únicos se sientan emocionalmente más unidos a sus padres, pero esta relación no implica° necesariamente mayor dependencia.

En las clases de kindergarten, por ejemplo, es un hecho° comprobado° que los hijos únicos parecen ser los niños de mayor autoconfianza°.

5. *Los hijos únicos tienen problemas emocionales cuando llegan a ser° adultos.*

No hay bastante evidencia científica para afirmar tal° cosa, pero sí existen dos estudios psicológicos significantes. Uno de ellos demuestra que las probabilidades de tener un matrimonio feliz son las mismas para los hijos únicos y para las personas que tienen hermanos.

El otro revela que, en el trabajo, los hijos únicos no

absence

bring up

points out / per cent

back up

age

enjoy

win

imply

fact / proven
self-confidence

llegan . . . *they become*
such a

tienen problemas emocionales diferentes de los de otras personas.

¿Es que no hay peligros°?   dangers

Claro que la familia con un único hijo tiene ciertas características especiales y los padres deben estar conscientes de éstas, para evitar° errores y problemas futuros.   avoid

Por ejemplo, concentrarse demasiado en el hijo único es peligroso. El niño no debe ser absorbente, ni monopolizar toda la energía de sus padres.

Lo segundo es que los padres deben examinar las exigencias° que ellos hacen al hijo único; es decir, pregun-   demands
tarse si, precisamente por ser único, están fijándole metas°   goals
demasiado altas y poco realistas. Cuando esto ocurre, el niño se resiente contra° sus padres.   se ... resents

Otro aspecto importante, que no pueden olvidar los padres del hijo único, es el asegurarse de° proveer al niño   el ... to be sure to
de la compañía de otros niños. El hijo único necesita tener la oportunidad de aprender a compartir y a competir.

Un último peligro que debe mencionarse es el riesgo° de   risk
que los padres derramen° sobre el hijo un exceso de cosas   lavish
materiales. El niño que vive en medio de la *superabundancia económica*, acostumbrado a recibir todo lo que quiere, estará poco preparado para la vida de adulto.

VOCABULARIO ACTIVO

asegurarse de   *to be sure to, make sure of*
compartir   *to share*
comprobar (ue)   *to prove, to confirm; to verify*
consentido   *spoiled*
cuantos   *few, some*
la edad   *age*
educar   *to raise; educate*
el hecho   *fact*

el hijo único   *only child*
llegar a ser   *to become*
malcriado   *ill-behaved, bad-mannered*
la meta   *goal, objective*
la pareja   *couple*
peligro   *danger*
por lo menos   *at least*
riesgo   *risk*
señalar   *to indicate, point out*
el varón   *man;* varoncito   *boy*

PREGUNTAS

1. ¿Por qué se sienten culpables algunas parejas que tienen un solo hijo?
2. ¿Por qué piensan que su hijo puede resultar malcriado y consentido?
3. Según este artículo, ¿es verdad que los hijos únicos son malcriados? ¿De qué depende la malacrianza?
4. Según los estudios, ¿son los hijos únicos más difíciles de educar o no?
5. ¿Por qué son populares entre los chicos de su edad los hijos únicos? ¿Dependen excesivamente de sus padres?
6. ¿Tienen los hijos únicos problemas emocionales especiales cuando llegan a ser adultos? ¿Qué tipo de problemas tienen?
7. ¿Cuáles son algunos de los peligros o problemas especiales que tienen las familias con un único hijo?

VAMOS A PRACTICAR

El Vocabulario

A. *Definiciones: Escoja la definición correcta de cada vocablo.*

1. edad	A. grupo de dos personas o cosas
2. hijo único	B. darle una parte de lo que uno tiene a otra persona
3. malcriado	C. consentido, que se porta mal
4. pareja	D. objetivo
5. hecho	E. demostrar que algo es verdad
6. riesgo	F. uno que no tiene hermanos
7. meta	G. el número de años que una persona o cosa tiene
8. compartir	H. algo que es verdad
9. comprobar	I. indicar, mostrar
10. señalar	J. peligro

B. *Conteste cada pregunta usando los vocablos en paréntesis.*

MODELO: ¿Cuántos años tiene María? (edad)
No sé qué edad tiene.

1. ¿Había muchas personas en la fiesta? (unas cuantas)
2. ¿Estudia usted francés ahora? (sino)
3. ¿Tiene María hermanos? (hija única)
4. ¿Me da usted una parte de su sandwich? (compartir)
5. ¿Piensa usted que los varoncitos dan menos problemas que las mujercitas? (educar)
6. ¿Cuántos hijos quiere usted tener? (por lo menos)
7. ¿Es simpático ese muchacho? (consentido y malcriado)
8. ¿Necesitan los niños jugar con otros chicos de su misma edad? (asegurarse de)

DISCUSION

1. ¿Es usted un hijo único? ¿Conoce usted a alguien que sea hijo único? ¿Tiene el hijo único algunos problemas especiales? ¿Cuáles son? **2.** ¿Cuántos hijos quiere usted tener? Explique usted por qué ha escogido ese número. **3.** ¿Prefiere usted las familias grandes o las pequeñas? ¿Por qué? **4.** Para educar bien a un niño, ¿cuáles son algunas de las cosas que hay que hacer? **5.** ¿Es más difícil educar a un niño ahora que antes? Explique su respuesta.

ATENCION

I

Hace que + *period of time* + *the present tense of the verb* is used to express the length of time an action has been going on or a condition has existed.

Hace cuatro años que tiene el mismo empleo.	*He's had the same job for four years.*
Hace dos días que está esperando.	*He has been waiting for two days.*

The same idea may be expressed by beginning the sentence with the verb. In this case, the word **desde** may precede **hace** and **que** is omitted.

Tiene el mismo empleo (desde) hace cuatro años.	*He's had the same job for four years.*
Está esperando (desde) hace dos días.	*He has been waiting for two days.*

The above sentences may be put in the past by changing both verbs to the imperfect.

Hacía cuatro años que tenía el mismo empleo.	*He had had the same job for four years.*
Estaba esperando (desde) hacía dos días.	*He had been waiting for two days.*

It is not incorrect in Spanish to use a present or past perfect construction instead of **hace / hacía ... que.**

Ha tenido el mismo empleo por cuatro años.	*He has had the same job for four years.*
Había estado esperando por dos días.	*He had been waiting for two days.*

II

Volver a + *infinitive, to* (do something) *again*

Tenía muchas ganas de volver a ver a Andrés.	*She was anxious to see Andrés again.*
Andrés volvió a escribirle.	*Andrés wrote to her again.*

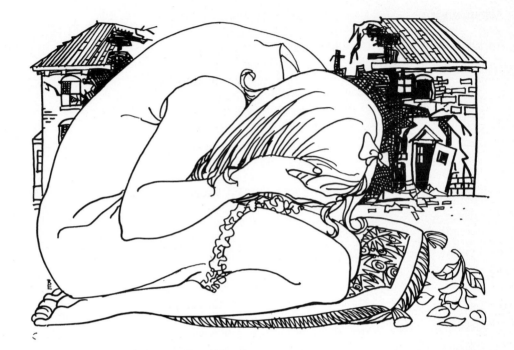

La hija del divorcio

Isabel Cuchi Coll*

Elia nació en un pueblo de la isla de Puerto Rico. Es morena, alta, de buena figura. Tiene el cabello negro, las cejas arqueadas°, los ojos grandes y negros, y largas pestañas°. La nariz delgada, la boca grande, y en sus labios llevaba° una expresión de amargura°. Es, en conjunto°, una mujer guapa.

    A los dieciséis años de edad, Elia quedó huérfana° de padre, por las leyes° del divorcio.

    La primera impresión exterior que del mundo tuvo,

cejas ... *arched eyebrows*
eyelashes
she wore | bitterness |
  en ... *all in all*

orphan
laws

---

*Isabel Cuchi Coll is a Puerto Rican writer whose stories have appeared in Cuban, Puerto Rican, and American newspapers.

fue un viaje a España. Su madre, bastante joven y atractiva aún°, era una mujer que disfrutaba de° una considerable fortuna por herencia° de sus padres.

todavía / **disfrutaba**...
enjoyed
inheritance

Ya en Madrid las dos, allí se instalaron. Elia asistió al colegio, se matriculó en las asignaturas del bachillerato,[1] y saboreó° el típico ambiente° estudiantil madrileño.

savored / medio
inmediatamente

Ella no solamente se adaptó en seguida° a su nueva forma de vida, tan distinta a la que se lleva° en los pueblos de los países pequeños tropicales, sino que le tomó amor, y se sentía feliz.

se ... *is led*

Su madre, entre tanto°, hacía amigos nuevos, con los que frecuentaba teatros, cafés, reuniones, para ahogar° en momentáneas distracciones las noticias recién llegadas del ex-marido, que había ido a Nicaragua a ocupar un buen puesto y acababa de casarse° con una hija de la capital centroamericana. No parecía acordarse en absoluto de Estela, su ex-esposa, ni de su hija Elia.

durante este tiempo
to drown

acababa... *he had just married*

Tal vez por ser el momento psicológico indicado, tal vez por creerlo necesario para su plan de olvido, o tal vez por necesidad de su espíritu que se sentía joven todavía, Estela se encontró un nuevo compañero en Madrid. Una de esas mañanas radiantes de luz° y de sol tan frecuentes en los inviernos madrileños, conoció a Andrés Mora que estaba de vacaciones en la Villa del Oso y el Madroño. Mora trabajaba en los Archivos de la Casa de Aragón en Barcelona, empleo que tenía desde hacía cuatro años, sin esperanza de un puesto° mejor al que hasta entonces ocupaba. Mora salió algunas veces con su nueva conocida° y le agradó° su compañía. Se encontraron todas las mañanas, por espacio de dos semanas, al cabo° de las cuales, Andrés le dijo a Estela que sus vacaciones habían terminado y se regresaba a Barcelona.

light

trabajo, empleo
acquaintance
gustó
fin

El muchacho se fue y empezaron a escribirse. Estela puso interés en esta aventura. Tenía algo de fascinante. Mora, por su parte, supo la situación financiera de su amiga y las cartas que comenzaron a venir eran cada vez más° apasionadas hasta terminar claramente en una proposición matrimonial. Con gran sorpresa de su parte,

cada... más y más

---

[1] In most Hispanic countries, a degree received after completing one's secondary school studies and passing a university entrance examination.

Estela encontró que estaba ilusionada°. Deseba francamente volver a ver a aquel hombre más joven que ella,
fino, correcto, entusiasmado. Aquello tenía el encanto° de
la novedad. Estela guardó de Elia el secreto de este capricho. Aceptó la proposición matrimonial y Andrés vio
en Estela la luz que lo guiaría hasta el anhelado° puerto:
Neuva York. Estela, que había pensado en residir definitivamente en España, no sabe cómo, al casarse, se encontró quitando°su casa y haciendo los baúles°.

Este casamiento fue una dolorosa sorpresa para Elia.
El no haberle dicho nada, y el tener que dejar España, no se
lo perdonó'a su madre, y levantó° un terrible resentimiento
en su corazón hacia el hombre que ella creía causante del
súbito° cambio que había tenido lugar en su vida.

No sabía cómo iba a ser de ahora en adelante°, pero
pensaba que iba a ser incómodo°, con la constante presencia de aquel intruso. Y así fue. Sin intentar acercamiento
alguno° al padrastro°, ambos° se odiaron desde el primer
momento, odio que subió de punto° hasta que unos meses
más tarde, supo que su madre iba a tener un hijo de Mora.
A pesar de° que en Nueva York disfrutaban de un bienestar
material, el interior del hogar° amenazaba° convertirse en
una situación intolerable. Del nuevo matrimonio nació un
varoncito que era la alegría de la casa. En Elia, el odio al
padre, se hizo extensivo al hijo, aunque fuera° su hermano.

Su madre estaba entregada° por completo a su nueva
familia y la vieja mayagüezana° que les servía, era la confidente de Elia. Más de una vez la pobre mujer la oyó decir
que estaba demás° en su casa. El padrastro se metía° con-
stantemente en los asuntos° de Elia, y ejercía, consentido
por Estela, una especie° de tiranía sobre ésta. Elia, aburrida, desesperada del giro° que las cosas tomaban, concibió la idea de escribirle a su padre, explicándole su situación y rogándole° llevarla a su lado. El padre no contestó, y
ella expuso su proyecto a su madre, quien no solamente no
opuso objeción alguna, sino que le dio el dinero para el
viaje.

Hasta Nicaragua llegó Elia y a los tres días de estar
bajo el techo° paterno comprendió el gran error que había
cometido. El hogar de su padre era un desastre. Mucho
mayor que la mujer a quien se había unido, estaba

infatuated

charm

kept

deseado

*dejando / haciendo . . .
packing her trunks*

built up

sudden

de . . . from then on
uncomfortable

ninguno / stepfather / los dos
de . . . by the minute

A . . . In spite of the fact that
casa / threatened

aunque . . . even though he might be
devoted
*persona de Mayagüez, Puerto
Rico*

out of place / se . . . interfered
affairs
tipo
turn

begging him

roof

* de más

revealed
opposed

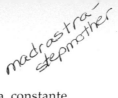
madrastra - stepmother

locamente enamorado de ella y vivía en una constante lucha° de celos° y disgustos°. Recibió a Elia con indiferencia y frialdad. Allí tampoco encontraba calor ni cariño°, y triste y cansada, volvió a la casa de su madre, determinada a aislarse° de todos y de todo.

Una tarde, al volver de la escuela de comercio en que se había matriculado, se le acercó un muchacho cubano muy joven, que estudiaba en el mismo lugar, mientras trabajaba de noche en una fábrica°. Los acercó el idioma, la raza°, las circunstancias, y la misma soledad moral. El vivía solo en Nueva York, donde hacía poco había llegado. Tenía toda su familia en Cuba. No se acostumbraba°. No se resignaba a mecanizarse. Pero... ¿qué remedio? Tenía que vivir y hacerse un hombre por sí solo°, sin depender de nadie, ni contar para nada con los suyos° que estaban en una penosa situación económica.

Elia, que parecía gustar de su condición de víctima, pintó su tragedia doméstica de tal manera°, con tan vivos colores, que ella misma, al terminar su narración, se sintió emocionada al saberse protagonista de tan interesante historia. Las condiciones que la rodeaban° desde hacía ya dos años la habían hecho gustar de la soledad. Había leído muchas novelas románticas que habían producido malos efectos en aquella imaginación de muchacha desesperada.

Todo esto pasaba la primera vez que Elia y el estudiante cubano se hablaban, caminando por las calles de Nueva York. Era otoño. Las recientes lluvias y vientos glaciales acababan de despojarles° las últimas hojas a los árboles. Pero a ellos pareció agradarles aquella melancolía física.

Elia y Miguel decidieron casarse en el City Hall el sábado siguiente, solos, tan solos como ellos mismos. El se mudaría° a una habitación cómoda, bastante grande para los dos; seguirían estudiando y trabajando juntos.

El sábado siguiente, pusieron en práctica el plan formado cinco días antes. Al salir del City Hall, Elia se preguntó: «Y ahora, ¿qué hago yo con este hombre? ¿Este hombre a quien no quiero, y al que he tomado por marido con el solo propósito de salir de mi casa?»

Al llegar a la habitación por Miguel elegida, Elia le dijo, «Yo no sé si he hecho bien o mal. Tal como hemos hecho

conflicto / *jealousy* / *displeasure*
affection coldness

separarse

factory brought together
race solitude

No... *He couldn't get used to it*
mechanize, remedy
por... *all by himself*
los... su familia
painful

de... *in such a way*

surrounded

quitarles glacial

se... *would move*

de mal en peor - from bad to worse

todos, podemos ser muy felices y vivir eternamente juntos,
también separarnos dentro de orta semana, si nos hemos
equivocado°. Si esto último ocurre, vendrás un día y no me   si... *if we've made a mistake*
encontrarás. Me marcharé° en la misma forma <u>inesperada</u>   iré *unexpected*
que entré en tu vida . . . .»

Le escribieron una larga carta a Estela que en medio de
su sorpresa, aprobó el plan de Elia, porque ya empezaban a
molestarla° los <u>marcados</u> <u>disgustos</u> de su marido con su   *bother her*
hija.   *pronounced annoyances*

Elia tiene dos años de casada y un hijo de seis meses.
Miguel trabaja sin descanso° para su mujer y su hijo y vive   *rest*
con la duda de si está aún con él por compañerismo° o por   *companionship*
amor, y mira al fruto de aquella unión, agradecido° y con-   *grateful*
fiado de que tal vez Elia por no ver en su hijo su historia
repetida, no lo arrancará° nunca de su padre.   *tear away*

VOCABULARIO ACTIVO

acabar de + *inf.* *to have just*
agradecido, -a *grateful, thankful*
ahogar *to drown*
aislar (í) *isolate*
la amargura *bitterness*
el ambiente *atmosphere*
ambos *both, the two of them*
la asignatura *course, subject (in school)*
asistir a *to attend*
el asunto *affair; matter*
el baúl *trunk*
casarse con *to marry*
el cariño *affection, love*
la ceja *eyebrow*
el colegio *school*
en seguida *right away*

entre tanto *in the meantime, meanwhile*
la especie *kind, type*
la fábrica *factory*
guardar *to keep*
el hogar *home*
incómodo *uncomfortable*
la ley *law*
la luz *light*
llevar *to carry; to wear;* llevar una vida *live a life*
matricularse *to register*
el padrastro *stepfather*
la pestaña *eyelash*
el techo *roof*
volver a . . . *to (do something) again*

PREGUNTAS

1. Describa a Elia. ¿Parece ser feliz ella?
2. ¿Vivía con su padre y su madre? ¿Por qué no?
3. ¿Adónde fue a vivir con su mamá después del divorcio? Describa la vida de Elia en Madrid.
4. ¿Qué hacía la mamá de Elia mientras su hija estudiaba?
5. ¿Qué había hecho el ex-marido de Estela?¿ Mostraba mucho interés en Elia?
6. ¿Con quién empezó a salir la mamá de Elia? ¿Tenía Mora un trabajo muy interesante? ¿Le ofrecía la posibilidad de un gran futuro?
7. ¿Por qué le interesaba Estela tanto a Mora? Y Estela, ¿que veía ella en esta aventura?
8. ¿Adónde quería ir a vivir Mora?¿ Estas habían sido las intensiones de Estela también? ¿Dónde terminaron viviendo después de casarse?
9. ¿Cómo reaccionó Elia al segundo matrimonio de su madre?
10. Describa las relaciones que existían entre Elia y su padrastro.
11. ¿Qué ocurrió que complicó la situación entre Elia y su mamá?
12. ¿Qué idea concibió Elia? ¿Qué pasó en Nicaragua?
13. ¿Cómo conoció Elia al joven cubano? ¿Por qué se hicieron amigos?
14. ¿Qué efecto tuvieron las novelas románticas en las actitudes de Elia?
15. ¿Qué decidieron hacer Miguel y Elia? Describa los sentimientos de Elia al salir del *City Hall*.
16. Describa la situación actual de Elia. ¿Por qué piensa Miguel que probablemente no querrá Elia divorciarse?

VAMOS A PRACTICAR

El Vocabulario

A. *Identifique cada parte de la cara.*

las pestañas
las cejas
los ojos
la boca
las orejas
los labios
la nariz
el cabello

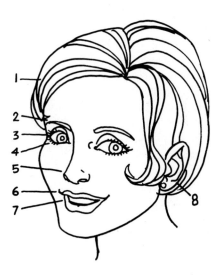

B. *Complete las frases con la forma correcta del vocablo y dé el artículo, si es necesario.*
agradecido / ahogar / amargura / ambos / asignaturas / asistir a / asunto / baúl /
cariño / colegio / especie / fábrica / guardar / incómodo / ley / luz / llevar /
matricularse / padrastro / techo

1. Ella me ayudó mucho. Le estoy muy _____ .
2. Tenemos que obedecer _____ .
3. ¿_____ usted a la clase de español ayer?
4. El hombre no sabía nadar y se _____ .
5. Si usted hace un viaje largo, va a tener que llevar _____ .
6. Este departamento es muy _____ .
7. _____ su padre y su madre viven en España.
8. Su madre volvió a casarse y Elia fue a vivir con ella y su _____ .
9. Los profesores _____ una vida muy interesante.
10. Un divorcio es _____ serio.
11. Hay muchas _____ en Nueva York; es un centro industrial.
12. Elia sintió mucha _____ cuando su mamá volvió a casarse.
13. Mi prima tiene quince años. Asiste a _____ de señoritas.
14. ¿Cuántas _____ estudia usted?
15. Es mejor _____ el dinero en el banco.
16. No se ve nada aquí. Hay que prender _____, porque está muy obscuro.
17. Quiero _____ en una clase de filosofía.
18. Doña Teresa siente mucho _____ por sus nietos.
19. Tiene una casa blanca, con una puerta roja y _____ negro.
20. El divorcio fue _____ de catástrofe en la vida de Elia.

C. *Sinónimos: Reemplace con un sinónimo los vocablos en letra cursiva.*

1. Mi padre tiene un buen *puesto*.
2. Estela *todavía* está atractiva.
3. Me gusta *el medio* estudiantil.
4. Me *agrada* su compañía.
5. Elia se adaptó *inmediatamente* a la nueva vida.
6. *Los dos* se sentían tristes y solos.
7. Elia quiere *separarse* de su familia.
8. Tenemos *una casa* feliz.

D. *Traduzca las frases usando los vocablos en paréntesis.*

1. Her mother, in the meantime, made new friends. (entre tanto)
2. She married Andrés Mora. (casarse con)
3. She had known him for three months. (hacía... que)
4. Her ex-husband had just married a woman from Nicaragua. (acabar de)

5. Elia never saw Spain again. (volver a)
6. Elia has been married for two years. (hace . . . que)
7. She just had a baby. (acabar de)

DISCUSION

1. ¿Se casaron Mora y Estela por amor? ¿Es éste el caso en la mayoría de los matrimonios? ¿Es esta situación más común en el primer matrimonio o en el segundo? Explique su punto de vista.   2. ¿Hizo Estela bien o mal en guardar de Elia el secreto de sus relaciones con Andrés?   3. ¿Tiene Estela el derecho de hacerse una nueva vida con Andrés o debe dedicarse a su hija? ¿Por qué?   4. ¿Qué tipo de persona es Elia? ¿Tiene ella la culpa de lo que le pasa? Explique su opinión.   5. Si hay muchos problemas en una casa, ¿es mejor que los padres se divorcien o que sigan viviendo juntos? ¿En qué circunstancias es preferible el divorcio? ¿Cómo deben portarse los padres divorciados con sus hijos?   6. ¿Conoce usted a alguien que haya estado en la misma situación que Elia? Describa el caso. ¿Son todos los casos de hijos del divorcio tan trágicos como el de Elia?   7. ¿Tendrán Elia y Miguel un matrimonio feliz? Explique.

TEMA DE DEBATE (Tres puntos de vista)

1. El divorcio es bueno porque le da al individuo la oportunidad de . . . Además, es mejor para los niños que un matrimonio infeliz porque . . .
2. El divorcio es un mal necesario porque . . .
3. El divorcio es malo porque le da al individuo la oportunidad de salir de una situación incómoda sin hacer un esfuerzo por remediarla y . . .

COMPOSICION

Escriba la historia de *La hija del divorcio* desde el punto de vista de Estela, de Andrés, del padre de Elia o de Miguel.

2
HOMBRES
Y MUJERES

Man's Place, Woman's Place...

Hispanic society on all social levels has been traditionally male dominated. The concept of *machismo*, or "maleness," has played an important role in determining what is acceptable behavior for a man. According to this concept, a man must show strength in all situations. If he or any member of his family is threatened or insulted, he must be willing to protect or avenge himself or his relative. Any show of weakness or cowardice is unacceptable.

Furthermore, a man must maintain his independence while keeping his woman dependent and subjugated. While it is all right for him to show tenderness and devotion for the purpose of conquering a woman, it is not permissible for him to be dominated by one. Even a man who is married and devoted to his family may feel it is his privilege to maintain a separate social life, which may include relations with other women.

Naturally, not all Latin men are governed by the principle of *machismo*. Even so, Latin men usually feel it is the man's duty to provide for the family while it is the woman's duty to devote herself exclusively to the home and the children. The principal authority figure in the Latin household is the father. It is he who makes the major decisions concerning the family's finances, the family's dwelling, the children's education, and other matters.

Although the Latin woman usually sees her role as having and caring for a family, her life is not as limited as is commonly supposed in the United States. Latin families are normally larger than American families and it is not uncommon for a Spanish-speaking woman to have five, six, or even more children. But the duty of rearing them is not hers alone. Upper and middle class women are often assisted by servants. And women of all classes and backgrounds can count on the help of their mothers, sisters, cousins, aunts, older daughters, or neighbors to help with small children. Consequently, the Latin woman is not as tied down to the home as the North American woman sometimes is. She can rely on members of her family or maids to care for her children if she needs to go out. In fact, the word "babysitter" has no exact translation in Spanish because in the Hispanic household there is rarely a need for an outsider to come in and care for children.

The belief prevails in Hispanic countries that a woman's roles of wife and mother are far more important than any economic contribution she might make to the family. In spite of this, among the poor, women have always had to contribute to the family income. Poor women often grow vegetables, make and sell articles of craftsmanship, or take in laundry or ironing—activities that can be performed in or near the home. In the cities, many poor women work as servants, but in this case they usually live in the home of their employers. A wealthy person may employ a married couple or even an entire family. In the last several years the female migration from the country to the city has increased greatly. The unskilled women who come to the city in search of jobs often work as servants, but in many Hispanic cities large numbers of poor women turn to prostitution as the only available means of earning a living. In the industrialized countries, increasing numbers of women are finding jobs in factories.

In recent years, more and more middle class women have been working outside the home. In fact, the number of gainfully employed women in Hispanic countries has more than doubled in the last two decades. The sharpest increase has occurred since 1970 among women between twenty and thirty years old. More and more women are working as secretaries, salespersons, gas station attendants, bank tellers, and in other positions which were formerly reserved for men. Furthermore, increasing numbers of women have been attending universities and entering the professions. In Spain, Argentina, Chile, and Mexico there are large numbers of women doctors, dentists, lawyers, architects, engineers and chemists.

Many Hispanic professional women make a point of maintaining their femininity and of avoiding the appearance of aggressiveness or competitiveness. The conflict between the sexes that sometimes characterizes professional competition in the United States is less evident in Spanish-speaking countries.

In spite of the progress made by Hispanic women in recent years, many of them still face important legal restrictions. In several countries—Chile, Ecuador, and El Salvador, for example,—the law specifies that a woman owes obedience to her husband. In Chile, Ecuador, Nicaragua, and Peru, it is the husband who has the legal right to determine where a family will live. In Bolivia, Chile, Guatemala, and Peru, a husband can obtain a court order preventing his wife from working outside the home. In many cases, husbands do not insist on exercising their rights. However, the laws remain in the books.

Throughout the Spanish-speaking world, new opportunities are gradually opening up for women. Yet, in most countries, society remains male dominated.

ATENCION

In most countries, the names of professions that traditionally are exercised by men are masculine nouns. For example, **el abogado** may refer either to a man or a woman lawyer. In recent years, however, there has been a tendency to use a feminine noun to refer to a woman professional. Thus, in some countries, **la abogada** is used to refer to a woman lawyer.

The names of professions or vocations that end in - **or** have a feminine form that ends in -**ora**: **doctor, doctora.**

Here is a list of some common jobs and professions.

abogado *lawyer*
albañil *mason*
arquitecto *architect*
bombero *fireman*
comerciante, hombre
  de negocios *businessman*
constructor *construction worker*
contador *accountant*
chófer de camión, camionero *truck driver*
enfermero *nurse*

funcionario *government worker*
ingeniero *engineer*
médico, doctor *doctor*
peluquero *barber, beautician*
periodista *journalist*
piloto *pilot*
policía *policeman*
profesor *teacher, professor*
secretario *secretary*
soldado *soldier*
vendedor *salesperson*

El hombre:
¿Es superior a la mujer o no?

Dice Roberto:

Los hombres son superiores a las mujeres. Los hombres son más grandes y fuertes que las mujeres, y por eso pueden hacer muchas cosas que las mujeres no pueden hacer. Ellos pueden participar en deportes° que son muy difíciles, brutales y peligrosos para la mujer—por ejemplo, el fútbol,[1] el hockey, el boxeo y la caza°. Hay algunos deportes en que las mujeres pueden participar—el tenis y la natación°, por ejemplo—pero cuando una mujer compite con un hombre en estas actividades es difícil o imposible que ella gane.

    Hay muchos trabajos en que la fuerza° física es importante. Sólo un hombre puede ser un constructor, un albañil, un bombero, un soldado o un chófer de camión.

sports

hunting

swimming

strength

---

[1]The Spanish word **fútbol** refers to soccer. American-style football is called **fútbol americano.**

Los hombres también son más inteligentes que las mujeres. Casi todos los grandes descubrimientos científicos han sido hechos por hombres. Casi todos los líderes políticos son hombres. Casi todos los grandes filósofos han sido hombres.

A causa de° la inteligencia superior del sexo masculino, hay ciertas profesiones que son más apropiadas para hombres que para mujeres—por ejemplo, las de abogado, médico, arquitecto, ingeniero y contador.

A ... *Due to*

También es verdad que los hombres son más creativos que las mujeres. Los más grandes pintores, escritores e inventores han sido hombres.

A causa de su superioridad física, intelectual y artística, el hombre es y debe ser jefe de la casa, de la oficina y de la nación.

Dice Juan:
Los hombres no son superiores a las mujeres. Es verdad que por lo general los hombres son más grandes y fuertes que las mujeres, pero la fuerza física no es esencial para la

mayoría de los empleos. Además, hoy en día° hay muchas mujeres que hacen trabajos que antes la gente pensaba que no podían hacer. Por ejemplo, hay mujeres que son constructoras, pilotos, policías y chóferes de taxi o de ambulancia. En los Estados Unidos hay mujeres en todas las ramas° del servicio militar y en Cuba, Israel y otros países, hay muchas mujeres que son soldados.

hoy .... *nowadays*

branches

Hoy en día la mujer participa en casi todos los deportes y algunas veces, cuando hay una competencia° entre un hombre y una mujer, ella gana. Podemos ver que la mujer no es tan débil y delicada como se pensaba.

competición

Es obvio que la mujer es tan inteligente como el hombre. En las escuelas primarias las niñas a menudo° reciben mejores notas° que los niños. En las escuelas secundarias esto no es siempre el caso, pero esta situación ocurre porque la sociedad le pone menos presión° a la mujer que al hombre para entrar a una universidad y estudiar para una profesión. Sin embargo, hoy en día hay muchas mujeres que son doctoras, profesoras, ejecutivas, o que tienen otra profesión.

a ... con frecuencia
grades

pressure

Si la mujer no ha hecho tantas contribuciones en los campos° del arte y las ciencias como el hombre, es porque no ha tenido la oportunidad. Ha sido limitada por una sociedad, que no le permite ser otra cosa que ama de casa°.

fields

ama .... *housewife*

El estereotipo de la mujer como débil, indefensa e intelectualmente inferior es peligroso porque no le permite a ella realizar su potential profesional. Pero yo personalmente creo que el estereotipo del hombre como fuerte, agresivo e intelectualmente superior es aún más dañino° para nosotros. En nuestra sociedad, un hombre no puede participar en ciertas actividades sin poner en duda su masculinidad. Si le gusta cocinar, coser° o bailar ballet, todos sus compañeros se ríen de él. Aun° es posible que dejen de asociarse con él. El hombre tiene muchas restricciones. No debe llorar, mostrar que tiene miedo, expresar cariño o ponerse sentimental. Se le exige beber aunque no le guste beber, pelear con otros hombres aunque no le guste pelear, ganar mucho dinero aunque no le interesen los bienes° materiales y conquistar a una mujer tras° otra para probar su virilidad o poder sexual. Todo esto conduce° a frustraciones, resentimientos, tensiones y una posible crisis de identidad.

damaging

sew
Even

goods, property
after
leads

PREGUNTAS

1. Según Roberto, ¿por qué son los hombres superiores a las mujeres?
2. ¿Pueden las mujeres participar en los mismos deportes que los hombres? ¿Por qué no? ¿Qué opina Roberto?
3. Según Roberto, ¿qué tipos de trabajo no puede hacer la mujer? ¿Qué profesiones son más apropiadas para los hombres?
4. ¿Qué pruebas da Roberto de la superioridad del hombre?
5. ¿Expresa Juan la misma opinión que Roberto? ¿Qué dice él acerca de los trabajos y profesiones en las que la mujer antes no participaba?
6. ¿Qué dice acerca de los deportes?
7. ¿Quiénes reciben mejores notas en las escuelas primarias, los niños o las niñas? ¿Por qué cambia la situación en la escuela secundaria?
8. ¿Por qué no ha hecho la mujer tantas contribuciones en los campos del arte y las ciencias como el hombre?
9. ¿Por qué es peligroso el estereotipo tradicional para la mujer?
10. Según Juan, ¿por qué es aún más dañino para el hombre?

VAMOS A PRACTICAR

El Vocabulario

Definiciones: Escoja la definición correcta de cada vocablo.

1. abogado
2. contador
3. soldado
4. bombero
5. albañil
6. hombre de negocios
7. funcionario
8. ingeniero
9. médico
10. periodista

A. el que apaga incendios
B. el que construye paredes; masón
C. el que pelea en las guerras
D. oficial de gobierno
E. doctor
F. comerciante
G. persona que escribe para un periódico
H. el que se ocupa de las finanzas de una casa comercial o de un individuo
I. el que se dedica a defender ante el tribunal a otras personas
J. persona que dirige la construcción de puentes, edificios, caminos, etcétera.

Crucigrama (Crossword puzzle)

Horizontal

3. mujer que se dedica sólo a la casa y familia
9. primera sílaba de mamá
10. metal precioso
11. hombres que tienen por oficio peinar a hombres o a mujeres
12. artículo definido (femenino plural)
13. gato (inglés)
14. lo contrario de llevar
15. entero, completo
17. ser (tercera persona singular)
18. sin embargo
19. hogar
22. adjetivo demostrativo (masculino singular)
24. el que construye
25. artículo definido (femenino singular)
26. taxi (inglés)
28. uno que escribe a máquina y contesta el teléfono
30. lo contrario de venir
31. para mí; para ____ ; para él, etc.
33. lo que se usa para tomar café
36. dar seguridad; prometer
37. el chico, _____ chica

Vertical

1. tipo
2. el que maneja un avión
3. hombres que tienen por profesión diseñar edificios
4. con frecuencia
5. lo contrario de tomar
6. hacer ropa
7. terminación de la primera conjugación de verbos
8. mujeres que no se han casado
16. o (inglés)
20. infinitivo de soy, eres, es, etc.
21. traté de recordar; = me traté de ____.
23. artículo definido (masculino singular)
24. cuarto donde se cocina
27. terminación de la primera conjugación de verbos
29. origen o linaje
31. mi libro, el libro mío; ____ libro, el libro tuyo
32. terminación de la tercera conjugación de verbos
34. a + el
35. lo contrario de no

Respuestas: *Horizontal:* 3. ama de casa 9. ma 10. oro 11. peluqueros 12. las 13. cat 14. traer 15. todo 17. es 18. pero 19. casa 22. ese 24. constructor 25. la 26. cab 28. secretario 30. ir 31. ti 33. taza 36. asegurar 37. la
Vertical: 1. especie 2. piloto 3. arquitecto 4. a menudo 5. dar 6. coser 7. ar 8. solteras 16. or 20. ser 21. acordar 23. el 24. cocina 27. ar 29. raza 31. tu 32. ir 34. al 35. sí

DISCUSION

1. Con respecto a la inteligencia del hombre, ¿está usted de acuerdo con Roberto o con Juan? Explique su respuesta. **2.** ¿Es la mujer más emotiva y sentimental que el hombre? Explique su respuesta. **3.** En su opinión, ¿hay algunos trabajos o profesiones que sean más apropiados para los hombres? ¿Cuáles? ¿Por qué? ¿Hay algunos que sean más apropiados para las mujeres? ¿Cuáles? ¿Por qué? **4.** ¿Cómo ha cambiado la situación de la mujer? ¿y la del hombre? ¿Todavía existen los estereotipos tradicionales? ¿Cuáles? **5.** ¿Cómo se muestra al hombre y a la mujer en los anuncios comerciales de la televisión y de las revistas? ¿Qué piensa usted de estos anuncios? **6.** ¿Ha hecho usted algún tipo de trabajo? ¿Ha trabajado de albañil o de vendedor durante el verano, por ejemplo? ¿Qué tipo de trabajo ha hecho? ¿Es bueno o malo que un estudiante trabaje? ¿Por qué? **7.** ¿Qué hace su papá? ¿Y su mamá? ¿Para qué profesión estudia usted? ¿Por qué escogió usted esa profesión? **8.** ¿Saca usted buenas notas? ¿Quiénes sacan mejores notas, los hombres o las mujeres? ¿Cree usted que hay alguna relación entre las notas que saca un estudiante y el éxito profesional que tendrá después?

La prostitución: una opinión

La prostitución es un insulto a la dignidad de la mujer.

Un conocido grupo de feministas ha hecho la siguiente declaración: «Se debería tomar medidas° concretas legislativas y de otro tipo para combatir la prostitución.»

measures

Debemos preparar programas especiales para impedir° la práctica de la prostitución y rehabilitar a sus víctimas.

prevent

En nuestro país la prostitución es legal y las prostitutas consiguen° licencias especiales de la policía para practicar su profesión. Esto legitima la humillante explotación de la mujer.

get

Esta práctica se debe abolir. Pero la prostitución es un problema social que no se puede solucionar con sólo cambiar la ley. Las condiciones de vida de la mujer tienen que mejorarse. Más métodos de ganar dinero tienen que serle abiertos a la mujer. La mujer tiene que poder conseguir una variedad de trabajos, inclusive en campos no tradicionales.

Hay varias medidas que se deben tomar para eliminar la prostitución: controlar el trabajo de menores°, vigilar° los centros nocturnos, castigar° a personas que administran las casas de prostitución. También se debe dar cursos de educación sexual en las escuelas para que los jóvenes comprendan el riesgo de las enfermedades venéreas. Lo más importante es rehabilitar a la prostituta, enseñándole otras maneras de ganarse la vida°.

minors / watch
punish

ganarse . . . *earn a living*

VOCABULARIO ACTIVO

castigar *to punish*
conseguir (i, i) *to obtain, get*
ganarse la vida *to earn a living*
impedir (i) *to prevent*

la medida *measure*
el menor *minor, juvenile*
vigilar *to watch; to look after*

vuelta-turn
medir-
measure

PREGUNTAS

1. ¿Qué opinión sobre la prostitución se expresa en este artículo?
2. ¿Qué declaración ha hecho un conocido grupo de feministas?
3. ¿Qué han podido conseguir de la policía las prostitutas en algunos países de Latinoamérica? Según el artículo, ¿es bueno o malo esto?
4. ¿Se puede abolir la prostitución con sólo cambiar la ley? ¿Qué más se tiene que hacer?
5. ¿Qué medidas se puede tomar para eliminar la prostitución?
6. ¿Cuál es la medida más importante?

VAMOS A PRACTICAR

El Vocabulario

Complete las frases con la forma correcta del vocablo y del artículo, si es necesario.
castigar / conseguir / ganarse la vida / impedir / medida / menor / vigilar

1. El niño no obedeció a su mamá. Por eso ella lo _____.
2. Nada _____ el progreso.
3. Tienen trece años de edad. Son _____.
4. Todos tienen que trabajar para _____.
5. Hay que tomar _____ para asegurar nuestra libertad.
6. Voy a la biblioteca. Tengo que _____ un libro.
7. Hay que _____ a los chicos para que no les pase nada.

DISCUSION

1. ¿Está usted de acuerdo con este artículo o piensa que la prostitución es justificable? ¿Por qué? 2. En su opinión, ¿se debe castigar a la prostituta, al cliente, al que administra la casa de prostitución, o no se debe castigar a nadie? Explique su respuesta. 3. ¿Debe ser legal la prostitución? ¿Por qué (no)? 4. ¿Cuál es su opinión de la pornografía? ¿Es una manifestación de la libertad de expresión? ¿Es un mal necesario? ¿Es una indicación de la degeneración de nuestra sociedad? Explique su respuesta. 5. ¿Está usted a favor de la educación sexual en las escuelas? ¿Por qué? ¿Cuándo debe empezar, en la escuela primaria, en la secundaria o en la universidad?

echar una multa—
"throw" a fine

¿Sabe usted conquistar a un hombre?

Marisa Paltrinieri

Lo vemos todos los días: una chica que no es especialmente bonita ni tampoco particularmente *sexy*, ni más inteligente que el promedio° y, sin embargo, tiene muchísimos admiradores. Otra, en cambio°, de cualidades probablemente superiores, no tiene ninguno.

Yo diría que la explicación es de tipo psicológico. La clave° está en la actitud psicológica de la mujer.

Vamos a tomar el caso de una chica cuya° meta es encontrar un joven, salir con él a algún baile o al cine, para luego, en el futuro, casarse con él y tener una familia.

Una aspiración muy simple y muy normal, ¿verdad?... pero llena° de peligros, porque en ese «plan» ya están presentes los elementos negativos que más hostiles

average
en...*on the other hand*

key

whose

full

son a la «conquista» de los hombres. Esta mujer sólo quiere al hombre para servirse de° él. El hombre ve el riesgo y se escapa lo más pronto que puede.

servirse...: usar

La mentalidad de la mujer tiene que cambiar. Si no, la mujer siempre dará la impresión de ser una «cazadora» o una «perseguidora°».

chaser

¿RENUNCIAR AL IDEAL DEL MATRIMONIO?

No es necesario que la mujer renuncie al ideal del matrimonio. Pero ella no debe ver el matrimonio como la única cosa del mundo que la puede hacer feliz.

No hay ninguna necesidad de esperar a que «llegue» un hombre para encontrar múltiples satisfacciones en las cosas agradables de la vida—en la naturaleza, el arte, las relaciones sociales, el deporte, el trabajo y las diversiones.

La vida puede ser bella, interesante, estimulante, intensa, completa, sin necesidad de un hombre. El hombre es importante, pero no es esencial.

La mujer no debe concentrarse únicamente en el matrimonio. Debe cultivar sus propios° intereses. Debe desarrollar una personalidad vital e interesante por cuenta propia°.

own

por... on her own

Entonces estará mucho mejor equipada para compartir la vida de un hombre. La mujer que hace esto mirará al hombre con otros ojos. No lo verá como el marido «que hay que pescar°», sino como un compañero y amigo.

hook

EL PESO° DE LA TRADICION

weight

La mujer, desde° niña, aprende que el hombre y el matrimonio son la única razón de ser de su vida. Durante la adolescencia muchas mujeres dedican la totalidad de sus energías a buscar un hombre.

from the time she is

El hombre, en consecuencia, se siente «amenazado°», cuando cree que la mujer lo ve sólo como marido potencial, sin mayores consideraciones para él como persona, como ser humano. Tiene miedo entonces de caer en la «red°» del matrimonio, que muchos ven como un cúmulo° de pesadas° responsabilidades, con muy pocas compensaciones.

threatened

net
lot
heavy

Por fortuna, las actitudes hoy van modificándose. La mujer ya no ve el matrimonio como la única meta de su vida. Y el hombre de hoy quiere una mujer auténtica, completa, total, no encasillada en papeles° tradicionales. Le gusta la mujer inteligente, que tiene sus propios intereses personales.

encasillada . . . *cast in roles*

Pero al mismo tiempo el hombre se siente confuso. El cambio ha sido demasiado violento y rápido. El hombre sabe que ha perdido su papel tradicional, el de jefe y señor, pero no sabe exactamente cuál es su papel nuevo. Hay hombres que no se sienten listos todavía para este nuevo concepto de la unión con la mujer. Si ella es demasiado culta, inteligente o agresiva, el hombre se pone° nervioso.

se . . . *becomes*

UN POCO DE FRIVOLIDAD

La mujer debe saber mostrarle al hombre que ella, sin renunciar a su propia independencia, realmente quiere complacerlo°.

to please him

Entonces, un grado° moderado de frivolidad femenina y de coquetería° es indispensable. El hombre que ve que la mujer, por más ocupada que esté° con sus actividades y su carrera°, trata de hacerse atractiva para él, se sentirá mucho más tranquilo y feliz.

degree
flirtatiousness
por . . . *no matter how busy she is*
career

La mujer moderna tiene que desarrollar su propia personalidad. Si ella se siente atractiva, interesante y segura de sí misma, lo más probable es que el hombre que ella espera llegue después.

VOCABULARIO ACTIVO

la carrera   *career, profession*
la clave   *key*
complacer (zc)   *to please*
cuyo   *whose*
en cambio   *on the other hand*
el grado   *degree*
el papel   *role, part*
pesado -a   *heavy*

el peso   *weight*
ponerse   *to become, get*
por su cuenta   *on his / her own*
por más que   *no matter how —*
el promedio   *average*
la red   *net*
servirse (i, i) de   *to use (something or someone); to make use of*

PARA COMPLETAR

Escoja la respuesta correcta.

1. Según este artículo, algunas chicas no tienen admiradores
   a) porque no son bonitas e inteligentes   b) porque tienen cualidades superiores   c) a causa de su actitud psicológica.

2. El problema con la chica que quiere salir con un chico para casarse después y tener una familia es que
   a) esta aspiración no es normal   b) asusta al joven   c) ella comprende el riesgo que es el matrimonio.

3. La autora dice que
   a) la mujer debe ser una cazadora o una perseguidora   b) la mujer debe renunciar al ideal del matrimonio   c) la mujer no debe considerar el matrimonio como su única meta.

4. Para disfrutar de la vida
   a) hay que participar en una variedad de actividades   b) hay que encontrar al hombre ideal   c) hay que renunciar a los hombres.

5. La mujer será más interesante para el hombre si ella
   a) desarrolla su propia personalidad   b) se dedica completamente a buscar un hombre   c) se concentra principalmente en el matrimonio.

6. A causa de la actitud tradicional de la mujer,
   a) el hombre tiene miedo de casarse   b) el hombre se siente feliz porque se ve como un marido potencial   c) el hombre entiende que el matrimonio es el estado ideal.

7. Las actitudes de hoy van modificándose: la mujer
   a) busca un hombre auténtico, completo, total   b) se encasilla cada vez más en papeles tradicionales   c) ya no ve el matrimonio como su único objetivo.

8. El hombre moderno
   a) acepta completamente que la mujer cultive sus propios intereses   b) se siente confuso porque no sabe cuál es su papel   c) todavía tiene el papel de jefe y señor.

9. Para que el hombre no se sienta nervioso, la mujer debe
   a) ser culta, inteligente y agresiva   b) mostrarle al hombre que ella realmente quiere complacerlo   c) renunciar a la frivolidad.

10. Si la mujer se siente atractiva y feliz
    a) probablemente encuentre al hombre que ella busca   b) no necesita a ningún hombre   c) puede dedicarse exclusivamente a su carrera y a sus actividades.

VAMOS A PRACTICAR

Antes que te cases, mira lo que haces

No hay nadie que tenga la vida comprada.

El Vocabulario

A. *Escoja la respuesta más apropiada.*

1. ¿Saca usted buenas notas en esta clase?
2. ¿Le ayudó alguien con los ejercicios?
3. ¿Está Katharine Hepburn en esa película?
4. ¿Qué se necesita para pescar sardinas?
5. ¿Quiere usted más café?
6. ¿Por qué no le gusta Juan?
7. ¿Descifró usted el misterio?
8. María está gorda, ¿verdad?
9. ¿No puede usted levantar el baúl?
10. ¿Es Catalina una ama de casa?

A. Sí, ha subido de peso.
B. No, es muy pesado.
C. No, tiene una carrera.
D. Sí, hace el papel de una periodista.
E. Tengo un promedio de 80.
F. Todavía no descubro la clave.
G. Una inmensa red.
H. No, los hice por mi cuenta.
I. No, gracias, mi taza todavía está llena.
J. Se sirve de la gente.

B. *Traduzca las frases, usando los vocablos en paréntesis.*

1. Mary is tall and blond. Her sister, on the other hand, is short and brunette. (en cambio)
2. No matter how busy she is, she always has time for us. (por más . . . que esté)
3. I become sad when I read those stories. (ponerse)
4. I use my talent as an actor. (servirse de)
5. I please my parents when I get good grades. (complacer)
6. A woman whose husband has died is a widow. (cuyo)
7. They know how to cook from the time they are little girls. (desde niña)
8. A degree of flirtatiousness is necessary. (grado)

balazo ★ balín —
cheap shot

DISCUSION

1. Desde un punto de vista feminista, ¿presenta este artículo una actitud muy revolucionaria? Explique su respuesta. **2.** ¿Es la función principal de la mujer «conquistar a un hombre»? Explique. **3.** ¿Tienen muchos hombres miedo de casarse? ¿Por qué? **4.** ¿Ha afectado la liberación femenina al hombre? ¿En qué sentido? ¿Le tiene miedo el hombre a la nueva mujer liberada y agresiva? ¿Por qué (no)? ¿Qué siente el hombre moderno ante su nuevo papel? **5.** ¿Desea usted casarse? ¿Debe ser el matrimonio la meta principal de la mujer? ¿del hombre? Explique su respuesta. **6.** ¿Debe una mujer tener una profesión o es mejor que sea exclusivamente una ama de casa? ¿Cuál es su opinión personal? **7.** ¿Hay muchas mujeres que «se sirven de los hombres» como instrumentos de diversión? Explique. ¿En qué sentido se sirve el hombre de la mujer como instrumento? ¿Cuál de las dos situaciones es más común, en su opinión? **8.** ¿Con cuáles de las ideas del artículo está usted de acuerdo? ¿Con cuáles no está de acuerdo? ¿Por qué?

COMPOSICION

Escriba una composición que empiece con una de las siguientes frases.

1. Este artículo revela la lucha de la mujer moderna por combinar sus papeles tradicionales de esposa y seductora con sus nuevas aspiraciones de mujer liberada.

2. Este artículo revela que la preocupación fundamental de la mujer es «pescar» al hombre.

3. Este artículo revela que a la mujer moderna ya no le interesa «conquistar a los hombres», sino realizarse profesional e intelectualmente.

ATENCION

Al + *infinitive* is equivalent to the English constructions *upon* + *verb* + *ing* or *when* + *subject* + *verb*.

Al casarse, la mujer española le debe obediencia a su marido.

Lo llamé al llegar.

Upon marrying (when she gets married), the Spanish woman owes obedience to her husband.

I called him upon arriving (when I arrived).

Hay que + *infinitive* is equivalent to the constructions *one has to* + *infinitive*; *you have to* + *infinitive*; *it is necessary to* + *infinitive*.

Hay que ser cabeza de familia para votar.

Hay que estudiar.

You have to be head of a household to vote.

One has to study. It's necessary to study.

dar la contra —
contradict

poner el dedo en la llaga (sore)

bonito negocio —
good ripoff

La mujer española ante la ley

Con el objeto de examinar la situación legal de la mujer española, *Visión*[1] entrevistó° a la abogada María Telo Núñez, fundadora y presidenta de la Asociación Española de Mujeres Juristas° y vicepresidenta de la Federación Internacional de Mujeres Juristas.

Visión: ¿Cuál es la situación legal de la mujer española?

María Telo Núñez: Bastante triste. El Código Civil[2] data de 1889 y está evidentemente desfasado° por los cambios sociales y el avance de la mujer desde entonces. Es verdad que se han modificado dos situaciones injustas. La primera es que ahora el padre ya no puede como antes dar los hijos

interviewed

lawyers

code
outmoded

---

[1]Popular Latin American news magazine published in Mexico.
[2]The Civil Code is the body of laws that is the basis of the Spanish legal system.

en adopción sin el consentimiento de la esposa. La segunda es que ahora, a los 21 años, la mujer soltera puede dejar la casa de los padres e irse a vivir sola. Antes, la mujer soltera no podía dejar la casa de sus padres hasta tener 25 años, excepto para casarse o entrar en una orden religiosa.

Sin embargo, todavía existen serios problemas para la mujer y la familia.

Visión: ¿Podría precisar cuáles son esos problemas?

M.T.N.: Los problemas no son tanto para la mujer soltera como para la casada. La soltera no sufre discriminaciones legales importantes, excepto en el caso de las madres solteras.

Visión: ¿Y para la mujer casada?

M.T.N.: Allí es donde hay graves problemas y discriminaciones. La mujer española al casarse debe obediencia a su marido; sin el permiso de su marido, no puede trabajar, ni aceptar herencias, ni siquiera° defenderse ante los Tribunales, excepto en casos criminales. Tampoco puede comprar ni vender sus bienes. Es decir, la mujer casada española no puede hacer casi nada sin el permiso de su marido.

ni... *not even*

Visión: ¿Cuál es entonces la situación económica de la mujer española casada? ¿Quién administra° los bienes?

manages

M.T.N.: La situación legal de la casada es muy triste en toda España excepto en Cataluña y Baleares,[3] donde existe la separación de bienes.[4] En el resto del país, la mujer tiene pocos derechos económicos dentro del hogar. Es verdad que ella puede administrar la propiedad que tenía antes de casarse, pero no puede venderla sin la autorización del marido. Y en muchos casos es el marido quien la administra.

Visión: ¿No puede modificarse esa situación?

M.T.N.: Podría. Pero temo que no se modifique por mucho tiempo. Es una situación seria, porque el tener control del dinero de la familia le da al hombre un arma formidable en contra de° la esposa.

en... *against*

---

[3]Catalonia is a province in Northeastern Spain which is very progressive and has close cultural ties with France. The Balearic Islands are off the coast of Catalonia.

[4]*Separate property.* The husband and wife each own their own property.

Visión: ¿Es fácil o es difícil conseguir en España la separación matrimonial?[5]

M.T.N.: Antes era imposible pedirla. Ahora, en las ciudades grandes, si hay razones justificables por la separación, se consigue sin mucha dificultad. Pero en algunas provincias es muy difícil obtener la separación, especialmente si el marido es un hombre conocido o prominente.

Visión: Pasemos a otros aspectos de la vida de la mujer. ¿Qué me puede decir del derecho° de votar?

M.T.N.: Legalmente, la mujer española tiene derecho al voto desde 1931. Igual que el hombre, vota a partir de° los 21 años. Claro que el sistema de votaciones en España es muy especial. Hay que ser cabeza de familia para votar. Pero hemos logrado° que ahora el hombre vote como cabeza de familia y la mujer, como casada. La soltera mayor de edad° (igual que el soltero) no vota.

Visión: Cuando la mujer española trabaja, ¿recibe el mismo salario y los mismos beneficios que el hombre?

M.T.N: Legalmente, desde 1961, la mujer española tiene derecho al mismo salario, horarios° y beneficios que el hombre. Pero en la práctica, la mujer frecuentemente recibe un salario más pequeño que el hombre. Además, no le dan ascensos° o cargos° importantes a ella. Hay mucha discriminación en el trabajo.

Visión: ¿Existen grupos de mujeres que laboran por cambios económicos y sociales?

M.T.N.: En efecto, hay un movimiento muy grande y muy fuerte de mujeres que se interesan y preocupan por la promoción de la mujer.

Visión: ¿Siente la mujer española que ahora tiene más oportunidades que antes en la educación, empleos, relaciones sociales?

M.T.N.: Sí, desde luego°. Aunque todavía queda° mucho por hacer, la mujer española ha progresado bastante. Porque antes era la negación total.

Visión: ¿Y está usando la mujer de esas oportunidades?

right

a... desde

conseguido

mayor... de 21 años o más

schedules

promotions/trabajos

claro / there remains

---

[5]There is no legal divorce in Spain. Legal separation allows the husband and wife to live apart and entitles them to separate property, but does not permit them to remarry.

M.T.N.: Está comenzando a hacerlo. Pero todavía tiene dificultad en considerarse un individuo con personalidad propia.

Visión: ¿Cree la mujer que ahora tiene más libertad personal, menos limitaciones culturales y religiosas?

M.T.N.: Sí, estoy convencida.

Visión: ¿Cómo ve la mujer española su independencia económica?

M.T.N.: Todavía no la entiende completamente. Hay muchísimas mujeres que piensan que al casarse solucionarán el problema económico con lo que gana el marido. Pero hay más y más mujeres que piensan que si van a depender del marido dejarán de° ser individuos. Por eso, muchas mujeres no dejan ahora sus profesiones al casarse.

Sin embargo, los medios de difusión° continúan mostrando a la mujer como un ser débil° y dependiente, en sus papeles tradicionales.

Visión: Quizá una forma más del «machismo». ¿Qué piensan las españolas del «machismo»?

M.T.N.: Que es característico del hombre español a quien le gusta tener a la mujer sometida°, dominada, porque así todo le resulta más cómodo.

Visión: ¿Entonces, las mujeres españolas no piensan que el hombre sea intelectualmente superior?

M.T.N.: ¡Qué va!° Yo no creo que la mujer piense eso. La que dice tal° cosa no es sincera, lo dice para halagar° la vanidad del hombre. Cuando las mujeres están juntas y ven que algo anda mal, exclaman: «¡Tenemos que arreglarlo° nosotras, porque somos más inteligentes que ellos!»

Visión: Sin embargo, el matrimonio sigue siendo para la mujer española su principal objetivo...

M.T.N.: No se puede generalizar. Depende mucho de la educación de la mujer y de otras circunstancias. Pero hoy la mujer española no considera el matrimonio como su único objetivo.

Visión: El tema es tan sugestivo que podríamos hacerle mil preguntas más, pero vamos a terminar con ésta: ¿Cómo diría usted que el hombre español está «digiriendo»° estos cambios en la mujer de hoy... y de mañana?

M.T.N.: Con bastante dificultad. Está sufriendo por la

dejarán ... *they will cease*

medios ...: radio, televisión, periódicos, etcétera
weak

subjected

¡Qué ...: ¡No!
such a / flatter

take care of it

digesting

pérdida de su imperio° hasta ahora indiscutido. Esto se ve   autoridad
en los artículos agrios° que se publican contra la igualdad y   *sour*
promoción de la mujer, contra sus deseos de liberarse y ser
tratada y respetada como lo que es, una persona, un individuo.

VOCABULARIO ACTIVO

a partir de *from*
agrio, -a *sour*
arreglar *to take care of; to fix*
el cargo *job, position*
dejar de *to stop, cease*
el derecho *right*
desde luego *naturally, of course*
digerir (ie, i) *to digest*

entrevistar *to interview*
halagar *to flatter*
el horario *schedule*
lograr *to achieve, accomplish*
mayor de edad *of age*
los medios de difusión *mass media*
ni siquiera *not even*
¡qué va! *no!*

PREGUNTAS

1. ¿Quién es María Telo Núñez? ¿Por qué dice ella que la situación legal de la mujer española es «bastante triste»?
2. ¿Qué situaciones injustas han sido modificadas?
3. ¿Quién tiene más problemas de tipo legal, la mujer casada o la soltera? ¿Qué problemas tiene ella?
4. Explique la situación económica de la mujer casada española.
5. ¿Se puede conseguir la separación matrimonial en España? ¿Es fácil o difícil de conseguir?
6. Explique el sistema de votaciones español.
7. ¿Cuáles son los problemas de la mujer española que trabaja?
8. ¿Hay organizaciones en España que luchan por los derechos de la mujer?
9. ¿Tiene la mujer española más oportunidades que antes? ¿Está ella usando esas oportunidades?
10. ¿Por qué es difícil que la mujer consiga la independencia económica?
11. ¿Qué es el machismo? Según la mujer española, ¿es el hombre superior a la mujer?
12. ¿Considera la mujer española de hoy el matrimonio como su meta principal?
13. ¿Cuál es la actitud del hombre español con respecto a la liberación femenina?

VAMOS A PRACTICAR

El Vocabulario

Complete las frases con la forma correcta del vocablo.

a partir de / agrio / arreglar / bienes / cargo / dejar de / derecho / desde luego / digerir / entrevistó / halagar / hogar / horario / he logrado / mayor de edad / medios de difusión / ni siquiera / papel / qué va

Con el objeto de aprender algo sobre la vida privada de nuestro actor favorito, *Cine Mundo* _____ a Roqui López.

Cine Mundo: ¿Quién manda en tu _____, tú o tu esposa?

Roqui: Yo, _____ .

Cine Mundo: Y tu esposa, ¿tiene el _____ de dar su opinión?

Roqui: ¡_____! En mi casa el que toma las decisiones soy yo.

Cine Mundo: Entonces, ¿ella no expresa sus ideas sobre las finanzas de la casa, por ejemplo?

Roqui: Bueno, en realidad, es ella la que administra los _____. Yo estoy siempre muy ocupado. Tengo un _____ muy duro. Trabajo _____ las seis de la mañana. Después, tengo las entrevistas con los reporteros, los cocteles, las fiestas . . .

Cine Mundo: ¿Y cuando hay algo que anda mal?

Roqui: Bueno, lo _____ ella porque, como te decía, yo estoy muy ocupado.

Cine Mundo: ¿Y lo conversa contigo primero?

Roqui: No, _____ lo conversa conmigo.

Cine Mundo: ¿Pero no es un _____ muy difícil para una mujer —digo, ocuparse de la casa, encargarse de las finanzas . . .?

Roqui: Es que yo no puedo _____ trabajar para ocuparme de los problemas de la casa. Mi carrera es muy importante. Ahora _____ que me den un papel excelente en una nueva película y voy a tener que trabajar aún más horas que antes.

Cine Mundo: ¿Y cómo _____ esto de las largas horas de trabajo tu esposa?

Roqui: Ella es feliz con su casa y sus hijos. Claro que a veces hace algún comentario _____.

Cine Mundo: ¿Hace muchos años que están casados?

Roqui: Nos casamos cuando ella tenía diecisiete años y yo veintiuno. Apenas era _____ cuando me casé.

Cine Mundo: Los _____ te muestran como un hombre muy duro y fuerte, pero veo que en realidad tu esposa tiene mucho poder en el hogar.

Roqui: Yo la dejo creer eso para _____ su vanidad, pero en realidad el que manda soy yo.

DISCUSION

1. ¿Tiene la situación de la mujer española algo en común con la de la mujer norteamericana? Explique su respuesta. **2.** ¿Todavía sufre algunas discriminaciones la mujer norteamericana? ¿Dónde? ¿en el hogar? ¿en el trabajo? ¿en la universidad? ¿al tratar de entrar en una escuela profesional o graduada? **3.** ¿Es el machismo una característica sólo del hombre español? Explique. **4.** ¿Qué opina usted del sistema de votaciones de España? ¿Es mejor que el sistema norteamericano? **5.** ¿Debe un hombre abrirle la puerta a una mujer o darle el asiento? ¿Por qué?

3
PROFESORES Y ESTUDIANTES

If You Were a Spanish American Student...

If you were a regular student in a Spanish or Spanish American university, your college experience would be quite different from what it is now. For one thing, you would be studying for a profession instead of taking a general liberal arts or business course. In Spanish-speaking countries, universities are divided into *facultades*—specialized divisions that prepare a student to enter a particular field. Upon entering the university, the student enrolls in one of these divisions—the *Facultad de Derecho* (Law), the *Facultad de Arquitectura*, or the *Facultad de Medicina*, for example—and takes only those courses required by his or her particular *facultad*. At the end of the year he or she takes an exam on subjects designated by the *facultad*, which may or may not correspond exactly to the course work.

If you were attending a university in a Spanish-speaking country, you probably would not have to worry about tuition, because most universities are run by the state and are free. Your only expenses would be housing, books, and some nominal registration or student activity fees.

The preparation of your teachers might be different from what it is in the United States. In Spanish-speaking countries, few university professors devote all of their time to teaching or activities related to teaching. Normally, professors are men and women who are distinguished in their fields and who, in addition to practicing their profession, teach a few courses at a university. Because they have professional obligations outside the university, they do not have time to meet with their students before or after class. In most cases, they are paid very little for teaching. However, there are *ayudantes* or teaching assistants who are available to meet with students and discuss their problems.

At a Spanish or Spanish American university, your social life would be somewhat different from what it is now. You would probably live with your parents, with a relative, or in a rooming house. Most students, especially women, attend a university close to home. Few Hispanic universities have dormitories.

In many universities, classes meet in the morning. After classes, groups of students gather at a cafe or a *bar estudiantil*—a restaurant for students where snacks, coffee, beer and wine are served—to talk before going home for lunch and studying in the afternoon.

You might find that one of the most popular topics of discussion is politics. Since the period following World War I, Hispanic universities have been deeply involved in politics. In some countries, for example, Spain and Cuba, universities had always been important political forces. In Hispanic countries students are usually acutely aware of the key positions they will hold in society as part of a university-educated elite, and of their own importance in shaping the future of their countries. This partially explains the intense interest in politics that exists in universities throughout the Spanish-speaking world.

One reason the members of the student body feel they occupy a privileged position in society is that most Hispanic universities are highly selective. Before attending a university a student attends a primary school for six years and then a secondary school for another six. The secondary school curriculum includes many of the subjects that are taught during the first two years of college in the United States: philosophy, theology, literature, world history, classical and modern languages. Until about twenty years ago, there was little emphasis on the practical sciences, vocational training, or citizenship. However, in recent years many countries have given increased importance to these areas and some, such as Mexico, Chile, and Venezuela, have established important technological institutes. Upon completing secondary school, a student takes a difficult examination that determines whether or not he or she may enter a university. This exam, called the *bachillerato,* is a standard test administered by the state.

Throughout Latin America, the system of education is patterned on European models. Education is controlled by the central government, although there are many private schools, which are run by the Catholic Church, foreign governments, or other organizations.

Although elementary education is compulsory in most Spanish-speaking countries, illiteracy is a problem. About 24 per cent of the population of Latin America is illiterate. Of course, the percentage varies greatly from one country to the other. In Argentina, only 8.5 per cent of the population cannot read and write. In Haiti (a French-speaking nation) the figure is nearly 90 percent. One of the reasons there is so much illiteracy in Latin America is the difficulty of maintaining schools in remote areas. Another is that some countries, such as Paraguay, Peru, Bolivia and Ecuador, have large Indian populations that do not speak Spanish and for which it is therefore difficult to provide qualified teachers. Still another is the inability of some countries to allocate adequate funds for schools. Several countries, including Venezuela, Cuba, Mexico, Peru and Chile, have launched extensive anti-illiteracy campaigns and have greatly reduced the numbers of people who cannot read and write.

Even when schools are available, there are certain obstacles to public education. In very poor areas in both the city and the country, children start to work at an early age instead of attending classes. In rural areas, sometimes the teachers have had little more than an elementary education themselves. Still another problem—the subject of the third selection in this chapter—is the practice of favoring the children of wealthy and influential families in certain schools.

One other aspect of the question of the education of Spanish-speaking youth should be mentioned here. There are more than 11,117,000 Spanish-speaking people living in the United States, mostly in the Southwest, and in and around New York and Miami. Some of these people are highly educated and have assimilated into the cultural mainstream of the United States. But great numbers of them speak little or no English and their children are unequipped to function in an American school. Furthermore, Spanish-speaking children are sometimes the victims of prejudice. Many school systems have established bilingual education programs to help counteract some of the disadvantages faced by the Spanish-speaking child. The last selection included in this chapter is about the experiences of a young Mexican in a North American school.

ATENCION

Encontrarse con means *to meet (someone already known); to run into:*

Se encontró con un amigo.
Alicia y yo nos vamos a encontrar en el café.

He met (ran into) a friend.
Alicia and I are going to meet at the cafe.

Conocer is often translated in English as *to meet (someone for the first time).*

Cuando conoces a una persona por primera vez, dale la mano.
La conocí en una fiesta.

When you meet a person for the first time, shake hands.
I met her at a party.

The most common translation of **conocer** is *to know.*

be familiar with

¿ "Educación" o <u>education</u>?

En inglés la palabra *education* se refiere a la formación académica o intelectual de uno. Una persona que ha asistido a la universidad y que ha estudiado y aprendido mucho es *well educated*. Una persona que no ha asistido a la escuela y que no lee o estudia por su cuenta° es *uneducated*.

    Pero en español la palabra «educación» significa otra cosa. Tiene un sentido° mucho más amplio que la palabra inglesa. Para la persona de habla española°, la educación es el proceso de desarrollar las facultades físicas, intelectuales y morales del individuo. Incluye la práctica de deportes y la instrucción religiosa y ética tanto como el estudio de materias° puramente académicas.

    También incluye el conocimiento de los buenos modales°. Por ejemplo, un hombre que pone los pies encima de la mesa, que come con la boca abierta o que no se levanta cuando entra una señora a la sala es «sin educa-

por . . . on his own

sense, meaning
de . . . Spanish-speaking

subjects

manners

ción.» Un chico malcriado y consentido que chilla° o grita o   *whines, screams*
habla descortésmente° es un niño «maleducado.»   *discourteously*

«Educar» a un joven no es solamente enseñarle a leer y
a hacer problemas de aritmética, sino que también incluye
la inculcación de los rudimentos de la urbanidad°: cómo   *etiquette*
portarse en la mesa, qué decir o hacer cuando se está en
compañía de adultos, cómo iniciar una conversación con
una muchacha... o sea°, cuál es el comportamiento° co-   **o**... *that is* / conducta
rrecto o aceptable en una variedad de situaciones sociales.

Todo esto es «educación.» Lo que se llama *education* en
inglés a menudo corresponde a las palabras «instrucción» o
«enseñanza» en español. Una persona que tiene una buena
formación académica es una persona «instruida,» pero no
es necesariamente una persona «educada.»

La situación se complica aún más cuando comparamos
lo que constituye la «buena educación» en países latinos
con la de los Estados Unidos. Por ejemplo, en España e
Hispanoamérica, una persona bien educada apoya° sus dos   *rests*
muñecas° en el borde° de la mesa cuando come, porque se   *wrists / edge*
considera mala educación comer con una mano debajo de
la mesa. Sin embargo, el norteamericano aprende desde
chico que es una falta° de educación poner las manos o los   *lack*
brazos encima de la mesa.

En los Estados Unidos, cuando un hombre se encuentra con un amigo o conoce a una persona por primera vez, normalmente le da la mano°. Pero una mujer puede dar la mano o no darla. A veces simplemente sonríe° y saluda°, y esto no se considera mala educación. En cambio°, en los países de habla española, ambos el hombre y la mujer dan la mano para saludar. El no hacerlo es una falta de educación. Cuando se encuentran, dos buenos amigos por lo general se abrazan°, y las mujeres que son amigas se abrazan y se besan° en la mejilla°. Estas son costumbres que no se practican en los Estados Unidos, pero en los países latinos estas muestras° de afecto se requieren . . . por educación.

le . . . *he shakes hands with him*
smiles
greets
En . . . *on the other hand*

hug, embrace
kiss / cheek

signs, shows

VOCABULARIO ACTIVO

abrazar (c)   *to embrace; to hug*
apoyar   *to rest, lean; to support*
besar   *to kiss*
el borde   *edge, border*
chillar   *to scream, yell, whine*
dar la mano   *shake hands*
de habla española   *Spanish-speaking*
descortés   *impolite, discourteous*

la falta   *lack*
mal educado   *ill-mannered, rude*
la materia   *subject*
la mejilla   *cheek*
los modales   *manners*
sentido   *meaning, sense*
sonreír (i, i)   *to smile*
la urbanidad   *etiquette*

VAMOS A PRACTICAR

El Vocabulario

Elimine la palabra o expresión que no se relaciona con las del grupo y explique su elección.

1. mejilla / borde / pestañas / labio
2. abrazar / besar / apoyar / dar la mano
3. chillar / gritar / llorar / sonreír
4. urbanidad / materias / asignaturas / cursos
5. mal educado / malcriado / descortés / simpático

PREGUNTAS

1. ¿Cuáles son algunos de los países de habla española? ¿Conoce usted a alguna persona de habla española? ¿De dónde es?
2. ¿Qué materias estudia usted? ¿Cuál es la materia que le gusta más? ¿Cuál es la materia más fácil? ¿Y la más difícil?
3. ¿Sufre usted de falta de paciencia? ¿De falta de dinero? ¿De falta de alguna otra cosa?
4. ¿Puede usted explicar lo que significa «chillar»? Cuando un niño chilla ¿qué se debe hacer?
5. ¿Hay algunas palabras que tienen varios sentidos? ¿Puede usted dar un ejemplo?
6. ¿Qué significa «urbanidad»? ¿Cuáles son algunas de las cosas que hacemos por causa de la urbanidad?
7. ¿Qué dice usted cuando saluda a un amigo? ¿Cómo se saluda a una persona en los países de habla española?

DISCUSION

1. ¿Cuáles son algunas de las costumbres sociales que se practican en los Estados Unidos? ¿Conoce usted algunas de las costumbres sociales que se practican en los países hispanos? ¿Cuáles? 2. Por lo general, ¿cree usted que los niños norteamericanos son bien educados o mal educados? Explique su respuesta. 3. Para usted, ¿qué es una buena educación? ¿Es la instrucción académica lo más importante? ¿Es importante también la educación física? ¿Cuál es el papel de la instrucción religiosa? ¿la ética? ¿la urbanidad?

RESUMEN

Hable de las ideas esenciales del artículo ¿**Educación** o Education? *mencionando los siguientes temas:*

1. Lo que significa *education* en inglés.
2. El sentido de la palabra «educación» en español.
3. El conocimiento de buenos modales.
4. Lo que significa «educar» a un joven.
5. La diferencia entre «educación» e «instrucción.»
6. Lo que constituye la buena educación en los países latinos y en los Estados Unidos.

ATENCION

¿Qué estudia usted?

antropología *anthropology*
arquitectura *architecture*
astronomía *astronomy*
bellas artes *fine arts*
biología *biology*
cálculo *calculus*
comercio *business*
ciencias políticas *political science*
derecho *law*
economía *economics*
filosofía *philosophy*
física *physics*
geología *geology*

gobierno *government*
historia *history*
idiomas (alemán, francés, italiano, ruso) *languages (German, French, Italian, Russian)*
ingeniería *engineering*
literatura *literature*
matemáticas *mathematics*
medicina *medicine*
periodismo *journalism*
psicología *psychology*
química *chemistry*
teología *theology*

Conversación con dos estudiantes extranjeros° foreign

Estamos conversando con dos estudiantes de intercambio°: **de** . . . *exchange*
Carmen de la Torre (C.T.), una joven chilena de 22 años, y
Ricardo Delgado (R.D.), español, de 20 años.

—*¿Qué estudiabas tú en Chile, Carmen?*

C.T.: Yo estudiaba arquitectura.

—*¿Y qué estudias ahora?*

C.T.: También estudio arquitectura, pero a nivel
graduado°. **a** . . . *on the graduate level*

—*¿Y tú, Ricardo?*

R.D.: Yo estudié derecho en Madrid por un año y
después, otro año de periodismo en Pamplona°. Aquí *ciudad en el norte de España*
estudio administración de empresas° internacionales. *compañías*

—*¿Es semejante° el programa de estudios que tienes aquí al* *similar*
que tenías en España, Ricardo?

R.D.: No, porque no estudiaba la misma profesión.
Pero hay una diferencia básica entre cualquier° programa *any*
de estudios de aquí y de España. Aquí en los Estados Unidos, el sistema de estudios tiene una estructura más am-
plia. Aquí uno tiene que tomar cursos que son requisitos° *requirements*
y, además° puede tomar otras materias que le gusten. En *besides*
España uno tiene que estudiar ciertas materias. No hay

tanta libertad para elegir un plan de estudios. Todos los cursos son requisitos. No hay electivos.

—¿*Qué dices tú, Carmen?*

C.T.: En los Estados Unidos, generalmente se estudia primero para obtener un *Bachelor of Arts* o un *Bachelor of Sciences* —o sea, se toma cierto número de cursos generales, de «artes liberales»—y después se entra a la escuela de arquitectura, de medicina, de derecho, etcétera; es decir, a una escuela graduada.

En Chile, el sistema es completamente diferente del sistema de los Estados Unidos. Se entra a la Universidad después de terminar los estudios secundarios, previamente° tomando un examen que se llama «Bachillerato». Este examen elimina a muchos estudiantes. En Chile, uno empieza a estudiar una profesión desde el primer año universitario. Es decir, la universidad está formada de escuelas profesionales.

antes

R.D.: Es lo mismo en España.

C.T.: Y en todos los países de la América Latina, creo.

—¿*Cuáles son las principales diferencias entre la vida universitaria de aquí y de allá?*

R.D.: En los Estados Unidos, el estudiante tiene más libertad para hacer con su plan de estudios lo que él o ella quiera. Claro que hoy día, en España, la vida estudiantil está cambiando... aunque muy lentamente.

C.T.: Yo diría que en los Estados Unidos la vida universitaria es muy especial. Por lo general, el estudiante va a una universidad que está lejos de su hogar y de sus amigos. Se crean así ambientes propios° de «universidad», es decir, de comunidad. El estudiante norteamericano es más independiente pero, en Chile, el estudiante se queda en su casa o vive cerca de° sus padres.

especiales, característicos

cerca... *near*

—¿*Tienen los estudiantes chilenos más vida social que los norteamericanos?*

C.T.: Sí, mucho más, debido a° lo que antes expliqué. El estudiante chileno generalmente va a una universidad cerca de donde viven sus padres y además no pierde a sus amigos. También, los estudiantes chilenos se reúnen mucho más que los norteamericanos. Todos los días, yo me reunía con seis u ocho amigos para tomar un café y conversar o discutir. Esa costumbre no existe aquí.

debido... *due to*

R.D.: Es lo mismo en España... los estudiantes españoles hacen muchísima vida social porque los españoles son muy sociables.

—*¿Quiénes estudian más, los españoles o los norteamericanos?*

R.D.: Depende. El español estudia más al final de un curso. El norteamericano estudia durante todo el curso.

C.T.: Me parece que los norteamericanos toman más en serio sus estudios y cumplen° mejor con sus obligaciones. Por otra parte°, encuentro que las exigencias son menos y, en general, es más fácil estudiar aquí. Mucho del trabajo se puede hacer en la casa o con libros de consulta° en la biblioteca.

R.D.: No sé... Lo que pasa es que el estudiante español no va a todas las clases, porque no es obligatorio ir a clases. Entonces, estudia por su cuenta al final del curso.

C.T.: También pienso que la actitud del estudiante chileno es diferente a la del norteamericano.

R.D.: Sí, porque en los países latinos el estudiante universitario ocupa un lugar privilegiado en la sociedad debido al hecho° de que no todo el mundo puede ir a la universidad. El estudiante español no siente la urgencia de terminar sus estudios rápidamente y practicar su profesión como la siente el estudiante norteamericano. No le importa ser suspendido en° un curso y prolongar sus estudios un año más.

—*¿Qué me pueden decir de los profesores que han tenido en esta país? ¿Son más accesibles que los profesores en España?*

R.D.: Sí, mucho más. En España es muy raro que un estudiante converse con su profesor. Sin embargo, en los Estados Unidos, un estudiante ve a su profesor casi todos los días.

C.T.: En mi campo, la arquitectura, los profesores son bastante similares aquí y allá. Son arquitectos que practican su profesión además de enseñar.

—*¿Cómo son los exámenes en España?*

R.D.: Muy difíciles. Uno va al examen sin tener idea de qué comprenderá°. En los Estados Unidos, el profesor les da a los estudiantes una idea del contenido del examen.

C.T.: En Chile, los exámenes son por lo general escritos y no se puede usar libros de consulta. Son muy largos y difíciles y se exige mucho la memorización.

comply

por... *on the other hand*

referencia

fact

ser... *fail*

comprise

—Carmen, ¿hay muchas chicas en los cursos de arquitectura en Chile?

C.T.: Sí, muchas. Hay menos aquí que allá. Sin embargo, me dicen que hay más chicas que estudian arquitectura en los Estados Unidos ahora que antes.

—¿Y son las mujeres tan buenas estudiantes de arquitectura como los hombres?

C.T.: Por supuesto. ¡Son mejores!

—Ricardo, ¿cuál te gusta más, la universidad donde estudias ahora o la universidad de Madrid?

R.D.: Para vida social, la de Madrid. Para estudios serios, ésta.

—Y a ti, Carmen, ¿cuál te gusta más, la universidad en que estudias ahora o la de Chile?

C.T.: Me gusta más estudiar en los Estados Unidos porque esta universidad, donde estoy ahora, tiene excelentes bibliotecas y ofrece muchos cursos que no podría tomar en Chile. En general, el ambiente es muy adecuado para estudiar.

Claro que hay algunas cosas allá que me gustan mucho. Por ejemplo, en Chile se le da más importancia al arte, al aspecto estético de la arquitectura. Esto es muy importante. Aquí, la arquitectura se estudia más como una ciencia. Creo que lo mejor es hacer una parte de los estudios allá y otra aquí, como lo estoy haciendo ahora.

Otra cosa que extraño° mucho son los amigos. En Chile hay más intercambio de ideas entre los estudiantes. Aquí los estudiantes están demasiado ocupados—muchos trabajan o, en la escuela graduada, son casados y tienen familia. No tienen tiempo para hablar de la arquitectura.

Pero, con todo, me gusta mucho estudiar en este país.

miss

VOCABULARIO ACTIVO

además   *besides*
comprender   *to comprise*
cumplir (con)   *to comply with; to fulfill one's obligations*
de intercambio   *exchange*
extranjero   *foreign*
extrañar   *to miss*
el hecho   *fact*

el nivel   *level*
por otra parte   *on the other hand*
propio   *of one's own; typical, characteristic*
el requisito   *requirement*
ser suspendido (en una materia)   *to fail (a subject)*

VERDAD O MENTIRA

Explique su respuesta en ambos casos.

1. Carmen es española y estudia química.
2. Ricardo es argentino y estudia periodismo.
3. Según Ricardo, el estudiante español tiene más libertad que el norteamericano porque puede tomar muchos cursos electivos.
4. En Chile y en los otros países de Latinoamérica, se estudia una profesión desde el primer año universitario.
5. En las universidades de los Estados Unidos, normalmente se necesita primero obtener un *Bachelor of Arts* para entrar en una escuela profesional.
6. Según Carmen, el estudiante norteamericano es más independiente que el estudiante chileno.
7. Según ella, el estudiante chileno tiene más vida social que el norteamericano.
8. Ricardo dice que los estudiantes españoles tienen poca vida social y que estudian más que el norteamericano.
9. Carmen dice que los estudiantes norteamericanos son menos serios que los chilenos.
10. También dice que es más difícil estudiar en los Estados Unidos.
11. En España, es obligatorio asistir a clases para todos los estudiantes.
12. Ricardo dice que hablaba más con sus profesores cuando estudiaba en la universidad en España.
13. Los dos jóvenes dicen que en sus países los exámenes son muy fáciles.
14. Carmen menciona que no había otras chicas en sus cursos de arquitectura en Chile.
15. Ricardo prefiere estudiar en los Estados Unidos.
16. Carmen prefiere estudiar en Chile.

VAMOS A PRACTICAR

El Vocabulario

A. *Escoja la respuesta más apropiada.*

1. Pedro quiere ser abogado. Estudia (derecho / periodisimo / medicina).
2. La *ITT* es una (extranjera / empresa / ingeniería).
3. Marta está en el laboratorio de (comercio / economía / química).
4. El español y el inglés son (bellas artes / matemáticas / idiomas).
5. Los cursos que son obligatorios se llaman (hechos / extranjeros / requisitos).

6. Marie-Claire es francesa. Es una estudiante (alemana / extranjera / propia).
7. Hay ciertas palabras que sólo se usan entre los estudiantes. Son (extranjeras / propias / debidas) de los estudiantes.
8. Quiero estudiar francés y ruso (de intercambio / además / por otra parte) del español.
9. Voy a la escuela de verano en Colombia. Voy a ser un estudiante de (hecho / extranjero / intercambio).
10. Mi hermana también estudia español, pero ella está a un (hecho / gobierno / nivel) más avanzado.

B. *Diga una frase que incluya los dos vocablos.*

1. extranjero / chileno
2. biología / requisito
3. ser suspendido / curso de psicología
4. extrañar / abuelos
5. nivel / intermedio

C. *Conteste cada una de las siguientes preguntas usando la palabra que está indicada.*

1. *comprender*
   ¿Entendió usted lo que dijo el profesor?
   ¿Sobre qué va a ser el examen?
2. *propio*
   ¿Tiene usted un auto o usa el de su padre?
   Parece que muchos estudiantes vienen a este café. Hay un ambiente muy especial, ¿verdad?
3. *cumplir*
   ¿Ya tomó usted todos los cursos obligatorios?
   ¿Cree usted que Ricardo realizará sus ambiciones?

DISCUSION

1. ¿Qué piensa usted de las observaciones que Ricardo y Carmen hacen sobre los estudiantes y las universidades norteamericanas? 2. ¿A usted le gustaría ser un estudiante de intercambio? ¿Por qué? ¿En qué país le gustaría estudiar? ¿Por qué? 3. ¿Qué estudia usted? ¿Cuáles son sus cursos favoritos? 4. ¿Qué piensa usted de los requisitos? ¿Debe haber más requisitos? ¿menos requisitos? ¿Qué

cursos son obligatorios en esta universidad?   **5.** ¿Hay muchos estudiantes extranjeros en esta universidad? ¿De dónde son? ¿Por qué son importantes los estudiantes extranjeros en una universidad? ¿Por qué es importante viajar? **6.** ¿Qué opina usted sobre el ambiente social que existe en esta universidad? ¿Hay mucha o poca vida social? Explique.   **7.** ¿Qué es el «Bachillerato»? Explique la diferencia entre el «bachillerato» y el *Bachelor of Arts.*   **8.** ¿Piensa usted que debe haber más preparación profesional y también más cursos prácticos en las universidades norteamericanas? Explique. ¿Qué le parece el sistema de estudios que Carmen y Ricardo describen? ¿Es apropiado que los estudiantes empiecen a estudiar una profesión inmediatamente después de terminar el «bachillerato»?   **9.** ¿Qué opina usted de los exámenes en esta universidad? ¿Es importante la memorización? ¿Cómo se prepara usted para un examen? **10.** Según Ricardo, el estudiante ocupa un lugar privilegiado en España. ¿Se puede decir lo mismo del estudiante en los Estados Unidos?

ACTIVIDAD ESPECIAL

Entreviste usted a algún estudiante o profesor extranjero. Si no conoce a ninguno, entreviste a una persona interesante.

El maestro

Alfonso Hernández-Catá *

El director, antes de aceptar sus servicios, le entrevistó. Sin
duda el traje viejo, la camisa de un blanco amarillento° y,   *yellowish*
sobre todo, su cara delgada y cansada le debían inspirar
recelo°.   *distrust*
    —Nada de beber, por supuesto, decía el director.
    —Nada, señor.
    —Y fumar°, lo menos posible.   *smoke*
    —No fumo.

---

*Alfonso Hernández-Catá, (1885-1940) was born in Cuba but lived in Spain most of his life. He
is considered one of Cuba's greatest authors. He wrote stories, novels, dramas and essays,
most of which deal with abnormal psychology. His best known works are *Cuentos pasionales,
Los siete pecados,* and *Piedras preciosas.*

Mejor. Al último profesor, precisamente, tuve que expulsarle por el cigarrillo. No se extrañe°. Además del mal ejemplo dado a los muchachos, me quemaba las mesas... De sus conocimientos° no he querido hablarle: los supongo°. Lo que sí tendrá que hacer es cuidar un poco más la ropa. Poco a poco el colegio sube de categoría°. Hasta ahora casi todos nuestros alumnos han sido de los barrios° pobres. Pero las familias ricas ya empiezan a otorgarnos° su confianza. Quién sabe si hasta don Miguel el banquero mande su niño. ¿Comprende usted?

—Comprendo, sí. Apenas° pueda me compraré otro traje y dos camisas.

—Pues, entonces, aceptado.

Al llegar a su casa, su mujer le dijo sonriéndole:

—Ojalá nos dure° ese refugio y no haya nada que te lo haga dejar. Ah, el día en que algún editor° reconozca tu talento y publique tus libros...

Empezó sus lecciones esa misma semana y antes del jueves el director estaba seguro de haber escogido el mejor candidato para el puesto. Explicaba a conciencia° y los alumnos lo querían mucho. Por las tardes, después de la última lección, se ponía a escribir renglones° cortos en hojas° que guardaba° después. El director dudó varios días si aquellos renglones serían versos o cuentas° domésticas, y se decidió por lo último.

Pero el primero de la clase, en cambio, no dudó. Era un chico pobre. Tenía una carita de anemia, una mirada humilde, y una voluntad° de aprender impresionante, casi dramática. No era esa memoria fiel° e inconsciente, sino un deseo de entender, de llegar al fondo° de las cosas, al espíritu de los problemas.

—Lo que usted escribe, señor maestro, son versos, ¿verdad?

—¿Cómo lo sabes?

—Porque... porque sí. Cuando en la hoja del calendario de casa hay versos, yo los leo siempre. Y guardo un papel que mandaron de la tienda, envolviendo° arroz, con unos versos preciosos, muy tristes. Papá dice que esos son tonterías. Pero mamá dice que los versos los hacen los poetas. Yo no sabía que se pudiera ser maestro y poeta.

—No se puede, no.

No... Don't be surprised

knowledge
los... I am taking it for granted

sube... is becoming more prestigious
neighborhoods
darnos

as soon as

lasts
publisher

a... concientiously

líneas
páginas / put away
accounts

will
accurate
bottom

wrapping

Así se estableció entre ellos el lazo° de la simpatía°. *bond / friendly feelings*
Nunca volvieron a hablar de los versos del maestro, y sin
embargo, se entendían...

El maestro pensaba, «Ah, si ese muchacho cayera° en *fell*
buenas manos, si no lo debilitase° la miseria y no lo re- *weaken*
clamase° un oficio° apenas esté bastante grande para *claim / trade*
trabajar....» Y para los dos el sábado era peor que el
domingo, porque el domingo era el día antes del primer día
de clase.

Pero hay situaciones que son demasiado hermosas
para durar.

Un día el director entró en la sala de clase trayendo de
la mano a un nuevo alumno.

¡De pie° todos! Así. Hay que cuidar la cortesía colec- **De**... *On your feet!*
tiva... Le presento a un nuevo alumno, señor profesor.
Está un poco atrasado° porque sus padres han viajado *behind*
mucho y no lo han mandado al colegio durante los últimos
tres meses. Es hijo de don Miguel de Siles, el ilustre finan-
ciero. Desde luego° yo le daré cada dos o tres días una clase **Desde**... Por supuesto
especial para poder pasarlo lo más pronto posible a mi
grupo. He preferido traerlo aquí para hacerle la acli-
matación° más fácil. Entre los chicos grandes no se habría *adjustment*
sentido cómodo.

El nuevo alumno era guapo y vestía con elegancia.
Además, no era tonto. Pero estudiaba por egoísmo,
guiado° por el deseo de ser el primero de la clase. *guided*

Al final de la primera semana de estar en clase el
nuevo alumno, el director llamó al maestro para decirle:

—Veo que el hijo de don Miguel avanza. Hay que
ayudarle. Comprenda usted... Su padre no quiere
ponerle un profesor particular° porque como él salió de *privado*
familia humilde... Tonterías... Usted trate, en lo posible,
de separarlo en la clase y...

—Separarlo, no. En eso tiene razón su padre. Yo le
ayudo según usted quiere; procuro° enseñarle a estudiar, *trato de*
que es lo que más necesita. Si no fuera exclusivamente
memorista°, avanzaría mejor. *memorizer*

—Parece que hay en la clase otro que es su preferido.

—No. Otro que es mejor alumno que el hijo del señor
banquero, sí. Tengo la conciencia tranquila: mis notas son
justas, absolutamente justas.

El director se enojaba.

—Déjese usted de sutilezas°, amigo. Esas tonterías pedagógicas son buenas para llenar páginas de libros, pero en lo práctico, en la clase... El chico es inteligente. Está avanzando rápido. Abrame la mano en las notas y empuje° al muchacho.

Y comenzó la lucha. Dos bandos se formaron. Y el niño pobre no obtuvo siquiera el apoyo° de sus hermanos en la pobreza. Estos sentían cierta atracción hacia el chico guapo y fuerte que les decía: Mi padre me comprará una bicicleta el día que le quite a ése el primer puesto, y no la pierdo aunque tenga que romperme los codos° estudiando.

Ya estaba el segundo de la clase. Recitaba las lecciones sin olvidar una coma.

Sin duda el maestro era justo. Pero ni los niños, ni el director, ni siquiera el banquero, que ya empezaba a irritarse, querían la justicia.

El niño rico estudiaba y rabiaba°; el otro estudiaba y se entristecía.

El director se ponía furioso. «Si es necesario, lo echo°,» decía del maestro. Pero el banquero, interesado ya en la aventura, insistía en que el muchacho alcanzara° el primer puesto con ese maestro y no con otro. El director apeló° entonces a subterfugios°. Antes de las vacaciones habría un certamen°. De este certamen saldrían las notas finales.

Oyéndolo, el maestro sonrió. Estaba seguro que el conocimiento triunfaría de la memoria fácilmente.

El maestro anunció en la clase:

—El señor director me ha dicho que antes de fin de curso habrá un certamen. La clase se dividirá en dos bandos, capitaneados por... usted y por usted.

Y justo cuando el maestro se felicitaba° de no haber dulcificado° la mirada en el chico pobre, el niño rico anunció:

—Sí, señor, y habrá invitados. Van a venir papá y mamá. Y me encargarán° un traje nuevo de Inglaterra° para ese día. Y si gano el primer premio° me llevarán a Europa con ellos este verano.

Durante los días restantes° del curso la competencia se convirtió en una lucha. El segundo de la clase revelaba no sólo el esfuerzo sino la ayuda de alguien—tal vez un

Déjese... *that's enough quibbling*

push

support

romperme... *break my head (lit. elbows)*

se ponía furioso

lo... *I'll throw him out*

got
resorted
tricks
contest

was congratulating
softened

order / England
prize

remaining

profesor particular, tal vez el director mismo. Pero el primero no cedía°.

Llegó el día de la fiesta.

Mientras se vestía el profesor le dijo a su mujer:

—Me gustaría estar enfermo para no ir.

Pero tenía demasiada integridad para buscar un pretexto para quedarse en casa.

La sala estaba llena de gente. Los niños llevaban sus mejores trajes. Desde sus puestos eminentes el banquero y su mujer sonreían a su joven gladiador intelectual, con su traje importado. El otro, con su ropa vieja y pobre, se llenaba de terror.

El certamen comenzó. Había un silencio eléctrico°. El trajecito elegante se irguió, y dos labios recitaron con puntos y comas° durante diez minutos. Se oyeron aplausos.

—Ahora le toca a usted°, dijo el director, y el niño pobre empezó a hablar. Pero los conceptos dichos con acento tímido, inseguro, no podían interesar ya al auditorio. Al terminar el chico, sólo una persona lo escuchaba.

Durante las siguientes interrogaciones, el niño tartamudeaba°, sudaba° y miraba la puerta. Quería huir. Que se fuera el otro° a Europa en su bicicleta nueva, mejor. ¿Por qué aquella crueldad de prolongar el certamen? El estaba cansado. Ni siquiera escuchaba las preguntas sarcásticas del director. Ni siquiera le pareció ofensa la falsa condescendencia del director cuando, sonriéndole, le dijo que lo suponía mejor preparado. Y su estupor° fue inmenso cuando de repente° oyó la voz del maestro, siempre dulce para él, gritar en una explosión tremenda de rabia.

—¡Basta ya! Ya tiene el triunfo el que no lo debe tener: ¡el papagayo°! ¡Dejen al pobre niño en paz! ¡El señor director ha preparado esta farsa para que el señor banquero y su esposa puedan bebear de gusto°! La inteligencia de ese pobre niño era su único bien en la tierra, y acaban ustedes de robársela al mancharla de° duda. Pueden estar contentos.

El salón quedó paralizado. El maestro salió.

Segundos después se oyeron las primeras exclamaciones: «¡Es un loco!» «¡Debe de haber bebido!» «Es un bolchevique.» A pesar de los esfuerzos del director, el

give in

electrifying
se... *stood up straight*
con... con precisión
le... *it's your turn*

stammered / sweated
Que... *Let the other one go off*

amazement
de... *all of a sudden*

parrot

babear... *drool with pleasure*

al... *by staining it with*

reparto° de premios no fue alegre.

distribución

El maestro llegó a su casa, y su mujer notó inmediatamente que algo había pasado.

—¿Qué ha sido?°

Qué... ¿Qué ha pasado?

—Me he ido del colegio. Ya estamos en la calle° otra vez... Perdí el control... Siempre seré un estúpido... ¡Pero no! Le han robado al mejor de mi clase el premio para dárselo a otro, al hijo de un banquero, y... «Ah, si vieras° la carita de anemia de ese pobre niño...» ¿Es que debí callarme°? Dime.

en... *down and out*

si... *if you could see*

Es... *should I have been silent?*

—No. ¡Has hecho bien! Siempre haces bien, y por eso nos va mal en la vida. No importa. La miseria y nosotros somos amigos... Por eso no nos trata demasiado mal. ¿Cómo me preguntas si debiste callar? Si fueras capaz de callarte cuando otros se callan, ¡yo no te querría tanto!

VOCABULARIO ACTIVO

a conciencia   *conscientiously*
alcanzar   *to get; to achieve, reach*
apenas   *as soon as; hardly*
el barrio   *neighborhood*
beber   *to drink*
ceder   *to yield, give in*
la cuenta   *account, bill*
cuidar   *to take care of; to pay attention to*
dejarse de   *to stop, leave off, cut out*
desde luego   *of course*
durar   *to last, go on for; to endure*
echar   *to throw out, dismiss*
empujar   *to push*
envolver (ue)   *to wrap*

erguirse (i, i) *to stand up, to straighten up*
fumar   *to smoke*
guardar   *to save, put away; to keep*
manchar   *to stain*
otorgar   *to grant, to give*
particular   *private*
rabiar   *to be furious; to rave*
el recelo   *fear, distrust*
reclamar   *to claim*
la simpatía   *friendly feeling*
sudar   *to sweat*
suponer (supongo)   *to assume, suppose; to guess*
tartamudear   *to stutter, stammer*

PARA COMPLETAR

Escoja la respuesta correcta.

1. El director tiene recelo porque
   a) piensa que el nuevo maestro no conoce bien la materia   b) el nuevo maestro parece pobre y cansado   c) el nuevo maestro fuma y bebe demasiado.

2. Lo que más le interesa al director es
   a) tener una buena escuela   b) que las familias ricas matriculen a sus hijos en su escuela   c) darles una buena educación a los niños pobres.

3. La esposa del maestro
   a) no está contenta con el nuevo puesto del marido   b) espera que el trabajo le dure a su marido   c) también es profesora.

4. El director finalmente decide que los papeles que guarda el maestro contienen
   a) cuentas   b) versos   c) notas.

5. El niño pobre estudia mucho porque
   a) quiere entender las cosas   b) quiere obtener buenas notas   c) su padre es un hombre muy intelectual.

6. El maestro y el niño
   a) hablan a menudo de poesía   b) sienten simpatía el uno por el otro   c) no se quieren mucho.

7. El nuevo alumno es
   a) rico pero tonto   b) inteligente pero sin verdadero interés por el estudio   c) callado y tímido.

8. El director le pide al maestro que
   a) le dé mejores notas al hijo del banquero   b) no separe al niño rico de los otros niños   c) le enseñe al nuevo alumno a estudiar sin memorizar.

9. El padre del niño rico
   a) no tiene mucho interés en la competencia entre su hijo y el alumno pobre   b) busca la justicia   c) empuja a su hijo para que saque mejores notas.

10. Cuando el director le dice al maestro que habrá un certamen, el maestro
    a) se enoja y se pone a gritar   b) le dice que no es justo   c) está contento porque cree que ganará el niño pobre.

11. Durante el certamen, el niño rico contesta bien las preguntas porque
    a) tuvo lecciones particulares y aprendió las respuestas de memoria   b) si gana sus padres le encargarán un traje nuevo de Inglaterra   c) el maestro le ha enseñado a estudiar.

12. El niño pobre
    a) contesta mal las preguntas porque no está preparado   b) se pone muy nervioso   c) gana el premio.
13. El maestro se enoja porque
    a) reconoce que el alumno rico es más inteligente que el niño pobre
    b) piensa que el director no ha sido justo con el niño pobre   c) piensa que el director le ha dado lecciones particulares al niño pobre.
14. Cuando el maestro llega a casa, su esposa le dice que
    a) no debió enojarse delante de toda la gente   b) será siempre un estúpido   c) hizo bien al protestar la injusticia de la situación.

VAMOS A PRACTICAR

El Vocabulario

A. *Conteste las preguntas utilizando los vocablos que están en paréntesis en su respuesta.*

1. ¿Dónde vive usted? (barrio)
2. ¿Cuándo va a poder ganarse la vida? (apenas)
3. ¿Estudia usted las lecciones con cuidado? (a conciencia)
4. ¿Quién se ocupa de las finanzas en su casa? (cuentas)
5. ¿Va a darle ese regalo a Juana? (envolver)
6. ¿Le gusta Juan Carlos? (simpatía)
7. ¿Le gusta la clase de español? (desde luego)
8. ¿Está sucio su suéter? (manchar)

B. *Complete las frases con la forma correcta del verbo.*

alcanzar/ beber/ ceder/ cuidar/ durar/ dejarse/ echar/ empujar/ envolver/ erguir / fumar / gritar/ otorgar / rabiar / reclamar / sudar / suponer / tartamudear

Después de asegurarse de que el maestro no _____ ni _____ el director aceptó sus servicios. No le preguntó al maestro nada sobre sus conocimientos de la materia porque los _____ .

El director le dijo al maestro que las familias ricas habían empezado a _____ su confianza a la escuela, y por eso el maestro tendría que _____ más su ropa.

El mejor alumno de la clase era un chico pobre que tenía la costumbre de leer los versos que estaban escritos en los periódicos en que se _____ el arroz. El maestro sabía que el chico no tendría la oportunidad de desarrollar sus capacidades intelectuales porque lo _____ un oficio apenas tuviera edad para ganarse la vida.

Entre el maestro y el muchacho se desarrolló una fuerte lazo de simpatía, pero esta situación no _____ . Un día el director llegó con un nuevo alumno. Este chico era de una familia rica. No era tonto pero memorizaba las lecciones en vez de aprenderlas a fondo.

— _____ de tonterías, le dijo el director al maestro. _____ Ud. al hijo del banquero.

El niño rico _____ , pero no podía _____ al otro. El niño pobre estudiaba y no _____ su lugar de primero de la clase.

El director iba a _____ al maestro, pero el papá del niño rico no quiso. Finalmente el director decidió que iba a haber un certamen.

Durante el certamen el niño rico se _____ y contestó todas las preguntas con puntos y comas. El otro _____ y _____ . Estaba demasiado nervioso para contestar.

De repente el maestro empezó a _____ de rabia. Insultó al director y se fue furioso.

Crucigrama

Horizontal

2. nombre de mujer (en inglés, *Anne*)
5. abandonamos, dejamos
8. ¡De ___, todos!
9. El que publica libros o revistas, etc.
14. bulbo, de olor fuerte, que se usa para cocinar (en inglés, *garlic)*
15. los de Rusia
17. estudio de las funciones mentales
18. título masculino de respeto
19. tipo de licor (en inglés, *rum)*
20. plural de educación
21. pongo adentro
24. artículo definido (masculino singular)
25. primer día de la semana
27. Quiero beber algo. Tengo ___.

Vertical

1. series de preguntas
3. relacionado con la mente
4. lo contrario de fondo (inglés)
6. *if,* en español
7. Se porta bien. Es un niño bien ___.
11. órgano que se emplea para ver
12. Se va a romper los ___ estudiando.
13. de esa manera
15. plural de razón
16. yo soy, tú eres, ellos ___
19. algo que se usa para pescar ciertos peces
22. la chica; ___ chico
23. tu libro; ___ libros
26. apodo para Eduardo (inglés)

Respuestas: *Horizontal* 2. Ana 5. cedemos 8. pie 9. editor 14. ajo 15. rusos 17. psicología 18. don 19. ron 20. educaciones 21. meto 24. el 25. lunes 27. sed *Vertical* 1. interrogaciones 3. mental 4. top 6. si 7. educado 11. ojo 12. codos 13. así 15. razones 16. son 19. red 22. el 23. tus 26. Ed

DISCUSION

1. ¿Qué diferencia hay entre las actitudes de los dos chicos, con respecto a los estudios? ¿Cuál es su actitud? En su universidad, ¿estudian los alumnos para sacar buenas notas o para aprender las materias? Explique. **2.** ¿Por qué dice el profesor que el niño es un papagayo? ¿Hay muchos «papagayos» en las escuelas norteamericanas? ¿Es bueno memorizar? **3.** ¿Hay favoritismo en las escuelas norteamericanas? ¿Por qué es peligroso el favoritismo? **4.** Describa la relación que existe entre el maestro y su esposa. ¿Qué piensa usted de la reacción de ella cuando su marido le dice que ha perdido su empleo? ¿Haría usted lo mismo? **5.** ¿Hay un elemento de optimismo en el fin del cuento? ¿Por qué? **6.** ¿Se pone usted nervioso durante los exámenes? ¿Cómo se puede evitar este problema? ¿Para qué sirven los exámenes? **7.** ¿Cuáles cree usted que son las ventajas y desventajas de las escuelas particulares y de las escuelas públicas? ¿Asistió usted a un colegio privado o público? ¿Cómo fue su experiencia? ¿Aprendió mucho o poco?

ATENCION

I

1. Many Spanish idiomatic expressions consist of **tener** + *a noun*. The English equivalents usually (but not always consist of *to be* + *an adjective.*

tener __ años *be __ years old*	tener la culpa *be guilty*
tener calor *be hot, warm*	tener miedo *be afraid*
tener cuidado *be careful*	tener razón *be right*
tener frío *be cold*	tener sed *be thirsty*
tener ganas de *feel like*	tener suerte *be lucky*
tener hambre *be hungry*	tener vergüenza *be ashamed*
tener la bondad de *be good enough to*	

2. In the Spanish expressions above, the noun may be modified by an adjective. Notice that the English equivalents contain an adverb.

Tiene mucha vergüenza.   *He's very ashamed.*
Tiene un cuidado extraordinario.   *He's extraordinarily careful.*

3. Many nouns that occur in idiomatic expressions with **tener** can be used with **dar** to translate *make.*

dar calor   *make hot, warm*
dar comezón   *make itch*
dar frío   *make cold*
dar ganas de   *make feel like*
dar hambre   *make hungry*

dar miedo   *make afraid*
dar rabia   *make angry*
dar razón   *say (someone) is right*
dar sed   *make thirsty*
dar vergüenza   *make ashamed*

Notice that the indirect object pronoun is used with expressions with **dar.**

El helado me dio frío.
Eso le da rabia.
¿Les dio la razón?

The ice cream made me feel cold.
That makes him mad.
Did he say they were right?

II

A SPECIAL NOTE ABOUT THE LANGUAGE OF THE FOLLOWING SELECTION

All Spanish speakers, like English speakers, use certain language patterns characteristic of the community where they live or grew up. «*Es que duele*» is a story told by a young Mexican boy whose parents are migrant workers. The language of the narrator contains some structures and vocabulary characteristic of Mexicans and Mexican Americans living in the southwestern part of the United States. Here is a list of the regionalisms that appear in the story.

REGIONAL	STANDARD	ENGLISH
ándale	vamos	*let's go*
coraje	rabia	*anger*
dompe	basurero	*garbage dump*
golfo	golf	*golf*
güelito	abuelito	*grandpa*
m'ijo	mi hijo	*my son*
nomás	sólo, nada más	*just*
n'ombre sí	sí, hombre	*oh yes, yes it is*
principal	director	*principal (of a school)*
rancho	finca, hacienda	*ranch, farm*
voltear	dar vuelta	*to turn around*

Es que duele

Tomás Rivera*

Es que duele. Por eso le pegué°. Y ahora, ¿qué hago? A lo mejor° no me expulsaron de la escuela. A lo mejor no es cierto. A lo mejor no. *N'ombre sí.* Sí, es cierto, sí me expulsaron. Y ahora ¿qué hago?

    Yo creo que empezó todo cuando me dio vergüenza y coraje al mismo tiempo. Ni quisiera llegar a la casa. ¿Qué le voy a decir a mamá? ¿Y luego cuando venga papá de la labor°? Me van a fajear° de seguro. Pero, también da vergüenza y coraje. Siempre es lo mismo en estas escuelas del norte. Todos nomás mirándote de arriba a abajo. Y luego se ríen de uno y la maestra con el palito de paleta° o de esquimo pie buscándote piojos° en la cabeza. Da vergüenza.

hit
a... tal vez

farm work / spank

palito... *paddle stick*
lice

---

*__Tomás Rivera__ is a well-known Chicano writer who is currently a professor at the University of Texas at San Antonio.

Y luego cuando arriscan° las narices. Da coraje. Yo creo que   *tweak*
es mejor estarse uno acá en el rancho. Acá uno se siente
más libre, más a gusto°.   **a**... cómodo

[1]—Andale, m'ijo, ya vamos llegando a la escuela.
—¿Me va a llevar usted con la principal?
—N'ombre, no sabes hablar inglés todavía. Mira, allá
está la puerta de la entrada. Nomás pregunta si no
sabes adonde ir. Pregunta, no seas tímido. No tengas
miedo.
—¿Por qué no entra conmigo?
—¿Tienes miedo? Mira, esa debe ser la entrada. Ahí
viene un viejo. Bueno, pórtate bien, ¿eh?
—Pero ¿por qué no me ayuda?
—N'ombre, tú puedes bien, no tengas miedo.

Siempre es lo mismo. Lo llevan a uno con la enfermera
y lo primero que hace es buscarle los piojos.

—Fíjate°, mamá, ¿qué crees? Me sacaron del cuarto   *just imagine, you know what*
apenas había entrado y me metieron° con una en-   *llevaron*
fermera toda vestida de blanco. Me hicieron que me
quitara la ropa y me examinaron hasta la cola°. Pero   *tail*
donde se detuvieron° más fue en la cabeza. Yo me la   *lingered*
había lavado, ¿verdad? Bueno, pues la enfermera
trajo un frasco° como de vaselina que olía a puro   *jar*
matagusano°, ¿todavía huelo así?, y me untó° toda la   **olía**... *smelled like worm*
cabeza. Me daba comezón°. Luego con un lápiz me   *killer / smeared*
estuvo partiendo el pelo. Después me dejaron ir pero   *itch*
me dio mucha vergüenza porque me tuve que quitar
los pantalones y hasta los calzoncillos° enfrente de la   *drawers*
enfermera.

Pero, ahora, ¿qué les digo? ¿Que me echaron fuera de
la escuela? Pero, si no fue toda la culpa mía. Aquel gringo
me cayó mal° desde luego, luego°. Ese no se reía de mí.   **me**... no me gustó /
Nomás se me quedaba viendo y cuando me pusieron en   **desde**... *right from the*
una esquina° aparte de los demás° cada rato volteaba la   *beginning*
cara y me veía, luego me hacía una seña° con el dedo. Me   *corner / otros*
dio coraje pero más vergüenza porque estaba parado y así   *sign*
me podían ver mejor todos. Luego cuando me tocó leer, no

---

[1]The scenes the boy remembers are indented.

pude. Me oía a mí mismo. Y oía que no salían las palabras... Este camposanto° ni asusta°. Es lo que me gusta más de la ida y venida° de la escuela. ¡Lo verde que está! Puros° caminos pavimentados. Hasta parece donde juegan al golfo. Ahora no voy a tener tiempo de correr por las lomas° y resbalarme° hacia abajo... Si me apuro° a lo mejor me puedo ir con doña Cuquita al dompe. Sale como a estas horas, ya cuando no está muy caliente el sol.

    —Cuidado muchachos. Nomás tengan cuidado y no vayan a pisar° donde no hay nada por debajo°. Donde vean que sale humito° es que hay brasas° por debajo. Yo sé por qué les digo°, yo me di una buena quemada° y todavía tengo la cicatriz°...

    Pero si me voy con ella sin avisar° me dan otra fajeada. ¿Qué les voy a decir? A lo mejor no me expulsaron. Sí, hombre, sí. ¿A lo mejor no? Sí, hombre. ¿Qué les voy a decir? Pero, la culpa no fue toda mía. Ya me andaba por ir para fuera°. Cuando estaba allí en el baño él fue el que me empezó a molestar.

    —Hey, Mex... I don't like Mexicans because they steal. You hear me?
    —Yes.
    —I don't like Mexicans. You hear, Mex?
    —Yes.
    —I don't like Mexicans because they steal. You hear me?
    —Yes.

Me acuerdo que la primera vez que me peleé en la escuela tuve mucho miedo porque todo se había arreglado con tiempo°. Fue por nada, nomás que unos muchachos grandes que estaban en el segundo grado todavía, nos empezaron a empujar uno hacia el otro. Y así anduvimos hasta que nos peleamos yo creo de puro° miedo. Recuerdo que me empezaron a empujar hacia Ramiro. Luego nos pusimos a luchar. Salieron unas señoras y nos separaron. Desde entonces me empecé a sentir más grande. Pero ese día me peleé de puro miedo.

    Esta vez fue distinta. Ni me avisó. Nomás sentí un golpe° muy fuerte en la oreja y oí como cuando se pone a oír uno las conchas° en la playa. Ya no recuerdo cómo ni cuándo le pegué pero sé que sí porque le avisaron a la

cementerio / da miedo
ida... *trip to and from*
Nothing but

hills / *slide* / **me**... I hurry

step / **por**... *underneath*
smoke / *live coals*
Yo... *I know what I'm talking about*
burn / *scar*

letting (them) know

Ya... *I was already on my way out.*

con... *ahead of time*

just plain

blow
shells

principal que nos estábamos peleando en el baño. ¿A lo mejor no me echaron fuera? *N'ombre, sí.* Luego, ¿quién llamó a la principal? Y el barrendero° todo asustado con la escoba° en el aire, listo para pegarme si trataba de irme.

janitor, sweeper
broom

—*The Mexican kid got in a fight and beat up a couple of our boys, . . . No, not bad . . . but what do I do?*

— . . . .

—*No, I guess not, they couldn't care less if I expel him . . . . They need him in the fields.*

— . . . .

—*Well, I just hope our boys don't make too much about it to their parents. I guess I'll just throw him out.*

— . . . .

—*Yeah, I guess you are right.*

— . . . .

—*I know you warned me, I know, I know . . . but . . . yeah, OK.*

Pero cómo me iba a ir si todos los de la casa querían que fuera a la escuela. El de todos modos° estaba con la escoba en el aire listo para cualquier cosa . . . Y luego nomás me dijeron que me fuera.

de . . . *anyway*

Esta es la mitad del camino a la casa. Este camposanto está bonito. No se parece nada al° de Tejas. Aquél sí asusta, no me gusta para nada. Lo que me da más miedo es cuando vamos saliendo de un entierro° y veo para arriba y leo en el arco de la puerta las letras que dicen «no me olvides». Parece que oigo a todos los muertos que están allí enterrados decir estas palabras y luego se me queda en la cabeza el sonido° de las palabras y a veces aunque no mire hacia arriba cuando paso por la puerta, las veo. Pero éste no, éste está bonito. Muchos árboles. Yo creo que por eso aquí la gente cuando entierra a alguien ni llora. Me gusta jugar aquí. Que nos dejaran pescar° en el arroyito° que pasa por aquí, hay muchos pescados. Pero nada, necesitas tener hasta licencia para pescar y luego a nosotros no nos la quieren vender porque somos de fuera del estado.

No . . . *It doesn't look at all like the one*

burial

sound

Que . . . *I wish they let us fish / brook*

Ya no voy a poder ir a la escuela. ¿Qué les voy a decir? Me han dicho muchas veces que los maestros de uno son los segundos padres . . . y ¿ahora? Cuando regresemos a Tejas también lo va a saber toda la gente. Mamá y papá se van a enojar; a lo mejor me hacen más que fajearme. Y luego se van a dar cuenta mi tío y güelito también. A lo mejor me mandan a una escuela correccional. Allí lo hacen a uno bueno si es malo. Son muy fuertes° con uno. Pero, a lo mejor no me expulsaron, *n'ombre, sí,* a lo mejor no, *n'ombre, sí.* Podía hacer como° que venía a la escuela y me quedaba aquí en este camposanto. Eso sería lo mejor. Pero, ¿y después? Les podía decir que se me perdió la *report card.* ¿Y luego si me quedo en el mismo año? Lo que me duele más es que ahora no voy a poder ser operador de teléfonos como quiere papá. Se necesita acabar° la escuela para eso.

    —Vieja², dile al niño que salga... mire, compadre, pregúntele a su ahijado° lo que quiere ser cuando sea grande y que haya acabado ya la escuela.
    —¿Qué va a ser, ahijado?
    —No sé.
    —¡Dile! No tengas vergüenza, es tu padrino.
    —¿Qué va a ser, ahijado?
    —Operador de teléfonos.
    —¿De veras?
    —Sí compadre, está muy empeñado° m'ijo en ser eso, si viera°. Cada vez que le preguntamos dice que quiere ser operador. Yo creo que les pagan bien. Le dije al viejo el otro día y se rio. Yo creo que cree que m'ijo no puede, pero es más vivo que nada°. Nomás le pido a Diosito que le ayude a terminar la escuela y que se haga operador.

    Aquella película° estuvo buena. El operador era el más importante. Yo creo que por eso papá quiso luego° que yo estudiara para eso cuando terminara la escuela. Pero, ... a lo mejor no me echaron fuera. Que no fuera verdad. ¿A lo mejor no? *N'ombre, sí.* ¿Qué les digo? ¿Qué hago? Ya no me van a poder preguntar qué voy a ser cuando sea grande. A lo mejor no. *N'ombre, sí.* ¿Qué hago? Es que duele y da vergüenza al mismo tiempo. Lo mejor quedarme aquí. No, pero después se asusta mamá toda como cuando hay relámpagos° y truenos°. Tengo que decirles. Ahora cuando

strict

hacer... *pretend*

terminar

godson

determined
si... *You should see*

más... *as smart as anything*

movie
después

lightning / thunder

---

²Term of endearment, such as ''honey,'' ''sweetie''.

venga mi padrino a visitarnos nomás me escondo°. Ya ni para qué me pregunta nada°. Ni para qué leerle como me pone papá a hacerlo cada vez que viene a visitarnos. Lo que voy a hacer cuando venga es esconderme debajo de la cama. Así no les dará vergüenza a papá y a mamá. ¿Y que° no me hayan expulsado? ¿A lo mejor no? *N'ombre, sí.*

me ... *I'll hide*
Ya ... *Now what's the use in his asking me anything?*

what if

VOCABULARIO ACTIVO

a gusto   *comfortable*
a lo mejor   *perhaps, maybe*
acabar   *to finish*
el ahijado   *godson*
la ahijada   *goddaughter*
apurarse   *to hurry, hurry up*
asustar   *to frighten*
avisar   *to let someone know; to notify*
caerle mal a alguien   *to be displeasing (to someone)*
el camposanto   *cemetery*
la cicatriz   *scar*
la cola   *tail*
el compadre   *godfather*
la concha   *shell*
con tiempo   *ahead of time*

el dedo   *finger*
demás   *other, rest*
de todos modos   *anyway*
el entierro   *burial, funeral*
la escoba   *broom*
fijarse   *to notice, pay attention, to imagine*
el frasco   *jar*
ni para qué   *what's the use*
parecerse (a)   *to look like, resemble*
pegar   *to hit*
la película   *film, movie*
pisar   *to step on*
oler (hue)[3]   *to smell (of, like)*
resbalarse   *to slide, slip*

PREGUNTAS

1. ¿Por qué está tan preocupado el chico?
2. ¿De qué «escuelas del norte» está hablando? ¿Por qué no le gustan?
3. ¿Qué le hizo al chico la enfermera?
4. ¿Por qué dice el chico que la pelea no fue culpa de él?
5. ¿Por dónde tiene que pasar el chico para llegar a su casa? ¿Le gusta o no le gusta ese lugar? ¿Por qué?

---

[3]The combination *ue* does not occur at the beginning of a word. Stem-changing verbs that begin with *o* add *h* before the diphthong: *huelo, hueles, olemos, oléis, huelen.*

6. ¿Por qué quiere ir con doña Cuquita? ¿Qué cree que le pasará si no les pide permiso a sus padres para ir con ella?
7. ¿Qué pasó la primera vez que el muchacho peleó en la escuela?
8. ¿De qué camposanto se acuerda el muchacho? ¿Por qué no le gusta?
9. ¿Cómo cree el chico que sus padres van a reaccionar a su expulsión de la escuela?
10. ¿Qué piensa hacer el chico para que sus padres no sepan que lo expulsaron? ¿Lo hace realmente?
11. ¿Qué quiere el padre que su hijo sea cuando grande? ¿Por qué?
12. ¿Cree el chico que va a poder ser operador? ¿Por qué no?
13. ¿Qué va a hacer el chico cuando su padrino venga a visitarlo? ¿Por qué?

VAMOS A PRACTICAR

El Vocabulario

A. Escoja la respuesta más apropiada.

1. Un perro tiene (una sonrisa / una cola / cinco dedos en cada mano).
2. Me regaló (un frasco / una concha / una taza) de perfume.
3. Si caminas en la nieve, puedes (acabar / fijarte / resbalarte).
4. Le hicieron una operación y le quedó (una cola / una cicatriz / un dedo).
5. Mamá acaba de lavar el suelo. No debes (avisar / pisar / sudar) allí.
6. Voy a empezar inmediatamente porque quiero terminar mi trabajo (a lo mejor / con tiempo / a gusto).
7. En la playa hay muchas (escobas / conchas / películas).
8. Ayer murió don Pedro. ¿Cuándo es (el entierro / la película / el certamen)?
9. Para limpiar el suelo se usa (un frasco / una concha / una escoba).
10. Don Roberto es mi padrino y yo soy su (compadre / ahijado / nieto).

B. Sinónimos: Reemplace con un sinónimo el vocablo en letra cursiva.

1. *Tal vez* no pasó nada.
2. Uno está más *cómodo* en su propia casa.
3. Esa muchacha *no me gusta*.
4. Los *otros* alumnos no juegan con él.
5. ¿*Terminaste* el trabajo?
6. Ese cementerio me *da miedo*.

C. *Traduzca al español usando la forma correcta de los siguientes vocablos.*

a gusto / a lo mejor / apurarse / caerle mal / de todos modos / fijarse / ni para qué / oler a / parecerse a / pegarle

1. I don't like that boy.
2. Maybe they didn't expel him.
3. We don't feel comfortable here.
4. What's the sense of talking about it?
5. If you don't hurry, we'll arrive late.
6. This smells of fish.
7. Mario didn't hit the other boy.
8. Carlos looks like his father.
9. You know what, Mrs. López? Tina is going to get married.
10. Anyway, the boy can probably go to another school.

D. *Responda usando un modismo con* **tener** *o* **dar.**

1. ¿Quiere usted comer algo?
2. ¿Qué edad tiene usted?
3. ¿Le presto mi suéter a la niña?
4. ¿Vamos a tomar una Coca-Cola?
5. ¡Este camposanto sí asusta!
6. ¡Qué delicioso se ve ese sandwich!
7. ¡Qué lindo está el día! Quisiera salir de paseo.
8. ¡Esa profesora da demasiados exámenes!

DISCUSION

1. El muchacho dice en varias ocasiones que siente vergüenza. ¿Qué experiencias similares ha tenido usted? ¿Cómo reaccionaría usted en las mismas circunstancias? 2. ¿Qué opina usted de la actitud de los chicos norteamericanos hacia el muchacho mexicano? ¿Qué opina de la actitud de la directora de la escuela y la del barrendero? 3. ¿Qué importancia le da la familia del chico a la educación? 4. ¿Piensa usted que un programa de instrucción bilingüe ayudaría a este muchacho? Explique su respuesta. 5. ¿Es difícil vivir y estudiar en un país extranjero? Además de la instrucción bilingüe, ¿qué se puede hacer para ayudar a gente como el muchacho del cuento? 6. ¿Qué significa el título del cuento? 7. Además de los trabajadores mexicanos, ¿qué otros grupos han sido víctimas de la discriminación en nuestra sociedad? Explique. 8. ¿Recuerda usted haber tenido que decirles algo desagradable a sus padres? ¿Qué pasó en esa ocasión?

COMPOSICION

Escoja uno de los siguientes temas:

1. Describa algún incidente de provocación física o verbal y diga cómo reaccionó.
2. Compare las experiencias del muchacho en la escuela con las suyas.

4
DIVERSIONES

How Do You Spend Your Free Time?

What do you like to do in your spare time? Go to the movies? Watch television? Participate in sports? Socialize with your friends? If you were a university student in a Spanish-speaking country, chances are you would enjoy many of these same activities.

One of the most popular leisure time activities in Hispanic countries is going to the movies. In most cases, the price of admission is very low, and on Saturday and Sunday afternoons, entire families sometimes go to the movies. All the major capitals have movie theaters and often small towns boast at least one theater.

Many of the movies shown in Hispanic countries are American or European imports which have been dubbed and, in some cases, censored to comply with local morality standards. Others are Spanish or Latin American productions. Madrid, Mexico City, and Buenos Aires all have thriving movie industries. Several Hispanic directors and actors—including Luis Buñuel, Carlos Saura, Dolores del Río, and César Romero—have received international recognition.

Watching television is also a popular activity throughout the Spanish-speaking world. Middle and upper class homes nearly always have a television set. Even in poor areas, there is often at least one TV in the neighborhood where people can gather to watch. Argentina and Mexico both boast more than four million television sets. There are 1,400,000 in Venezuela, 1,250,000 in Colombia, and 1,200,000 in Chile. Ecuador, El Salvador, Guatemala, and Mexico have had color television for several years. Color television came to Argentina as a result of the nation's role as organizer of the World Soccer Championships in 1978.

In most countries, television stations are commercial enterprises, just as they are in the United States. Some countries have many channels and numerous program offerings. There are 35 channels in Argentina, 20 of which are commercial. The others

are run by universities, local governments, and the State. In contrast, in Colombia there are three channels, all of which are controlled by the state, but which permit private companies to buy advertising time.

Many of the programs shown in Latin America are imported from the United States, Europe, or Japan. In Guatemala, about 90 percent of the programs are imports. In Colombia, on the other hand, only about 25 percent are imported. Mexico, Argentina, and Venezuela have major television industries, and export programs to other Spanish-speaking countries. But most Latin American countries produce at least some shows locally, primarily news and musical programs. In many cases educational and cultural stations are run by universities.

Sports are popular in both Spain and Latin America. The favorite sport is undoubtedly soccer, or *fútbol*, a fast moving ball game in which each team of eleven players tries to advance the ball to the other team's goal net without touching it with the hands or arms. In many countries, soccer is a professional sport, and some professional Latin American players—for example, the Brazilian Pelé— have become internationally famous. And in all Latin countries soccer is a widely enjoyed amateur sport.

Several other sports are played in the Spanish-speaking countries. Baseball is popular in the Caribbean region and in Mexico and Colombia. Among the moneyed classes, tennis and golf are favorite sports. In Chile and Argentina, skiing is a popular activity. Farellones and Portillo are important ski centers in Chile and Las Cuevas is a favorite ski spot in Argentina. Among the very wealthy in Argentina, polo has traditionally been a preferred pastime.

Another favorite diversion in Spain and in some Latin American countries is the bullfight. In several Latin American countries bullfighting is not permitted, but in Mexico, Peru, Colombia, Venezuela, Ecuador and Panama, bullfights attract large crowds. Enthusiasts maintain that bullfighting is not a sport, but an art.

Spain's most famous bullfighter is Manuel Benítez, known as El Cordobés. An idol in Spain and among bullfight enthusiasts everywhere, El Cordobés is one of the highest paid personalities in Europe.

Manuel Benítez was the orphaned son of a field hand who

fought with the Loyalists during the Spanish Civil War. Like many other bullfighters, he experienced extreme poverty as a child. His youth was characterized by an intense desire to "become somebody." On the day of his first bullfight he told his sister, "Don't cry, Angelita. Tonight I'll buy you a house, or I'll dress you in mourning," a quote made famous by Larry Collins and Dominique Lapierre in their biography of El Cordobés, called *Or I'll Dress You in Mourning*.

El Cordobés has been criticized for his unorthodox style in the bull ring, which, purists maintain, departs from the traditional rules of the art. Even so, his daring and flamboyance both in and out of the arena have made El Cordobés an international celebrity.

One of the most popular pastimes in all Latin countries is conversation. Much more than in the United States, people take the time to gather with friends in cafes, clubs, or on the street corner to joke, argue, and gossip. Often men go to a favorite coffee shop or bar to chat with friends after work before going home. Frequently, they gather in the evening after dinner to continue the conversation. Women gather in each other's homes or, in poor communities, by a shop or stream. *Hacer tertulia*—to sit around and talk—is perhaps the favorite leisure time activity of Spanish-speaking people.

American young people enjoy the company of other young people, and so do their Hispanic counterparts. But unlike in the United States, dating is not widely practiced in most Spanish-speaking countries. Although customs are changing rapidly, especially in the large cities, Hispanic young people tend to gather and go out in groups rather than in couples. Social practices vary greatly from country to country, but in many areas going out in pairs is not acceptable until couples are thinking seriously about marriage. This does not mean, however, that Hispanic teenagers and young adults do not have an active social life. Parties, dances at the homes of friends, club meetings, sports activities, school gatherings, family events, get-togethers at the beach or in student bars or cafes provide young people with ample opportunity to get to know members of the opposite sex. For more traditional Spaniards and Latin Americans, however, the most acceptable means of meeting other people is through introductions made by friends or relatives.

Condorito[1]

stingy
de . . . *once in a while*

como . . . *as if I had never taken
   you*
con sonido

¿QUE ES CONDORITO?

Para descubrir la respuesta, complete cada una de las siguientes frases y escriba las palabras que faltan en los cuadros alineados verticalmente. Entonces lea la respuesta en el renglón horizontal que está sombreado.

[1]Condorito is a popular Chilean comic strip character (*caricatura*).

1. La amiga de Condorito dice que quiere ir al ____.
2. Ella se llama ____.
3. Condorito dice que quiere ____ del 4. ____ puro, mejor.
5. Condorito no quiere llevar a Yayita al cine porque no quiere gastar dinero. El es ____.
6. Ella dice que la debe llevar de vez en ____.
7. Condorito le recuerda que la ____ una vez.
8. Le pregunta si se le olvidó ____ vez que la invitó.
9. Ella dice que ahora el cine tiene sonido. Es decir, es ____.
10. Condorito no es argentino, sino que es una figura popular ____.

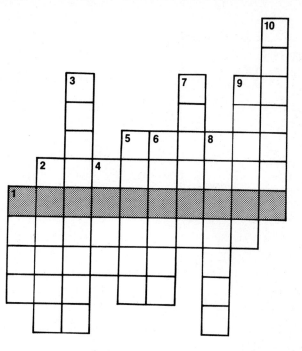

Respuestas: 1. cine 2. Yayita 3. disfrutar 4. aire 5. tacaño 6. cuando 7. invitó 8. aquella 9. sonoro 10. chilena **Renglón Sombreado:** caricatura

DISCUSION

1. ¿A usted le gusta ir al cine? ¿Qué tipo de película le gusta a usted?
2. Describa alguna escena de su película favorita.
3. ¿Prefiere usted ir al cine o ver televisión? ¿Por qué?
4. ¿Quién es su actor o actriz favorito? ¿Por qué le gusta a usted?

Mafalda

Talia

ATENCION

Hace is used in a number of weather expressions.

Hace frío y está lloviendo.	It's cold and it's raining.
En el verano hace calor.	In the summer it's hot.
Hace fresco hoy.	It's cool today.
Ayer hizo un día bonito.	Yesterday was a nice day.

Tuve que hacer esto,
porque mientras jugaba se
me caían las medias.

ROSA SÁNCHEZ

Confesiones de una mujer antideportista

A mí no me gustan los deportes. Nunca me han gustado. Esto puede no parecerle un problema a usted, pero para mí es un problema serio.

Es un problema porque resulta que en mi familia todos son fanáticos por los deportes. Mi hermana Marta, por ejemplo, es campeona de cualquier cosa°. Apenas empieza a nevar en las montañas, allí está Marta, con sus esquíes al hombro°, lista para partir a Farellones. Y ahí comienzan las discusiones.

—Oye, Ana, ¿por qué no me acompañas?

—No me gusta esquiar. Ya lo sabes.

—Ay, Anita, tú no eres más que una rata de biblioteca°. No te gusta ningún deporte.

¡Y es verdad! Soy una rata de biblioteca. No me gusta ningún deporte. No me gusta ni esquiar ni patinar°. Ni siquiera tengo un par de esquíes ni de patines. Tampoco tengo un trineo°. Lo que me gusta hacer a mí es acostarme con un buen libro y olvidarme del frío y de la nieve.

cualquier... *anything (you could imagine)*

al... *on her shoulder*

rata... *bookworm (lit. library rat)*

skate

sled

En la primavera, Marta saca su raqueta de tenis y em- | *train*
pieza a entrenarse°. Toc, toc, toc, toc. Es Marta que está en
el jardín golpeando la pelota° de tenis contra la pared de la | *ball*
casa. Después de dos horas del toc toc toc de Marta, me
duele la cabeza y ya no tengo ganas de leer. Como los
jueves las clases terminan temprano, Marta parte después
del almuerzo, para las canchas° de tenis y ya no reaparece | *courts*
hasta la hora de la cena.

Pero hay que decirlo. Marta es una jugadora de tenis
fenomenal. Nadie le puede ganar.

En el verano, Marta se pasa el día en la playa pero no
bronceándose° o coqueteando con los muchachos. ¡Oh, no! | *getting a tan*
Marta va a la playa para nadar y para practicar *surfing*. No
hay nadie que pueda mantenerse en la tabla° sobre una ola° | *board / wave*
mejor que ella. Si no tiene tiempo de ir a la playa, va a una
piscina° que está cerca de la casa para nadar y saltar° del | *swimming pool / jump, dive*
trampolín°. | *diving board*

En el otoño, Marta vuelve a las canchas de tenis. Tam-
bién hace largas° caminatas° por la playa o monta a caballo. | *long / hikes*

Este año en el colegio están organizando un equipo° de fútbol femenino y Marta ya se ha inscrito°. Me ha preguntado a mí si yo tamb012én me voy a inscribir. Supongo que será° una broma.°

°team
°signed up

°it must be / joke

Pero la que sí quisiera inscribirse es mi mamá. Ella es tan aficionada° a los deportes como Marta.

°fond

Mis dos hermanos también son fanáticos por los deportes, especialmente por el fútbol. Todos los días se reúnen con sus amigos para practicar. Primero hacen ejercicios para ponerse en forma°, después se pasan la pelota unos a otros. Uno le pega con el pie, el otro con la cabeza, con el hombro, con la pierna, con la cadera°. En el fútbol no se permite tocar la pelota con las manos o los brazos.

ponerse . . . *get in shape*

hip

A veces mi papá juega con ellos, pero los deportes que más le gustan a él son el golf y el tenis. No le gusta ni pescar° ni cazar, aunque mis tíos que viven en el sur de Chile, en la región de los lagos, lo han invitado muchas veces a pescar con ellos.

fish

Es difícil ser la única «no-deportista» en una familia de atletas. Por suerte, los miembros de mi familia me entienden, aunque a veces me hacen bromas°. Total°, cada uno es como es, y yo soy una rata de biblioteca y no una campeona de tenis.

me . . . *tease me / After all*

VOCABULARIO ACTIVO

la broma   *joke*
broncearse   *to get a tan*
la cadera   *hip*
la caminata   *hike*
el deporte   *sport*
entrenarse   *to train*
el equipo   *team*
el esquí   *ski; skiing*
esquiar (i)   *ski*
golpear   *to hit, knock*
el hombro   *shoulder*
inscribirse   *to sign up, to register*
montar   *to ride (a horse)*

nadar   *to swim*
nevar (ie)   *to snow*
la ola   *wave*
el patín   *skate*
patinar   *to skate*
la pelota   *ball*
la pesca   *fishing*
pescar   *fish*
la piscina   *swimming pool*
la playa   *beach*
la rata de biblioteca   *bookworm (lit., library rat)*
la tabla   *board, diving board, surfboard*

RESUMEN

Comente las ideas esenciales del artículo «Confesiones de una mujer antideportista,» mencionando las siguientes temas:

1. el problema de Ana con su familia.
2. las actividades de Marta y las de Ana.
3. las discusiones que hay entre Marta y Ana.
4. lo que pasa en la primavera.
5. si Marta es una buena o mala jugadora de tenis.
6. los deportes que Marta practica en el verano.
7. las caminatas, los caballos y el nuevo equipo de fútbol.
8. la persona que realmente quisiera participar en el nuevo equipo.
9. el deporte que prefieren los hermanos de Ana y cómo ellos se entrenan.
10. el papá de Ana.
11. la conclusión de Ana.

VAMOS A PRACTICAR

El Vocabulario

A. *Complete las frases con la forma correcta del vocablo.*
brazo / cadera / caminata / deporte / entrenarse / equipo / esquiar / golpear / hombro / inscribirse / montar / nevar / ola / patín / patinar / pelota / piscina / playa / rata de biblioteca / tabla

Todas las estaciones del año me gustan porque en cada una me divierto. En el invierno, cuando hace mucho frío y _____ en las montañas, me gusta ir a _____. Y cuando el agua de los lagos se convierte en hielo, saco mis _____ y voy a _____ con mis amigos.

Apenas llegue la primavera, ahí estaré yo con mi raqueta de tenis al _____, lista para _____. Un buen ejercicio es _____ la _____ de tenis contra la pared de la casa, pero yo no lo puedo hacer porque a mi pobre hermana Ana, el ruido le da un dolor de cabeza.

Ana es una intelectual. No le gusta ningún _____. Lo que más le gusta a ella es leer. Pasa horas en las bibliotecas. Yo le digo que es una verdadera _____, y es verdad. Pero hay que decirlo. No hay nadie más inteligente que ella. Saca las mejores notas de la clase.

En el verano, voy a la _____ o a la _____ para nadar. Me gusta más ir a la playa, porque las _____ aquí son buenas para practicar *surfing*. Pero, también me gusta saltar de la _____, y eso no lo puedo hacer en la playa.

En el otoño, yo _____ a caballo o hago _____. Este año están organizando un _____ de fútbol femenino en mi colegio y yo quiero _____. El fútbol que se juega aquí es diferente del que se juega en los Estados Unidos. Se puede tocar la pelota con el pie, la cabeza, la _____ o cualquier otra parte del cuerpo excepto las manos o los _____. Es muy divertido.

B. *Traduzca al español.*

1. It's cold and it's snowing.
2. It's so cold you have to wear a coat.
3. It's hot in the summer.
4. In the fall it's cool and it rains.
5. Today the weather is nice.

C. *Dé el sustantivo que corresponde a cada uno de los siguientes verbos.*

1. caminar
2. esquiar
3. nevar
4. llover
5. nadar
6. patinar
7. almorzar
8. cenar
9. bromear
10. golpear

DISCUSION

1. ¿Sabe usted esquiar? ¿Esquía bien? ¿Patina bien? ¿Le gusta tirarse en trineo? ¿Cómo se entrena uno para los deportes de invierno? **2.** ¿Cómo es el invierno aquí? ¿Nieva mucho? ¿Son populares aquí los deportes de invierno? **3.** ¿Cuáles son los deportes que más le gustan a usted? Además de practicar deportes, ¿cuáles son algunas de las actividades típicas del invierno? **4.** ¿Qué le gusta hacer durante la primavera? ¿Jugar tenis? ¿Jugar béisbol? ¿Pensar en las chicas (los chicos)? ¿Escribir poemas de amor? **5.** ¿Va usted a la playa o a una piscina en el verano? ¿Le gusta nadar más en el mar o en una piscina? ¿Por qué? ¿Qué deportes se practican en el verano? **6.** ¿Va usted a la playa para nadar o para broncearse? ¿O para mirar a las chicas en bikini (a los chicos en traje de baño)? ¿Tiene usted un traje de baño muy escandaloso? **7.** ¿Qué deportes se practican en el otoño? **8.** ¿Qué estación del año le gusta más a usted? ¿Por qué? ¿Preferiría usted vivir en una región donde no hay cambios de estación? ¿Por qué? **9.** ¿Cuál es la diferencia entre el fútbol que se juega en los países latinos y el fútbol norteamericano? **10.** ¿Piensa usted que la caza y la pesca son deportes crueles? ¿Por qué? **11.** ¿Es usted una rata de biblioteca? ¿Le hacen bromas sus amigos porque prefiere estudiar o leer y no practicar deportes? ¿Cuál de estas actividades es mejor? ¿Qué opina usted?

COMPOSICION

¿Dan los norteamericanos demasiada importancia a los deportes?
Considere, por ejemplo, los salarios fabulosos que ganan los jugardores profesionales en los Estados Unidos. Por el otro lado, considere lo importante que es la educación física para el desarrollo del cuerpo humano.

ATENCION

A *cognate* is a word that looks and sounds the same or almost the same in two languages. **Televisión, programa, mencionar,** and **importante** are cognates.

Here are some patterns that will be useful in recognizing cognates. Spanish nouns that end in **-ción** usually correspond to English words ending in *-tion*:

instrucción	*instruction*
solución	*solution*
organización	*organization*

Spanish nouns that end in **-dad** or **-tad** usually correspond to English words ending in *-ty*:

libertad	*liberty*
universidad	*university*
realidad	*reality*

Many Spanish verbs have a stem identical or almost identical to an English verb:

mencionar	*to mention*
conversar	*to converse*
fomentar	*to foment*
importar	*to import*
producir	*to produce*

But, beware of *false cognates*—words that look the same or nearly the same in Spanish and English, but do not have the same meaning. Here are some false cognates that occur in the following reading selection or exercises.

éxito	*success*
suceso	*event, happening*
lectura	*reading*
conferencia	*lecture*
carácter	*inherited character or type of personality*
asistir	*to attend*
atender	*to take care of, tend to*

La televisión: ¿nueva niñera°?

empleada que cuida a niños

Los padres ya no necesitan niñeras para sus hijos. Las ha reemplazado el televisor°.[1] Todas las noches miles de niños hispanoamericanos se acomodan delante del aparato y —sin que nadie se ocupe de ellos— se quedan allí tranquilos por unas cuatro, cinco o más horas.

    ¿Es el paraíso? Tal vez no. Porque los programas que están viendo estos niños no siempre contienen presentaciones apropiadas para ellos.

    Los críticos de la televisión la califican° de «narcotizante,» «deformadora de la realidad,» y «generadora de mentes apáticas° y pasivas». Dicen estas personas que los niños—y los adultos también— aprovecharían° más su tiempo leyendo un libro, escuchando un concierto o conversando con sus amigos.

    Otras personas dicen que la televisión no es mala, pero

television set

describen

apathetic
utilizarían

---

[1]Spanish makes the distinction between **televisor,** *television set,* and **televisión,** *television station or program.*

sí se podría producir programas de mejor calidad y así convertirla en una herramienta° útil de instrucción pública. Como ejemplo, mencionan el éxito internacional de *Plaza Sésamo,* un programa diseñado para enseñarles a los niños los rudimentos de la lectura y la aritmética. Señalan también que, gracias a la televisión, el público ha podido disfrutar de acontecimientos° importantes de naturaleza científica, política, social y deportiva sin tener que dejar la comodidad de su hogar. También ha podido ver de cerca a sus líderes políticos y presenciar sucesos tales como los primeros pasos° del hombre en la luna°.

tool

sucesos

steps / moon

Pero la triste verdad es que la mayoría de los programas que se ven son de muy baja calidad. Lejos de combatir la ignorancia, se la fomenta —presentando situaciones irrealistas y personajes° irracionales. Los directores de las grandes compañías de televisión se justifican diciendo que «se le da al público lo que éste pide.»

characters

Parte del problema es cultural. Un gran número de los programas que aparecen en nuestras pantallas° son importaciones de los Estados Unidos, Europa, Japón o de otros países latinoamericanos. México, Argentina y Venezuela producen series de telenovelas° y programas de comedias que son difundidas° en otros países.

screens

soap operas
broadcast

Los programas que más éxito han tenido son las series norteamericanas, especialmente las de crimen y aventuras como *Cannon, Kojak* y *Las calles de San Francisco.* La mayoría de los televidentes° ven televisión por entretenimiento—no por instrucción—y, como simple entretenimiento, estos programas extranjeros no tienen competidores. Por lo general, los programas que se producen localmente son escasos° y a menudo de baja calidad técnica y artística.

television viewers

scarce

¿Por qué no hay más programas locales, adaptados a la mentalidad y necesidades del pueblo de habla española? Por un lado°, en muchos países no se encuentran los artistas, los productores y los guionistas° necesarios para producir buenos programas. Por otro lado está el problema de los costos de producción. Un ejecutivo de la televisión guatemalteca ha señalado que en su país cuesta un 20 por ciento más caro filmar telenovelas que importarlas.

Por ... *On the one hand*
script writers

Los temas de violencia y de crímenes que aparecen en las series norteamericanas son los más populares. Los po-

sibles efectos de estos temas en los televidentes—sobre
todo en los niños—han sido objeto de muchísimos estudios, pero hasta ahora los psicólogos no han llegado a
ninguna conclusión definitiva.

Los gobiernos de varios países han tomado medidas
drásticas para reducir el volumen de crimen y violencia en
las pantallas. México eliminó 37 programas, entre ellos los
populares *Kung Fu* y *Gunsmoke*.

En el Perú se han cancelado varios programas de crimen y violencia, y otros espectáculos que podrían considerarse no apropiados para los niños se pasan después
de las nueve de la noche.

¿Pero es el control gubernamental una solución?
¿Puede este tipo de control conducir a mayores problemas
de naturaleza política y social? Los verdaderos efectos de la
televisión tal vez no se sabrán por muchos años.

VOCABULARIO ACTIVO

el acontecimiento *event, happening*
aprovechar *take advantage of*
el carácter *inherited character, type of
      personality*
la conferencia *lecture*
difundir *broadcast*
escaso *scarce*
éxito *success*
el, la guionista *scriptwriter*

la herramienta *tool*
la lectura *reading*
la niñera *nursemaid*
la pantalla *screen*
el personaje *character (in a book, play)*
el suceso *event, happening*
la telenovela *soap opera*
el televisor *television set*

VERDAD O MENTIRA

Explique su respuesta en ambos casos.

1. Los padres ya no necesitan niñeras para sus hijos porque la televisión les
   sirve de niñera.
2. Todos creen que la televisión es muy buena para los niños.
3. Algunas personas creen que la televisión puede ser una herramienta útil de
   instrucción pública.
4. Los programas que se ven en Latinoamérica son de muy buena calidad.
5. No hay ningún país hispanoamericano que produzca programas de televisión.
6. Los programas que más éxito tienen son los locales.

7. Una de las razones por las cuales no hay más programas locales es porque resulta demasiado caro producirlos.
8. Todos los psicólogos creen que los programas violentos son malos para los niños.
9. Algunos gobiernos han tomado medidas para reducir el volumen de crimen y violencia que se ve en la pantalla.
10. Todos creen que el control gubernamental es la mejor solución al problema de la violencia en la televisión.

VAMOS A PRACTICAR

El Vocabulario

Escoja la respuesta más apropiada.

1. La empleada que cuida a los niños es (una guionista / una niña / una niñera).
2. Para construir una casa se necesitan (herramientas / pantallas / televisores).
3. Si leyeran un buen libro, (difundirían / aprovecharían / conducirían) más su tiempo.
4. El primer viaje a la luna fue un (suceso / televisor / pantalla) importante.
5. En esa novela, don Quijote es (el carácter / el personaje / el guionista) principal.
6. Mañana va a hablar un famoso profesor de historia. ¿Vas a asistir a (la lectura / la conferencia / la herramienta)?
7. Juan ha tenido una carrera brillante. Ha tenido mucho (éxito / suceso / acontecimiento).
8. Hay muy poco pan en las tiendas. El pan está (malo / escaso / barato).

DISCUSION

1. ¿Qué opina usted de los programas de televisión en los Estados Unidos?
2. En su opinión, ¿es peligroso que los niños pasen muchas horas delante del televisor? 3. ¿Cuándo deben los padres permitir que sus hijos vean televisión?
4. ¿Cuáles son sus programas favoritos? ¿Por qué le gustan? 5. ¿Qué piensa usted de las telenovelas? ¿Por qué cree que son tan populares en los Estados Unidos? 6. ¿Cómo se puede convertir la televisión en una herramienta útil de instrucción pública? 7. ¿Es la televisión la única actividad para llenar las horas libres? Explique. 8. ¿Compare las ventajas y desventajas de mantener control gubernamental sobre la televisión.

TEMA DE DEBATE

La violencia en la pantalla: ¿es peligrosa o no para los niños?

ATENCION

Many Spanish verbs that end in -**poner** have English counterparts that end in -*pose*:

componer	*compose*	proponer	*propose*
exponer	*expose*	suponer	*suppose*
imponer	*impose*	transponer	*transpose*

These verbs are conjugated like **poner.**

Supongo que es verdad.	*I suppose it is true.*
Impondrá su voluntad.	*He will impose his will.*
Expusieron la verdad.	*They exposed the truth.*

Many Spanish verbs that end in -**tener** have English counterparts that end in -*tain*.

abstener(se)	*abstain*	mantener	*maintain*
contener	*contain*	retener	*retain*
obtener	*obtain*	sostener	*sustain*

These verbs are conjugated like **tener.**

¿Qué contiene la caja?	*What does the box contain?*
Obtuvieron mucho dinero.	*They obtained a lot of money.*

Many Spanish verbs that end in -**traer** have English counterparts that end in -*tract*.

atraer	*attract*	contraer	*contract*
distraer	*distract*	retraer	*retract*

These verbs are conjugated like **traer.**

Quiero que la distraigan.	*I want them to distract her.*
El dinero no me atrae.	*Money doesn't attract me.*

Entrevista con El Cordobés

Eduardo G. Rico*

Desde el día que se presentó Manuel Benítez, El Cordobés, en Barcelona, como novillero°, y celebré con él una entrevista, no había vuelto a hablarle.
°young, inexperienced bullfighter

Eduardo Rico: Han pasado unos años desde que charlamos°.
¿Estás ahora más tranquilo que entonces?
°conversamos

El Cordobés: Yo siempre igual°.
°**Yo** ... *I'm still the same.*

R: Ya eres rico. ¿Sueñas que eres pobre?

C: ¡No!

R: ¿Qué sueñas?

C: A mí no me queda tiempo para soñar con los sustos° de la carretera°.
°scares, frights
°highway

R: ¿Te asusta más la carretera que el ruedo°?
°bull ring

*Eduardo G. Rico** is a Spanish author who has written extensively on bullfighting.

C: Mucho más.

R: ¿En el ruedo no tienes miedo?

C: Pero más en la carretera.

R: ¿Te has puesto límite en esta carrera que llevas?

C: No.

R: ¿Hasta que Dios quiera°? **Hasta** . . . *As long as you can?*

C: No tengo idea.

R: ¿De verdad la gozas°? **la** . . . *are you enjoying it?*

C: Sí, no me domina nada°. **no** . . . *it doesn't run my life*

R: ¿No hay nada que te preocupe?

C: No.

R: ¿Eres como una pelota lanzada° que no sabes adónde va? *thrown, hurled*

C: No tengo pausa para cavilar°. **pausa** . . . *time to stop and reflect*

R: ¿Eres capaz de ser espectador de tu personaje?

C: No entiendo lo que usted quiere decir.

R: Verás: El Cordobés es un mito, ¿entiendes esto?

C: No.

R: En ti hay arrojo° y una enorme personalidad; todo esto hace de ti un personaje fabuloso°, ¿entiendes ahora? *boldness, dash* / *legendary, storybook*

C: Esto sí.

R: ¿Eres capaz de verte?

C: Todo.

R: ¿Cómo te juzgas°? *judge*

C: Una persona como otra cualquiera°. **otra** . . . *anybody else*

El teléfono interrumpe; le llama una chica. No responde. Da orden de que le dejen descansar. Estoy celebrando la entrevista antes de la corrida°. *bullfight*

R: Esta admiración que despiertas, ¿te llega° o te resbala°? *affect* / **te** . . . *does it roll off your back?*

C: Me llega y me encanta.

R: ¿Te importaría volver atrás, al punto de partida° de tu vida, cuando eras un desconocido? **punto** . . . *starting point*

C: No, ni poniendo un motor que sólo hiciera marcha atrás°. **sólo** . . . *could only back up*

R: ¿Te das cuenta de la responsabilidad que significa mantenerte donde estás?

C: Sí.

R: ¿Piensas en los sacrificios que esto supone?

C: Sí.

R: ¿Crees que todo lo que te queda por delante° es bueno? **queda** . . . *remains ahead of you*

C: Sí, bueno; pero muy duro.

R: ¿Te divierte torear?

C: No es que me divierta, lo siento°.   *feel*

R: Sin público, ¿harías lo mismo?

C: Eso ya depende; porque el público da una reacción al torero.

R: Fuera de° los toros, ¿qué te atrae?   **fuera**... *besides*

D: El caballo, la escopeta°, la guitarra.   *shotgun*

R: ¿Te gustaría estar más cultivado?

C: Cultivado, ¿qué quiere decir?, porque yo estoy bien como estoy.

R: Saber más; haber estudiado, tener un título°.   *degree*

C: Pues sí, me gustaría tenerlo; pero Dios me ha dado una forma de ser y con lo que sé defiendo mi vida°; no me hace falta° lo otro.   **defiendo**... *I get along*

no... no me es necesario

Otra llamada de otra chica. Insiste en que le dejen descansar.

R: ¿Te hace gracia° que haya muchas chicas que presumen de ser novias tuyas?   **hace**... divierte, parece cómico

C: No, porque ahora voy a buscar una formal° y no me hacen caso°, porque no me creen.   *real, official*

hacen... ponen atención

R: ¿Esto lo dices en serio?

C: En serio lo digo.

R: ¿Esto quiere decir que te encuentras solo?

C: Me encuentro muy bien.

R: No hemos hablado de toros. ¿Charlamos?

C: Un poquillo, si usted quiere.

R: ¿Sabes lo que haces?

C: Sí, y bien.

R: Dicen que tu toreo no está dentro de la ortodoxia.

C: ¿Qué quiere usted decir? Eso sí que no lo entiendo.

R: Que te apartas de las normas del toreo clásico. ¿Tú qué dices?

C: Yo me veo como torero.

R: Pero dicen que eres antiestético.

C: Antiestético, ¿qué quiere decir?

R: En el toreo, además de dominio, hay plástica°, belleza, arte, y a ti te niegan todo lo bello.   *expresión*

C: Es menester° saber quien lo niega.   *necesario*

R: ¿Tú admiras a los demás?

C: A todo el mundo.

R: ¿Temes a alguien?

C: Yo temo al toro y al coche.

R: Cobras° más que nadie. ¿Está en relación directa ese dinero con lo que haces?   *you charge*

C: Es que yo no sé lo que cobran los otros toreros.

R: Los otros saben lo que cobras tú.

C: Yo no me meto° en la vida de ellos.   **Yo**... *I don't pry*

R: ¿Amas° el dinero?   *Do you love*

C: Como todo el mundo.

R: ¿Para qué lo quieres?

C: Para gastarlo.

R: ¿Y si no tienes tiempo?

C: Se lo daré a mi gente y ayudaré lo que pueda.

R: ¿Tienes mucha gente?

C: Cinco hermanos y lo menos° quince sobrinos.   **lo**... *por lo menos*

R: ¿Qué te apetece°?   **te**... *deseas*

C: Salud°. ¿Qué más quiere uno en la vida? Con esto ya tiene uno todo.   *health*

R: ¿Lo del cine°, lo repetirás?   **Lo**... *the movie thing*

C: Tengo el compromiso° de hacer la tercera película; firmé° tres, pero lo que me gusta es el toro.   *commitment* / *I signed (up for)*

R: Después de una corrida, ¿qué te impresiona más, qué llega más a ti, un éxito o un fracaso°?   *failure*

C: Lo siento más cuando no ando bien.

R: ¿Con qué estado de ánimo° vas a la plaza°?   **estado**... *frame of mind* / *ruedo*

C: Siempre creyendo que puedo cortar orejas[1].

R: Al volver al hotel, la gente que viene a tu cuarto es como un barómetro del éxito.[2] ¿Te aflige° cuando vienen pocos a verte?   *upset*

C: Por la gente, no; yo lo siento° por mí mismo.   **yo**... *I'm sorry*

R: Si estás bien, volveré; pero si estás mal, no. ¿Aceptas este final condicionado?

C: Sí, pero quiero que vuelva. Hasta luego, que nos veamos.

* * *

No nos vimos...

---

[1]If a bullfighter performs well, he is rewarded with the ear of the bull.
[2]After the bullfight, the *torero* receives his fans in his room.

VOCABULARIO ACTIVO

afligir   to sadden, to distress, to upset
amar   to love
apetecer (zc)   to appeal
cobrar   to charge
el compromiso   commitment
encantar   to delight
firmar   to sign
el fracaso   failure
gozar (c)   to enjoy
hacer caso   to pay attention
hacer gracia   to amuse
igual   same

juzgar   to judge
llegar   to effect, to make an impression;
   to arrive
meterse en   to pry, to meddle in
el novillero   young, inexperienced
   bullfighter
poner atención   to pay attention
punto de partida   starting point
la salud   health
sentir (ie)   to feel; sentirlo   be sorry
el susto   fear, fright
el título   degree, title

VERDAD O MENTIRA

Explique su respuesta en ambos casos.

1. Esta es la primera vez que Eduardo Rico entrevista a El Cordobés.
2. El Cordobés no le tiene miedo al toro.
3. El Cordobés va a torear por tres años más.
4. El Cordobés dice que él es una persona muy especial.
5. Al torero le gusta mucho la admiración del público.
6. El Cordobés dice que el público es muy importante para el torero.
7. Fuera del toreo, no le interesa nada a El Cordobés.
8. Dice que le gustaría haber estudiado y tener un título.
9. El Cordobés dice que nunca va a buscar una novia formal.
10. El Cordobés está muy preocupado porque algunas personas dicen que su toreo no está dentro de la ortodoxia.
11. Este torero cobra muy poco en comparación con otros.
12. Dice que lo que más le apetece es el dinero.
13. El Cordobés nunca ha hecho una película.
14. El siempre entra a la plaza de toros pensando que la corrida va a ser un gran éxito.
15. Le molesta mucho cuando no torea bien.

VAMOS A PRACTICAR

El Vocabulario

A. *Diga en español.*

compose	obtain	attract
propose	abstain	retract
impose	contain	distract

B. *Complete cada frase con la forma correcta del verbo en paréntesis.*

1. (componer)   Yo _____ una canción la semana pasada.   **2.** (proponer)   ¿Qué _____ ellos ahora?   **3.** (retener)   Estudio y estudio pero no _____ nada en la cabeza.   **4.** (abstenerse)   Ella _____ de expresar su opinión en la discusión de anoche.   **5.** (contraer)   Juan _____ una enfermedad contagiosa.   **6.** (obtener) Algún día nosotros _____ otro auto.   **7.** (distraerse)   Es necesario que la gente _____.   **8.** (atraer)   Las cosas que me gustaban antes ahora no me _____.   **9.** (imponer)   Nosotros nunca le _____ nuestras ideas a nadie.   **10.** (exponer) Espero que los periódicos _____ la verdad.

C. *Definiciones: Escoja la definición correcta de cada vocablo.*

1. personaje	A. disfrutar
2. novillero	B. principio
3. susto	C. torero joven, sin experiencia
4. gozar	D. lo contrario de éxito
5. juzgar	E. poner atención
6. punto de partida	F. persona de una obra de ficción
7. título	G. ponerse triste
8. fracaso	H. impresión de miedo
9. afligirse	I. grado universitario
10. hacer caso	J. decidir cuál es la mejor de dos alternativas

D. *Usted es un famoso artista de cine. Lo está entrevistando un importante periodista. Conteste cada una de sus preguntas usando las palabras que están entre paréntesis.*

Hace tiempo que no charlamos. ¿Cómo está?
      (igual) _____
Usted es uno de los artistas de cine más famosos de Hollywood. ¿Le llega o le resbala toda la atención que le da el público?
      (llegar / encantar) _____
Dígame, ¿qué tipo de papel va usted a hacer en su próxima película?
      (personaje) _____

¿Llega usted a identificarse con este personaje?

   (sentir) _____

¿Qué le parece a usted lo que los críticos han escrito de su actuación?

   (juzgar) _____

¿Qué le parecen las críticas que le han hecho a usted?

   (hacer gracia) _____

En otras palabras, usted no las toma demasiado en serio.

   (no ponerles atención) _____

¿Cuántas películas piensa usted hacer este año?

   (compromiso) _____

¿Han sido éxitos todas sus películas?

   (fracaso) _____

¿Qué es lo que más le gusta de su profesión?

   (firmar / autógrafos) _____

Es decir, la admiración del público.

   (gozar) _____

Permítame hacerle ahora una pregunta sobre su formación profesional. ¿Dónde estudió usted teatro?

   (título / Academia de Artes) _____

Muy interesante. Dicen que usted cobra más que nadie por una película. ¿Quiere usted comentar?

   (no meterse en la vida de otros) _____

¿Qué es lo que a usted le apetece en la vida?

   (actuar en *Hamlet*) _____

¿Le gusta mucho Shakespeare?

   (amar) _____

¿Hasta cuándo piensa usted seguir su carrera?

   (salud) _____

Muchas gracias. Ha sido un placer.

DISCUSION

1. ¿Qué le parece a usted El Cordobés? ¿Le parece simpático? ¿valiente? ¿agresivo? ¿Por qué? **2.** En su opinión, ¿es la tauromaquia un arte o un deporte brutal? ¿Por qué? **3.** ¿Es la corrida más violenta o menos que un partido de fútbol norteamericano? ¿que el boxeo? ¿que la lucha libre (*wrestling*)? ¿que la caza y la pesca? ¿Por qué?

TEMA DE DEBATE

La tauromaquia debe ser legal en los Estados Unidos: ¿sí o no?

ATENCION

I

A letter may begin in one of several ways in Spanish. A formal letter to a person whom the writer does not know usually begins:

| | Muy señor mío: | *Dear Sir:* |
| or | Muy señores míos: | *Gentlemen:* |

A less formal letter to a person whom the writer knows but with whom he or she does not have a close relationship begins:

Estimado señor López:	*Dear Mr. López:*
Estimada Dra. Núñez:	*Dear Dr. Núñez:*
Distinguida profesora Amenábar:	*Dear Professor Amenábar:*

An informal letter to a friend may begin:

| Querido Pablo: | *Dear Pablo:* |
| Querida Mariluz: | *Dear Mariluz:* |

If the writer has not seen the friend to whom he is writing for a long time, he may begin:

| | Recordado Pablo: | *Dear Pablo:* |
| or | Querido y recordado Pablo: | |

II

Formal letters usually end with a complete sentence rather than with one or two words, as they do in English:

Sin otro particular, se despide de usted cordialmente,

Juana Pérez

or   Se despide de usted respetuosamente,

Juana Pérez

Even less formal letters usually end with a complete sentence:

Se despide de usted su amigo,

Pedro Benavides

Reciba usted un saludo cordial de su amigo,

Pedro Benavides

Recibe un abrazo de tu mamá que te quiere,

Chela

Very informal letters may end with one or two words:

Cordialmente,	*Cordially,*
Tu amigo,	*Your friend,*
Cariñosamente,	*Affectionately,*
Cariños,	*Love,*
Abrazos,	*Love, (Hugs,)*
Con todo mi amor,	*With all my love,*

III

In a description of the physical attributes of a person or a description of his or her clothes, where English uses the preposition *with* or *in* + *attribute,* Spanish uses **de** + *attribute.*

Un chico de pelo corto.	*A boy with short hair.*
Una señora rubia de ojos castaños.	*A blond lady with brown eyes.*
Una muchacha vestida de azul.	*A girl dressed in blue.*

Note that **castaño** translates *brown* when referring to hair or eye color.

Pepita Corazón

Consejos° para los enamorados°   advice / lovers

Estimada Pepita Corazón:

Yo soy una muchacha de dieciocho años que tiene un problema terrible.

Hace dos semanas conocí a un chico norteamericano simpatiquísimo. Se ve° exactamente como una estrella de cine°. Es alto, guapo, de pelo y ojos castaños. Es un estudiante de intercambio en nuestro país. Y me puede creer, Sra. Corazón, que es un joven muy serio. Está estudiando nada menos que economía internacional.

se... *he looks*
estrella... *movie star*

Por favor, Sra. Corazón, no vaya usted a creer que conocí a este muchacho así no más° en la calle. ¡No, señora! Me lo presentó mi tía Andrea en un té que ella dio en su casa.

Bueno, el problema es éste. Ted (así se llama) me ha telefoneado varias veces para invitarme a salir. Una vez me invitó al cine. Otra me invitó a dar una vuelta° en su auto. En dos ocasiones me invitó a cenar con él en un restaurante y después a ir a algún centro nocturno°.

A mí me encantaría aceptar las invitaciones de Ted, pero yo sé que a mis padres les daría un ataque al corazón si les contara°. Ellos son muy chapados a la antigua°. Creen que los jóvenes deben salir en grupos y no en parejas. Mi mamá nunca se cansa de recordarme° que yo tengo muchísima más libertad que ella cuando tenía mi edad. No ponía el pie en la calle sin estar ella acompañada de una empleada o de su hermano mayor.

Claro, yo entiendo el punto de vista de ellos. Aquí, esa costumbre de salir en parejas sencillamente no se usa. Yo sé perfectamente bien que a ninguna de mis amigas la dejarían los padres salir sola con un muchacho. Y menos° al cine o a un club nocturno.

así . . . just like that

dar . . . go for a ride

centro . . . night club

si . . . if I told them /
chapados . . . *old-fashioned*

reminding me

Y . . . *and certainly not*

Pero lo que ellos tienen que entender es que este muchacho no es de aquí, y tiene costumbres diferentes.

Cada vez que me llama, yo invento alguna excusa para no aceptar su invitación. Pero si sigo inventando excusas, él se va a cansar de invitarme. Va a pensar que soy descortés, que no tengo interés en salir con él o que no me gusta.

Ay, Sra. Corazón, me siento tan desgraciada°. Dígame usted, ¿qué debo hacer?   *unfortunate*

Se despide de usted con el corazón apenado°,   *distressed*

Víctima de las circunstancias

Querida Victimita:

No me parece ser tan irremediable su problema.

La próxima vez que la llame el joven galán° extranjero,   *suitor*
explíquele usted por qué no puede salir sola con él.
Explíquele que sus padres tienen ciertas reglas° que usted   *rules*
tiene que respetar, pero que estaría muy contenta de incluirlo en algunas de las actividades de su grupo. Hasta lo podría usted invitar a alguna fiesta o a algún baile en casa de una de sus amigas.

Si este muchacho es realmente tan serio como usted lo cree, entenderá la situación. Al fin y al cabo°, está aquí   **Al**... *after all*
estudiando nuestra economía. Seguramente le interesan también nuestras costumbres. Apuesto° a que una vez que   *I bet*
comprenda cuál es el problema, le propondrá actividades más apropiadas.

Se despide de usted, deseándole una larga y hermosa amistad con el atractivo compañero norteamericano,

Pepita Corazón

VOCABULARIO ACTIVO

al fin y al cabo   *after all*
apostar (ue) (a)   *to bet*
los consejos   *advice*
chapado a la antigua   *old-fashioned*
dar una vuelta   *to go for a ride, walk*

desgraciado   *unfortunate*
estrella de cine   *movie star*
recordar (ue)   *to remind*
la regla   *rule, norm*
verse   *to look*

PARA COMPLETAR

Escoja la respuesta correcta.

1. La chica que escribe la carta
   a) tiene veinte años y es norteamericana   b) tiene dieciocho años y es norteamericana   c) tiene dieciocho años y es latinoamericana.

2. El chico que a ella le gusta
   a) es argentino y estudia derecho   b) es norteamericano y estudia economía   c) es mexicano y no estudia.

3. Ella conoció a este muchacho
   a) en la casa de su amiga Anita   b) en la calle   c) en un té que dio su tía.

4. El problema es que
   a) Ted nunca la ha invitado a salir   b) Ted la ha invitado a salir pero ella no ha aceptado porque no quiere   c) sus padres no la dejarían salir sola con un muchacho.

5. Parece que los padres de la muchacha
   a) tuvieron un ataque al corazón   b) conocieron a Ted, pero no les gustó   c) no conocen a Ted y no saben que su hija tiene un problema.

6. Cuando la mamá de la autora de la carta era muchacha
   a) no le permitían salir sola   b) tenía más libertad que su hija   c) nunca salía acompañada de la empleada.

7. Las amigas de la muchacha
   a) todas salen en parejas   b) están sometidas a las mismas reglas que ella   c) también quieren salir con Ted.

8. La muchacha dice que sus padres deben dejarla salir sola con Ted porque
   a) él es de un país extranjero y tiene otras costumbres   b) es un chico muy simpático y serio   c) los tiempos han cambiado y las costumbres de ellos ya no se usan.

9. Cuando la llama Ted,
   a) ella le dice que no tiene interés en salir con él   b) ella le cuenta que no puede salir porque le duele la cabeza o tiene que estudiar   c) ella le dice que sus padres piensan que los chicos deben salir en grupos.

10. La Sra. Corazón le aconseja
   a) que le diga la verdad a Ted   b) que se encuentre con Ted sin decirles nada a sus padres   c) que busque otro amigo, porque Ted nunca va a entender el problema.

VAMOS A PRACTICAR
El Vocabulario

A. *Traduzca al español.*

1. He's a blond boy with blue eyes.

2. He's a dark boy with black eyes.
3. She's a pretty girl, with brown eyes and hair.
4. Who's that woman with the green dress?
5. Do you know the man with the grey suit?

B. *Conteste las preguntas incluyendo los vocablos en paréntesis.*

   MODELO: ¿Qué debo hacer? (consejos)
   Lo siento, pero no te puedo dar consejos.

1. ¿Cómo es Juan? (verse)
2. ¿Quién es Robert Redford? (estrella de cine)
3. ¿Vas a salir esta tarde? (dar una vuelta)
4. ¿Tienen sus padres ideas muy modernas? (chapados a la antigua)
5. ¿Qué hago? No quiero olvidarme de escribir la carta. (recordar)
6. ¿Tiene ella buena suerte? (desgraciada)
7. ¿Vamos a jugar tenis? (reglas)
8. ¿Por qué debe uno obedecer a los padres? (al fin y al cabo)
9. ¿Le gusta jugar a las cartas? (apostar)

C. *Exprese la porción de la frase que está en cursiva con otras palabras.*

1. Quiero que usted me *diga lo que debo hacer.*
2. Vamos a *pasearnos.*
3. Mis padres *tienen ideas muy anticuadas.*
4. Tú *tienes muy mala suerte.*
5. *Después de todo,* ellos han tenido más experiencia que nosotros.

DISCUSION

1. ¿Qué consejos le daría usted a «Víctima de las circunstancias»? **2.** Cuando uno viaja, ¿por qué es importante conocer las costumbres del país que uno visita? **3.** En su opinión, ¿es mejor salir en grupos o en parejas? ¿Por qué? **4.** ¿Le ha escrito usted una carta alguna vez a alguien como Pepita Corazón? ¿Por qué piensa usted que la gente prefiere escribirle a una Pepita Corazón en vez de discutir sus problemas con un amigo o con sus padres? **5.** ¿Cree usted que personas como Pepita Corazón son necesarias? Explique. **6.** ¿Ha salido usted alguna vez con una persona de otro país? ¿Eran las costumbres de esa persona diferentes a las de usted?

COMPOSICION

Escríbale una carta a Pepita Corazón.

5
TEMAS DE ACTUALIDAD

What's News?

A glance at the major Hispanic newspapers and magazines will reveal that many Spanish-speaking people are concerned with the same issues that concern North Americans. International politics, abortion, crime, working conditions, the energy crisis, economic affairs, and the growth of industry are a few of the topics that are mentioned frequently by the media in many Spanish-speaking countries. Four of these topics are treated in this chapter: abortion, crime, work, and energy.

Although abortion is not legal in most parts of the Hispanic world, it has been practiced by the very rich and the very poor for centuries. Wealthy women for whom pregnancy out of wedlock might result in social disgrace have had access to safe abortions through family doctors or they have traveled to countries where abortion is legal.

Among the very poor, pregnancy out of wedlock is not usually considered anything very out of the ordinary. But a poor woman may have other reasons besides social stigma for seeking an abortion. She may already have several children and feel unable to provide for any more. If she is a maid or a factory worker, she may fear she will lose her job. Frequently, poor women cannot depend on the father of the child they are carrying to help provide for it. They may have recourse to midwives, quack doctors, or abortionists to end their pregnancies.

Adoption by strangers is not common in Hispanic countries. If a woman has a baby she is unable or unwilling to keep, she may give it to a married sister or cousin to raise. Often unwed girls give their babies to their own mothers to take care of. In some cases, religious or charity organizations care for orphaned and unwanted children.

The Hispanic press is watching the development of the abortion issue in the United States and in Western Europe. The results of our own battles over abortion may have considerable influence in the Hispanic world.

Crime is a major problem in several Spanish American capitals. The rise in violent street crime has been attributed to the

deterioration of the family and the rising divorce rate among the middle classes, the use of drugs among the young, the influence of violent movies and television programs, widespread poverty and unemployment, and political instability. Dr. Alicia Quintana Castilla, a Spanish researcher, has advanced the theory that many criminals are born with a genetic abnormality that accounts for their violent behavior. According to this theory, such delinquents are not entirely to blame for their criminality because they are born with violent or antisocial tendencies. Other investigators insist that social factors are primarily responsible for the rise in crime. The problem will not be solved, they argue, until the misery that characterizes urban slums and impoverished villages is eradicated.

One topic that has been treated not only in the press but also in contemporary Hispanic literature is the loss of individuality that results from an increasingly industrialized society. Major Hispanic writers—among them, Antonio Gómez de la Serna (Spain), Marcos Denevi (Argentina), and Jorge Díaz (Argentina)— have published important works of fiction that deal with this subject.

In *Las bicicletas*, a short play included here, the Spanish writer Antonio Martínez Ballesteros characterizes the company employee as a cyclist on an exercise bicycle. The cyclist pedals and pedals, but goes nowhere. He is like millions of workers caught up in the routine and monotony of jobs that give them no satisfaction and no chance to improve their lot. The more the cyclist earns, the more he spends to live, for prices and his salary rise at the same rate. Furthermore, he is unable to enjoy the few consumer luxuries he can afford because he has almost no time to himself. He is a slave to the production charts, to the section supervisor, to the economic necessity of keeping his job. If he is to maintain his position, he must produce. But the position he is fighting so desperately to maintain is meaningless because it gives him no sense of fulfillment and holds no promise for the future.

While the play deals specifically with the question of the repetitive, boring nature of work in today's production oriented world, it also makes a broader statement about the depersonalized nature of modern society in general, in which the individual is often reduced to an anonymous entity.

Ballesteros's play suggests, however, that there is a way out of this tragic situation, if only we will try to recognize and understand the absurdity of this kind of existence.

Juan José Arreola's humorous short story *Baby H.P.* also deals with the mechanization of modern society, this time in relation to the energy crisis. In the story, the energy of children is converted into electric current by means of a machine. Children are regarded not as individuals with specific needs and emotions, but as sources of energy.

The energy issue is very much on the minds of many Latin Americans. In several countries, businesses display signs urging visitors and their own employees to turn out lights in order to conserve energy.

Quite a few Latin American countries —in particular, Venezuela, Mexico and Ecuador— are rich in oil, and hope to occupy an important position as suppliers of petroleum. Perhaps these countries will eventually help to solve the energy problems of the United States and Western Europe.

ATENCION

I

Most English adjectives that end in *-ous* have Spanish counterparts that end in **-oso.**

numeroso	*numerous*
vicioso	*vicious*
curioso	*curious*
furioso	*furious*

One important exception is:

serio	*serious*

II

Many English nouns that end in *—us* have Spanish counterparts that end in **-o.**

feto	*fetus*
aparato	*apparatus*

A false cognate that can prove very embarrassing if not learned correctly is **embarazada.** Note that **embarazada** means *pregnant,* not *embarrassed.* Imagine how people might react if a young American woman in a Spanish-speaking country heard an off-color remark and said she was **tan embarazada**!

Other ways of saying *pregnant* are **esperando, encinta,** and **en estado.** Of course, the adjectives **embarazada** and **encinta** are used only in the feminine form.

El aborto: ¿sí o no?

Hasta hace pocos años el problema del aborto se consideraba materia de teólogos y médicos. Hoy en día, debido a la militancia feminista y al crecimiento asombroso° de la población, el tema del aborto ha saltado° a las primeras páginas de los periódicos de muchos países.

    El problema es complejo. Las personas que apoyan la legalidad del aborto dicen que dar o no dar a luz° debe ser

amazing

jumped

dar ... *give birth*

la decisión de la mujer. Según ellos, un feto de menos de 24 semanas no es un ser humano porque no es capaz de vivir fuera del vientre de la madre. Por lo tanto°, las leyes sobre el derecho a la vida y a la inviolabilidad del ser humano no se aplican al feto de menos de 24 semanas.

Además, dicen los partidarios° del aborto legal, un niño no deseado por sus padres seguramente tendrá una vida llena de problemas. Será maltratado, rechazado° o tal vez abandonado por su familia natural. Es preferible que no nazca°.

La mujer soltera que queda embarazada° puede sufrir una depresión mental u otros problemas psicológicos, si la sociedad la obliga a dar a luz. Para una mujer casada, un embarazo no deseado también puede ser un problema serio. Puede destruir su carrera y su independencia. Y para una familia ya numerosa, en la cual la madre está esperando otro bebé, el tener que alimentar a un niño más puede causar graves problemas económicos.

Los partidarios del aborto señalan que las mujeres siempre han encontrado modos de terminar una concepción no deseada. Si viven en un país donde el aborto no es legal, las ricas viajan a países donde lo es. Las pobres van a ver a medicastros° o a comadronas° sin medios de atención adecuados. El número de muertes de mujeres que han tenido abortos ilegales es altísimo en los países donde el aborto está prohibido por la ley.

También, dicen los que favorecen la práctica del aborto, hay que considerar el problema demográfico. La población del mundo crece rápidamente. Dentro de cien años será difícil o imposible producir suficiente comida para alimentar a la población del planeta.

El problema es especialmente serio en Latinoamérica, donde hay un gran porcentaje de familias con hijos numerosos. En los sectores pobres, los padres son incapaces de proveerles a estos niños del alimento, vestuario° e instrucción que necesitan. Por lo tanto, los niños tienen que empezar a trabajar a una temprana edad y no pueden asistir a la escuela o aprender un oficio que les permita mejorar su situación económica. Además estos mismos chicos, apenas lleguen a la adolescencia, empiezan sus propias familias, perpetuando así el círculo vicioso de la pobreza.

Por... therefore

supporters

rejected

no... *that it not be born*
queda... *becomes pregnant*

quacks / midwives

ropa

Para solucionar el problema de la pobreza, los que apoyan el aborto dicen que hay que ayudar a estas personas a limitar el número de hijos que tienen. Una manera de hacer esto es proporcionándoles abortos seguros° e higiénicos.

safe

* * *

Los adversarios del aborto legal presentan argumentos igualmente convincentes. Alegan° que un feto es en sí° una vida en desarrollo — que después de un período determinado de incubación tiene la posibilidad de transformarse en un ser humano. Por lo tanto, ni su madre ni un médico tiene el derecho de quitarle la vida. El aborto es inmoral. Esta es la posición oficial de la Iglesia Católica, siendo el catolicismo la religión más importante de Latinoamérica.

They argue / itself

Los que se oponen al aborto alegan que una mujer que libremente acepta mantener una relación sexual con un hombre, tiene que aceptar la responsabilidad de tener el hijo que resulte de esta unión. Si ella no desea tener un bebé, debe abstenerse de la actividad sexual.

Las personas que favorecen este punto de vista discuten° que la legalización del aborto conduce al libertinaje° sexual. Dicen que si los jóvenes saben que pueden resolver el problema de un embarazo no deseado con una pequeña y rápida operación, no hay ningún obstáculo que impida su plena° actividad sexual.

argue / licentiousness

completa

Muchas otras personas dicen que la solución al problema de los embarazos no deseados no es el aborto, sino la educación sexual. Si se informa a los jóvenes que están sexualmente activos sobre la reproducción y los métodos anticonceptivos, la posibilidad de que ocurran estos embarazos sería mucho menor.

Los partidarios de este punto de vista también ven la educación sexual como una solución al problema demográfico. Según ellos, no es ni lógico ni ético matar fetos ya concebidos. Más bien°, hay que enseñarles a las masas a no concebir niños que no son capaces de mantener°.

Más . . . *rather, instead*
support

Algunos latinoamericanos no comparten esta opinión. Señalan que en los países latinos, los hijos no se consideran una carga°, sino una bendición° de Dios. Los hijos ayudan a sus padres con el trabajo y con los niños menores

burden / blessing

y cuando los padres están viejos e incapacitados, sus hijos los mantienen. Todo esto—dicen—contribuye a la unidad de la familia, a la seguridad del individuo y a la estabilidad social. Además, el producir hijos es un testimonio a la masculinidad del hombre y a la femininidad de la mujer. Según los partidarios de este punto de vista, el aborto y la anticoncepción son ajenos° a la mentalidad de los latinos. Son ideas que los sociólogos extranjeros tratan de imponerles sin entender sus actitudes culturales y sus valores morales.

foreign

¿Quiénes tienen razón, los partidarios del aborto o los adversarios? Aún no ha terminado el debate.

VOCABULARIO ACTIVO

el aborto *abortion*
el adversario *adversary*
alegar *to argue, dispute; to allege*
apoyar *to support*
asombroso *amazing*
la carga *burden; load*
la comadrona *midwife*
dar a luz *give birth*
embarazada *pregnant*

el feto *fetus*
el libertinaje *licentiousness*
el medicastro *quack*
el partidario *supporter, follower*
por lo tanto *therefore*
el porcentaje *percentage*
rechazar *to reject*
el vestuario *clothing*

PREGUNTAS

1. Según los partidarios del aborto, ¿quién debe decidir si una mujer debe dar a luz o no? ¿Por qué no se aplican al feto de menos de 24 semanas las leyes sobre el derecho a la vida y a la inviolabilidad de la persona?
2. Según ellos, ¿por qué es preferible que un niño no deseado por sus padres no nazca?
3. ¿Cuáles son los problemas de una mujer que es obligada por la sociedad a tener un bebé que ella no quiere?
4. En los países donde no hay aborto legal, ¿qué han hecho las mujeres para terminar una concepción no deseada? ¿Cuáles han sido los resultados negativos de esta práctica?
5. ¿Qué dicen los partidarios del aborto acerca del problema demográfico?
6. Según los adversarios del aborto, ¿por qué no debe ser legal esta operación?
7. Según estas personas, ¿por qué contribuye el aborto legal al libertinaje sexual?
8. Según algunos adversarios del aborto, ¿cómo puede la educación sexual

contribuir a una solución al problema del libertinaje sexual?

9. ¿Qué dicen estas personas sobre el problema demográfico?
10. ¿Qué opinan algunos latinoamericanos sobre la anticoncepción?

VAMOS A PRACTICAR

El Vocabulario

A. *Definiciones: Escoja la definición correcta de cada vocablo.*

1.	asombroso	A.	persona que está a favor de algo o alguien
2.	por lo tanto	B.	por esta razón
3.	partidario	C.	que sorprende mucho
4.	adversario	D.	no aceptar
5.	rechazar	E.	discutir, arguir
6.	medicastro	F.	persona que practica la medicina sin tener ninguna preparación formal
7.	comadrona	G.	obligación desagradable
8.	vestuario	H.	ropa
9.	alegar	I.	mujer que tiene por oficio el atender a otras mujeres cuando éstas van a dar a luz
10.	carga	J.	que lleva un bebé en el vientre
11.	embarazada	K.	persona que está en contra de algo o alguien
12.	porcentaje	L.	proporción, tanto por ciento

B. *Haga frases combinando las palabras que están en cada lista.*

MODELO: debido / crecimiento / asombroso / población / aborto / hacerse / tema / importante

Debido al crecimiento asombroso de la población, el aborto se ha hecho un tema importante.

1. partidarios / aborto / apoyar / derecho / mujer / decidir / si / deber / tener / bebé / o no
2. ellos / alegar / feto / menos / 24 semanas / no ser / ser humano
3. por lo tanto / leyes / derecho / vida / no aplicársele
4. según ellos / mujer / soltero / quedar / embarazada / tener / problemas / psicológico
5. adversarios / aborto / decir / feto / cualquier / edad / ser / persona
6. ellos / arguir / nadie / tener / derecho / quitarle / vida
7. ellos / decir / aborto / legal / conducir / libertinaje / sexual
8. mucho / personas / creer que / solución / estar / educación sexual

DISCUSION

1. En su opinión, ¿debe ser legal o no el aborto? Explique su respuesta. **2.** Hay un creciente número de niños concebidos fuera del matrimonio. En su opinión, ¿a qué se debe este fenómeno? **3.** ¿Qué debe hacer una mujer soltera que queda embarazada? **4.** Dé su opinión sobre el matrimonio. ¿Es importante o sólo es una formalidad insignificante? ¿Está bien que un hombre y una mujer vivan juntos sin casarse? Explique su punto de vista. **5.** ¿Cómo se podría resolver el problema demográfico?

Cómo resolver el problema del crimen

A.W. Maldonado[*]

La señora tiene unos 72 años y vive sola en el área metropolitana. Se pasa los días cuidando las flores en su patio. Lleva una vida tranquila y contenta mientras puede pasar las largas horas en su jardín.

---

*Alex W. Maldonado is editor-in-chief of *El Mundo,* a major Puerto Rican newspaper published in San Juan.

Normalmente, ya que vive sola, deja la puerta cerrada con cadena y cerradura°. Pero esta vez la dejó abierta.   *lock*

Cuando regresó a la casa, encontró todo en desorden. Su ropa y sus cosas estaban tiradas° en el piso°. Los colchones° de las camas también en el piso. Los closets abiertos y todas las cosas afuera.   *thrown / floor* / *mattresses*

Alguien se había metido en la casa. La señora tuvo miedo al pensar que todavía estaría dentro—pero a los pocos momentos se dio cuenta de que estaba sola. Entonces vino la tristeza. Comenzó a buscar. Se habían llevado el anillo° que su marido le había dado más de medio siglo atrás; su fenecido° marido. Se habían llevado otras joyas°, de muy poco valor monetario, pero de gran valor emocional. Y se habían llevado unos $35 —para ella, mucho dinero.   *ring* / *deceased* / *jewelry*

¿Por qué?

Esa es la pregunta que comenzó a hacerse. ¿Por qué me han hecho esto?

Poco después un familiar° de ella llamó a la Policía. Vino un carro de patrulla° con dos policías jóvenes. Tomaron nota. Le aconsejaron° a la señora que dejara la puerta cerrada todo el tiempo. Le dijeron que lo más probable era que hubieran sido unos jóvenes de 15 o 16 años de edad; que todos los días les informan de robos como aquél; que los crímenes cometidos por jóvenes están creciendo explosivamente. Los policías se fueron.   *relative* / *patrol* / *advised*

Una escena típica en cualquier capital latinoamericana. Todo el mundo le dijo a la señora que «tuvo una gran suerte» al no entrar en la casa estando los ladrones° dentro. Seguramente la habrían golpeado. Y ya que su salud no es buena, quizás hasta la habrían matado. Sí, tuvo mucha suerte.   *thieves*

Y queda la pregunta. ¿Por qué?

Es una pregunta tremenda. Podemos escoger la línea de argumentación que queramos sostener. Por ejemplo, la económica. El desempleo° entre los jóvenes, en nuestro país, está por encima del 40 por ciento, y va creciendo. Alto desempleo, alta criminalidad.   *unemployment*

También hay la línea social: el deterioro de la familia, de la autoridad, de un sentido de valores. Para un número cada vez mayor de los jóvenes, sencillamente no es «malo» meterse en casa de una vieja indefensa y llevarse sus cosas.

Y son muchas más las líneas de argumentación: las drogas, el enajenamiento°, la glorificación de la violencia en los medios de comunicación°.

El hecho es que luchar contra el crimen, y especialmente contra el crimen entre la juventud, lleva a uno prácticamente a luchar contra todos los problemas fundamentales de una sociedad moderna. Y uno termina abrumado°, paralizado, sin hacer nada.

Pero hay algo que se puede hacer —algo que resulta ser extremadamente obvio y fácil.

Lo que hay que hacer es meter a los criminales a la cárcel°. Pero esto es precisamente lo que no ocurre.

La gran mayoría de los crímenes, un 80 por ciento, los comete un pequeñísimo número de criminales. Lo que pasa es que estos pocos cometen centenares°, o miles de crímenes. Algunos son arrestados. Y algunos, muy pocos, son encarcelados. Pero por poco tiempo. Después de meses, o pocos años, están de nuevo en la calle cometiendo nuevos crímenes.

Si el gobierno, y la sociedad, se dedicaran a meter a estos pocos criminales en las cárceles, dejándolos allí por largos períodos, y dedicando grandes esfuerzos a su rehabilitación, se reduciría en un 80 por ciento o más el crimen.

Y esto se puede hacer con mucho menos policías, menos jueces, menos instituciones penales, es decir, con mucho menos gasto de fondos públicos.

Lo que hay que hacer es concentrar todo el esfuerzo en atrapar° este pequeño grupo de criminales verdaderos. La policía sabe quiénes son.

Y si se hace esto, tendría un gran efecto educativo. Lo que la juventud sabe es que sencillamente es falso que «el crimen no paga». El crimen sí paga. La juventud sabe que el criminal que va a la cárcel ahora es la gran excepción.

Si se concentra en el pequeño número de criminales verdaderos, y se les mete a la cárcel por largos años, la juventud comenzará a ver que el crimen no solamente es malo, sino que realmente no paga.

alienation
medios . . . *mass media*

overwhelmed

jail

hundreds

catch

VOCABULARIO ACTIVO

abrumar   *to overwhelm*
aconsejar   *to advise*
el anillo   *ring*
la cárcel   *jail, prison*
el centenar   *hundred*
la cerradura   *lock*
el colchón   *mattress*
el desempleo   *unemployment*
el deterioro   *deterioration*

el enajenamiento   *alienation*
el familiar   *relative*
la joya   *jewel;* las joyas   *jewelry*
el ladrón   *thief*
la patrulla   *patrol*
el piso   *floor*
el robo   *theft, robbery*
tirar   *to throw*

PARA COMPLETAR

Escoja la respuesta correcta.

1. La señora a quien le robaron
   a) es una joven madre de familia   b) es mayor y vive sola   c) vive en el campo, en una casa que está rodeada de flores y árboles.
2. El día del robo ella
   a) cerró la puerta con cadena   b) dejó la puerta abierta   c) se quedó dentro de la casa todo el día.
3. Al entrar a la casa la señora tuvo miedo porque
   a) los ladrones todavía estaban allí   b) los ladrones se habían llevado los colchones   c) pensaba que los ladrones podrían estar en el closet o en alguna otra parte de la casa.
4. Los ladrones robaron
   a) las joyas y ropa de su fenecido marido   b) joyas que valían muchísimo dinero   c) cosas que tenían para ella un gran valor sentimental.
5. Los policías le dijeron que
   a) sabían quiénes eran los ladrones   b) este crimen probablemente fue cometido por unos jóvenes   c) iban a poder devolverle sus joyas.
6. La señora tuvo suerte porque
   a) los ladrones no la mataron   b) los ladrones sólo la golpearon   c) los ladrones sólo se llevaron $35.
7. El desempleo es
   a) más importante que el deterioro de la familia con respecto al aumento del crimen   b) sólo un factor que contribuye al aumento del crimen   c) una cosa sin importancia.

8. Según el autor
a) la glorificación de la violencia en los medios de comunicación es responsable por el aumento del crimen   b) hay que resolver todos los problemas sociales antes de solucionar el problema del crimen   c) el buscar razones por los crímenes no va a solucionar el problema.

9. El autor dice que
a) hay pocos verdaderos criminales y hay que meterlos a la cárcel   b) hay muchísimos criminales y es imposible tenerlos a todos en la cárcel por largos períodos de tiempo   c) se necesitan más policías, más jueces y más instituciones penales para solucionar el problema del crimen.

10. El problema principal es que
a) los jóvenes se dan cuenta que «el crimen no paga»   b) los jóvenes saben que ahora pueden cometer crímenes sin tener que ir a la cárcel   c) la policía concentra todo su esfuerzo en atrapar a un pequeño grupo de criminales.

VAMOS A PRACTICAR

El Vocabulario

A. *Complete las frases con los vocablos más apropiados.*

1. Es una señora muy rica. Tiene muchas (cerraduras, joyas, cárceles).
2. Una cama tiene (una cadena, un anillo, un colchón).
3. Tengo muchos tíos y primos y otros (padres, patrullas, familiares).
4. No sé qué hacer. ¿Qué me (abrumas, aconsejas, atrapas)?
5. En el tribunal, el que condena al ladrón es (un policía, un familiar, un juez).
6. Hay que mandar a los criminales a (la cárcel, la cerradura, la patrulla).
7. Es muy difícil encontrar trabajo. Hay mucho (enajenamiento, desempleo, deterioro de la familia) ahora.
8. Un adorno que se usa en el dedo es (una cadena, una joya, un anillo).

B. *Conteste cada pregunta, incluyendo en su respuesta la palabra o expresión en paréntesis.*

MODELO: ¿Tiene usted parientes en España? (familiar)
Sí, tengo muchos familiares allí.

1. ¿Es fácil encontrar trabajo ahora? (desempleo)
2. ¿Dónde están los criminales? (cárcel)
3. ¿Hay muchos criminales en esta ciudad? (centenares)
4. ¿Dejó usted la puerta abierta? (cerradura)
5. ¿Quiere jugar a la pelota con nosotros? (tirar)

6. ¿Se cayó el libro? (piso)

7. ¿Entraron a su casa a robar? (ladrón)

8. ¿Es abogado el padre de Gabriela? (juez)

DISCUSION

1. En su opinión, ¿cuáles son los factores que más contribuyen al aumento del crimen?   **2.** ¿Qué precauciones puede tomar uno para protegerse de los criminales?   **3.** ¿Está usted de acuerdo con la solución que sugiere el autor de este artículo? Explique su respuesta.   **4.** En su opinión, ¿cómo se puede resolver el problema del crimen?   **5.** ¿Está usted a favor o en contra de la pena de muerte (*death penalty*)? ¿Por qué?   **6.** En su opinión, ¿nace un individuo con tendencias criminales o el ambiente lo hace criminal? ¿Cuáles son los factores que contribuyen a la formación de un criminal?

ATENCION

Haber de has two meanings. In the sentences below, **haber de** means *should*.

¿A quién han de cargar la cuenta?　　*Whom should they charge the bill to?*

¿Qué he de hacer?　　*What should I do?*

Haber de may also convey future meaning.

He de terminar ese libro algún día.　　*I'll finish that book some day.*

¿Cuándo has de irte?　　*When will you leave?*

The **haber de** construction has fallen into disuse in some parts of Spanish America.

Las bicicletas

Antonio Martínez Ballesteros[*]

Primeramente se ilumina la parte del escenario° que llamaremos **stage**
«el sector de las bicicletas». Dos hombres pedalean fuertemente en
bicicletas de gimnasio, con un ritmo frenético°, hasta el **frenzied**
agotamiento°. Permanecen unos segundos en esta forma. Hasta **exhaustion**
que uno de ellos resopla°. **puffs, breathes hard**

Ciclista 1°: (*Resoplando*) ¡Buf!. . . (*Deja de pedalear.*).
Ciclista 2°: (*Dejando también de pedalear*) ¿Por qué te paras°?   **te . . . are you stopping, are you**
Ciclista 1°: Porque estoy agotado. Ya no puedo más.   **getting up**
Ciclista 2°: Hombre, ¡no exageres!
Ciclista 1°: Estoy exhausto.
Ciclista 2°: Acuérdate que nosotros ocupamos una posición
       privilegiada. No vayamos a echar a perder° la opor-   **echar . . . to ruin**
       tunidad que nos dieron. Nosotros tenemos suerte.
       ¡Nuestras bicicletas son mejores que las de los otros!

---

[*]**Antonio Martínez Ballesteros** is a leading Spanish playwright and humorist whose works deal
with the vacuity of modern society.

Ciclista 1°: ¿Y qué°?

Ciclista 2°: ¡Pues que nos pagan mejor que a los otros!

Ciclista 1°: Volvamos a nuestros puestos. Ahí viene el vigilante°.

Ciclista 2°: (*Alarmado*) ¡Pues al pedaleo°!

(*Vuelven a sus bicicletas y continúan pedaleando. Entra el vigilante, vestido de uniforme. Mira a los ciclistas con sospecha.*)

Vigilante: Me había parecido que... (*Les mira con más atención.*) Sí. No llevan° el mismo ritmo. (*Al Ciclista 1°.*) ¿No lo ve? Cuando su compañero baja la pierna, usted la sube. Y, de esta forma, el resultado del pedaleo es imperfecto. Tienen que pedalear los dos a la vez°. ¡Uno, dos! ¡Uno, dos! ¡Uno, dos!... ¡No, no, no! Arriba... Abajo... Arriba... Abajo... Arriba... Abajo... Si no hacen el pedaleo en la forma correcta nuestra economía puede sufrir, y ustedes serán reemplazados. ¡Vamos! ¡Uno, dos! ¡Uno, dos! ¡Uno, dos! Más rápido. Más rápido. No pierdan el ritmo. (*Les observa por última vez hasta sentirse satisfecho. Luego saca de algún sitio un micrófono que se acerca a la boca para decir:*) Sector H. En perfecto funcionamiento. (*Sale. Los dos ciclistas están agotados. Resoplan. Dejan de pedalear.*)

Ciclista 1°: ¿Se ha ido ya?

Ciclista 2°: Creo que sí. ¡Buf! Es agotador, pero tenemos que pedalear fuerte para conservar el privilegio.

Ciclista 1°: No sé qué decirte. Estoy empezando a pensar que no hay tal privilegio. Todo el mundo tiene sus bicicletas.

Ciclista 2°: Sí, pero no debes olvidar que todos no son admitidos para pedaleos extraordinarios°. Pedalean su jornada° y se acabó°. Nosotros pedaleamos todo el tiempo que queremos.

Ciclista 1°: Para lo que nos sirve°.

Ciclista 2°: No digas tonterías. ¿Es que no nos pagan más que a los demás?

Ciclista 1°: También pedaleamos más que los demás.

Ciclista 2°: Pero vivimos mejor que los otros.

Ciclista 1°: ¿Qué llamas tú «vivir mejor»? Porque el dinero que ganamos «de más» lo tenemos que emplear en arreglar° las averías° de las bicicletas.

Y... So what?

watchman, supervisor
al... get busy pedaling

No... You're not keeping

a... al mismo tiempo

extra
workday / se... that's all

Para... For all the good it does us.

fix / damage

Ciclista 2°: No critiques y sigue pedaleando. Puede volver el vigilante. (*Empiezan a pedalear otra vez, no demasiado rápido.*) Además siempre te acuerdas de lo malo solamente. ¿Y los bienes de consumo° que podemos adquirir con los beneficios de nuestro privilegio?

de ... *consumer*

Ciclista 1°: ¿Bienes de consumo? Nosotros no tenemos tiempo para consumirlos. Por mucho que° pedaleemos, siempre estamos en el mismo sitio. No avanzamos nada. Y me da la impresión de que se están riendo de nosotros.

Por ... *No matter how much*

Ciclista 2°: Con esas ideas que tienes sólo conseguirás amargarte la vida°. Pedalea y no pienses. Será mejor.

sólo ... *you'll only become embittered*

Ciclista 1°: No puedo dejar de pensar. Todo el mundo está siempre pensando en algo. Es inevitable.

Ciclista 2°: Pues piensa en el fútbol. O en el programa de televisión que puedes ver esta noche.

Ciclista 1°: No me puedes negar° que por mucho que ganemos, nos hemos quedado atrás con respecto a los precios° de los bienes de consumo. Las cosas se ponen cada vez más caras, y no podemos ... (*Empieza a tocar° un timbre°.*) Ya es la hora°. (*Bajan de las bicicletas, pero entra el Vigilante que ordena con fuerte voz:*)

deny

prices

ring / bell **Ya** ... *It's quitting time.*

Vigilante: ¡Quietos°! Vuelvan a sus bicicletas. (*Los ciclistas se dejan caer, sentados, sobre sus respectivos sillines° esperando instrucciones.*) ¿Piensan ustedes que se pueden ir únicamente porque ha terminado la jornada oficial? (*Mirando al Ciclista 1°, y después a un cuadernito que lleva en la mano.*) Tiempo perdido en la jornada de trabajo por el ciclista número uno: Una hora, ocho minutos, veinticinco segundos. (*El Ciclista 1° se derrumba°. El Vigilante mira al Ciclista 2° y después consulta su cuadernito.*) Tiempo perdido por el ciclista número dos: Una hora, dos minutos, cincuenta y siete segundos. (*El Ciclista 2° no puede evitar su desaliento°.*) ¡Por lo tanto, preparados! ¡Hay que recuperar el tiempo perdido! ¡Pies en los pedales! Ya. ¡Uno, dos! ¡Uno, dos! ¡Uno, dos! (*Los dos ciclistas pedalean hasta el agotamiento ante la voz del Vigilante, mientras se va haciendo el oscuro en el «sector de las bicicletas». Luego se ilumina el sector que llamaremos «de los Consejeros°.» Alrededor de una mesa están sentados el Presidente, en el centro, y cuatro consejeros, estudiando «asuntos° impor-*

Stop, be still

seats

se ... *crumples, collapses*

dismay

Advisors

matters

tantes».)

Presidente: (Terminando su discurso°.) En resumen°, señores, el proyecto que nos ha sido presentado con el alto fin de elevar el nivel de cultura del pueblo, es interesantísimo, además de...

speech / En... to summarize

Consejero 1°: (Dándole la palabra.) Digno° de encomio°.

worthy / praise

Presidente: Eso es: digno de encomio. Pero señores, nosotros desgraciadamente°, no podemos vivir de ideales sino de...

unfortunately

Consejero 2°: (Dándole la palabra.) De realidades...

Presidente: Eso es. De realidades. Y la verdad es que...

Consejero 3°: (Dándole la palabra): Los presupuestos°...

budgets, funds

Presidente: Eso es: los presupuestos. Nuestra voluntad° llega muy lejos, señores. Pero los presupuestos no llegan a donde llega nuestra voluntad. Ya sabemos que la cultura es buena, es...

will

Consejero 1°: Digna de encomio.

Presidente: Eso es: digna de encomio. Pero nosotros, señores, tenemos que vivir de...

Consejero 2°: De realidades...

Presidente: Eso es: de realidades. Porque la verdad es que...

Consejero 3°: Los presupuestos...

Presidente: Se quedan cortos, sí señores. Además, seamos prácticos. La cultura...

Consejero 4°: (Que ha estado tomando notas todo el tiempo, como si fuera el secretario)... resulta cara.

Presidente: Muy cara. Y sabiendo que resulta cara... y sabiendo también que lo único que le interesa a la gente es ganar su sueldo° trabajando lo menos posible,... ¿para qué vamos a gastar el dinero? Ellos ya tienen la televisión, el fútbol, los coches, además de sus bicicletas. Esto es lo que quieren y no, por desgracia, la cultura. Por lo tanto, señores, no es práctico...

salario

Consejero 4°: Lo que hemos dicho antes...

Consejero 3°: Los presupuestos...

Consejero 4°: Eso es. No nos alcanzan°. Es la pura verdad.

No... They're not enough

Presidente: Muy bien. Como todos estamos de acuerdo, pasemos al asunto siguiente.

Consejero 4°: Sí, señor. *(Cogiendo° un papel.)* Se trata de nuestros ciclistas. Piden un aumento°.

Picking up
raise

Presidente: Ah, sí. Hay que reconocer que se trata de una petición° muy razonable, pues los precios de los bienes de consumo suben continuamente. Y creo que está hecha con una voluntad muy . . .   *request*

Consejero 1°: Digna de encomio.

Presidente: Exacto. Pero la verdad es que, por desgracia, nosotros tenemos que vivir de . . .

Consejero 2°: De realidades . . .

Presidente: Eso es. Y la verdad es que por ahora . . .

Consejero 3°: Los presupuestos . . .

Presidente: No nos alcanzan . . . (*Suena° un teléfono sobre la mesa. Lo coge el Consejero 4°.*)   *rings*

Consejero 4°: ¿Aló? (*Escucha un momento. Luego se dirige al presidente.*) Es el Departamento de Gestión de Administración°. Dicen que todo está dispuesto° para el banquete. Que a quién han de cargar° la cuenta° del hotel.   *Gestión . . . Management / listo*
    charge / bill

Presidente: Qué tontería. ¡A los presupuestos! (*Apagón° rápido. Música burlesca°. Se ilumina el «sector de las bicicletas». Los dos ciclistas pedalean cansadamente. Después de un momento el Ciclista 1°, con un gesto de rabia, se baja de la bicicleta mientras dice:*)   *blackout*
    funny

Ciclista 1°: ¡A la porra° la bicicleta! ¡Abandono°!   *A . . . To the Devil with / I quit*

Ciclista 2° (Parando un instante su pedaleo, fatigadísimo.): ¿Pero qué dices?

Ciclista 1° (Ya en el suelo, muy decidido): Creo que está bien claro. Que me he cansado de pedalear.

Ciclista 2°: ¡Pero tú te has vuelto loco!

Ciclista 1°: ¿Loco? Ahora es cuando recobro la razón.

Ciclista 2°: (Bajando de su bicicleta y acudiendo a su compañero.) Bueno°, yo no comprendo nada. A ti te pasa algo. ¡Vas a perder el privilegio de pedalear!   *Well*

Ciclista 1°: Estoy decidido. A mí no me utilizan más.

Ciclista 2°: Anda, no digas tonterías. Vuelve a tu bicicleta. Va a venir el vigilante.

Ciclista 1°: ¡No me importa el vigilante! Ya no le tengo miedo. ¿Pero es que no te das cuenta? Esto es como estar condenado a galeras° toda la vida. Sólo que te permiten tener televisión y asistir a los partidos° de fútbol. Y a mí esta vida no me gusta. ¡No me gusta!   *the galleys*
    games

Ciclista 2°: ¡A buena hora°!   *A . . . Now's a fine time to find out!*

Ciclista 1°: Más vale° tarde que nunca. Adiós.   *Más . . . Better*

Ciclista 2°: ¿Pero adónde vas?

Ciclista 1°: A empezar a vivir. A pasear. A ver el mundo. A sentir que estoy vivo. *(Sale, dejando a su compañero asombradísimo.)*

Ciclista 2° (Al quedar solo): Ya le decía yo que pensaba demasiado. Se ha vuelto loco... *(Entra el Vigilante y queda mirando al Ciclista 2°.)*

Vigilante: ¿Qué hace usted bajado de su bicicleta? *(El Ciclista 2° se asusta. Vuelve a su bicicleta y empieza a pedalear frenéticamente.)*

Ciclista 2°: Estoy dispuesto a° recuperar el tiempo perdido, señor. Es que mi compañero...   **dispuesto**... *willing to*

Vigilante (Con severidad): ¿Qué pasa con su compañero? ¿Es que se ha puesto enfermo?

Ciclista 2°: No, señor. Digo, no lo sé, señor. Ha dicho que se ha cansado de pedalear. Que abandona. Y... se ha ido...

Vigilante: ¿Ha abandonado su bicicleta? ¿Para siempre?

Ciclista 2°: Ha empezado a decir cosas muy raras°. Yo creo que no está normal, señor.   *strange*

Vigilante: Bueno, no piense más en su amigo. Nos sobran° aspirantes para ocupar las bicicletas. Pero no está bien que haya abandonado sin avisar. Usted continúe pedaleando. *(El vigilante saca un silbato° y emite un silbido°. Inmediatamente entra un nuevo personaje, el Ciclista 3°. Entra corriendo, y se pone firme° ante el Vigilante, que le ordena:)* ¡Suba a la bicicleta! *(El Ciclista 3° obedece.)* ¡Al pedaleo! ¡Ya! *(El Ciclista 3° empieza a pedalear torpemente°. El Vigilante le observa.)* Tendrá que aprender rápido a pedalear con ritmo, porque si no su puesto será ocupado por otro. Lo que nos sobran son aspirantes. ¡Vamos! ¡Uno, dos! ¡Uno, dos! ¡Uno, dos! *(El Ciclista 3° hace lo imposible por «agradar». Observa a su compañero y procura hacerlo igual que él.)* Bien... ¡Pierna arriba! ¡Pierna abajo! ¡Pierna arriba! ¡Pierna abajo! Bien... ¡Uno, dos! ¡Uno, dos! Volveré luego° a ver cómo progresa. ¡Uno, dos! ¡Uno, dos! ¡Uno, dos! *(Saca el micrófono y dice:)* Sector H. Funcionamiento normal. *(Sale. Los dos ciclistas quedan pedaleando como siempre.)*

    Nos... *We have more than enough*

    whistle
    blow
    se... *stands at attention*

    clumsily

    más tarde

Ciclista 3°: ¿Crees que podré aprender?

Ciclista 2°: Ya has conseguido lo más difícil: entrar. Tuviste suerte con que el antiguo° ocupante abandonase.   *former*

Ciclista 3°: ¿Por qué abandonó?

Ciclista 2°: ¿Quién sabe? El dijo que se cansó. Pero la verdad es que lo he pensado y no creo que esté tan loco. Seguramente le ha salido un puesto mejor.

Ciclista 3°: Seguro. Porque tendría que estar loco para abandonar una bicicleta como ésta.

Ciclista 2°: Si se ha ido es porque habrá encontrado otra cosa en la que gane más dinero. De otro modo° no puede entenderse.   **De**... *otherwise*

Ciclista 3°: No. De otro modo no se entiende. *(Siguen pedaleando. Sale el Ciclista 1° y se dirige al público.)*

Ciclista 1°: Ya sé que ellos no me entienden. Pero están equivocados al pensar de mí lo que piensan. Lo que ocurre realmente es que he llegado a° darme cuenta   **he**... *I have finally* de... Bueno, no creo que sea necesario explicárselo a ustedes. Si ustedes tampoco me entienden, critíquenme,ríanse y sigan en sus bicicletas y... ¡adelante con el pedaleo!

(Sale. Los otros ciclistas siguen pedaleando eternamente.)

Telón°   *Curtain*

VOCABULARIO ACTIVO

abandonar   *to quit*
a la vez   *at the same time*
el agotamiento   *exhaustion*
alcanzar (c)   *to be enough*
arreglar   *to fix, repair*
el aspirante   *candidate, applicant*
el asunto   *matter*
el aumento   *increase, raise*
avanzar (c)   *to advance, get ahead*
la avería   *damage*
los bienes de consumo   *consumer goods*
cargar (gu)   *to charge*
el consejero   *advisor*
la cuenta   *bill*
de otro modo   *otherwise*
el desaliento   *dismay*
digno de   *worthy of*
echar a perder   *to ruin, to spoil*
el escenario   *stage; setting*

estar dispuesto a   *to be willing to*
extraordinario, -a   *extra, overtime*
haber llegado a   *to have finally*
la jornada   *shift, workday*
más vale   *it is better*
negar (ie) (gu)   *to deny*
para lo que nos sirve   *for all the good it does us; what good does it do us*
pararse   *to stop; to get up*
pedalear   *pedal*
la petición   *request; claim*
por desgracia   *unfortunately*
por más que   *much as*
por mucho que   *no matter how much*
el precio   *price*
el presupuesto   *budget, funds*
sobrar   *to have more than enough*
sonar (ue)   *to ring*
el sueldo   *salary*
y qué   *so what*

PREGUNTAS

1. Describa el escenario.
2. ¿Por qué deja de pedalear el Ciclista 1°? ¿Cómo reacciona el Ciclista 2°?
3. ¿Por qué no está contento el Vigilante con el pedaleo de los ciclistas?
4. Según el Ciclista 2°, ¿por qué tienen que pedalear fuerte? ¿Está su compañero de acuerdo? ¿Por qué no?
5. ¿Qué dicen los dos ciclistas de los bienes de consumo? ¿Por qué tiene el Ciclista 1° la impresión de «no avanzar nada»?
6. ¿Pueden irse los ciclistas cuando termina la jornada oficial? ¿Por qué tienen que seguir pedaleando?
7. ¿Cómo cambia la escena?
8. ¿Qué problema están considerando el presidente y los consejeros? ¿Por qué no pueden emprender el proyecto de elevar el nivel de cultura del pueblo? Según ellos, ¿por qué no es práctico este proyecto?
9. ¿Qué piden los ciclistas? ¿Cómo reaccionan el presidente y los consejeros?
10. ¿Quién llama en ese momento? ¿Qué información necesita? ¿A quién deben cargar la cuenta del hotel donde van a hacer el banquete?
11. ¿Qué dice el Ciclista 1° que sorprende a su compañero? ¿Cree el Ciclista 2° que el Ciclista 1° tiene razón? ¿Por qué no?
12. ¿Logra el Ciclista 2° hacer que su compañero cambie de opinión? ¿Qué hace el Ciclista 1°?
13. ¿Qué dice el Vigilante al darse cuenta que el Ciclista 1° se ha ido?
14. ¿Quién reemplaza al Ciclista 1°? ¿Qué preocupación tiene el Ciclista 3°?
15. ¿Por qué creen los Ciclistas 2° y 3° que el Ciclista 1° se ha ido? ¿Tienen ellos razón? ¿Qué dice el Ciclista 1° al final?

VAMOS A PRACTICAR

El Vocabulario

A. *Complete las frases con la forma correcta del vocablo.*

abandonar / agotamiento / alcanzar / arreglar / aumento / avanzar / averías / cuenta / de consumo / desaliento / dispuesto / echar a perder / extraordinario / haber llegado / jornada / más vale / negar / para lo que me sirven / pararse / por más / precio / sobrar / sonar / sueldo / ¿y qué?

Yo estoy cansado. Todos los días trabajo hasta el _____. Llego a la oficina a las ocho, me siento a mi escritorio y no _____ hasta las cinco. Sigo trabajando porque no quiero _____ mi carrera. Sé que si trabajo bien me darán un _____. Algunas personas trabajan su _____ y se acabó. Pero yo siempre estoy _____ a poner unas horas _____.

Pero _____ que trabaje, no _____ nada. Nunca me queda dinero para poner al banco, porque los _____ de los bienes _____ aumentan cada vez más. Además, siempre hay gastos inesperados. Un día hay que _____ el auto, otro hay que pagar por reparar las _____ de algún aparato de la casa. _____ los aumentos de sueldo. Cada vez que _____ el teléfono es alguien que quiere cobrarme alguna _____. El dinero sencillamente no me _____. A veces siento un _____ tan profundo que quiero _____.

Yo no puedo _____ que vivo mejor que otra gente, pero, francamente, esta vida no me satisface.

Algún día me iré de aquí. Sí, algún día abandonaré. Porque _____ a darme cuenta que me estoy matando por nada. Trabajo y trabajo, _____. Cuando ya no me necesiten más, me reemplazarán por un hombre más joven. Les _____ aspirantes. _____ abandonar. Mañana mismo, abandonaré... Mañana mismo. O la semana que viene, tal vez. Porque la verdad es que esta semana necesito cobrar mi _____. La semana que viene, mejor...

B. *Traduzca cada frase usando la forma correcta de los vocablos en paréntesis.*

1. You want a raise? Well, unfortunately, we can't give it to you. (por desgracia)
2. Our funds simply don't go that far. (alcanzar)
3. You have to pay your bills? Well, so what? (¿y qué?)
4. We have to think about salaries and at the same time pay to fix the office machines. (a la vez)
5. We know you're worthy of a raise, but we can't help you. (digno de)
6. If we give everybody a raise, it will ruin our budget. (echar a perder)
7. No matter how much we try, we can't do it. (por mucho que)
8. You'll have to accept what we can give you. Otherwise, you'll be replaced. (de otro modo)
9. We have more than enough candidates. (sobrar)
10. Maybe next year. Better late than never, you know. (más vale)

DISCUSION

1. ¿Por qué abandona su puesto el Ciclista 1°? ¿Por qué les dice a los espectadores que «sigan en sus bicicletas»? **2.** ¿Qué simboliza la bicicleta de gimnasio? ¿Hay muchas personas que tienen trabajos monótonos y aburridos? ¿Qué tipo de trabajo puede ser así? ¿Qué puede hacer una persona que tiene este tipo de trabajo para hacer que su vida tenga más sentido y sea más interesante? **3.** ¿Es el abandonar el trabajo una buena solución a este problema? ¿Debe una persona seguir haciendo un trabajo que no le gusta? ¿Qué opina usted? **4.** ¿Es a veces la vida de estudiante aburrida y monótona? ¿Tiene usted a veces ganas de abandonarla? Explique su respuesta. **5.** ¿Qué quiere decir el Ciclista 1° cuando dice que no avanza nada? ¿Por qué se siente la gente así a veces? **6.** ¿Entienden el Presidente y sus Consejeros los problemas del pueblo? ¿En qué sentido hablan «en círculos»? **7.** ¿Piensa usted que el Presidente de los Estados Unidos y sus consejeros entiendan los problemas del pueblo? ¿Hablan a veces «en círculos» los políticos norteamericanos o los ejecutivos de compañías? Explique su respuesta. **8.** ¿Qué clase de persona es el Ciclista 2°? ¿Es usted más como el Ciclista 1° o el Ciclista 2°? ¿Por qué? ¿Le importa a usted más la seguridad en el trabajo o el sentido de aventura? ¿Qué tipo de trabajo sería ideal para usted? **9.** ¿Muestra el Vigilante mucho interés por los ciclistas como individuos? Explique su respuesta. ¿Piensa usted que en las grandes compañías las personas son o no son consideradas como individuos? ¿Por qué? En su opinión, ¿existe este mismo problema en las universidades? Explique. **10.** ¿Es esta obra más bien optimista o pesimista? ¿Por qué?

Baby H.P. [1]

Juan José Arreola*

Señora ama de casa: convierta usted en fuerza motriz° la vitalidad de sus niños. Ya tenemos a la venta° el maravilloso Baby H.P., un aparato que está llamado° a revolucionar la economía hogareña°.

    El Baby H.P. es una estructura de metal muy resistente y ligera que se adapta con perfección al delicado cuerpo infantil, mediante° cómodos cinturones°, pulseras°, anillos y broches°. Las ramificaciones° de este esqueleto suplementario recogen cada uno de los movimientos del niño, haciéndolos converger en una botellita de Leyden[2] que

fuerza . . . *motor energy*
a . . . *on sale*
destinado
del hogar

by means of / belts / bracelets
clasps / extensions, parts

---

*Juan José Arreola (1918-) is one of Mexico's best known short story writers. His works combine philosophy, fantasy and humor to produce a unique style.

---

[1]Horse Power
[2]Leyden jar: a device for storing electric charge.

puede colocarse en la espalda° o en el pecho°, según **back / chest**
necesidad. Una aguja° indicadora señala el momento en **needle**
que la botella está llena. Entonces usted, señora, debe des-
prenderla° y enchufarla° en un depósito° especial, para que **unhook it / plug it in / container**
descargue° automáticamente. Este depósito puede colo- **discharge**
carse en cualquier rincón de la casa, y representa una pre-
ciosa alcancía° de electricidad disponible° en todo **reserve / available**
momento para fines° de alumbrado° y calefacción°, así **purposes / lighting / heating**
como para impulsar° alguno de los innumerables artefactos **to make work**
que invaden ahora los hogares.

De hoy en adelante° usted verá con otros ojos el **De ... From this day on**
agobiante° ajetreo° de sus hijos. Y ni siquiera perderá la **exhausting / activity**
paciencia ante una rabieta° convulsiva, pensando en que es **temper tantrum**
una fuente generosa de energía. El pataleo° de un niño de **kicking**
pecho° durante las veinticuatro horas del día se trans- **de ... nursing, newborn**
forma, gracias al Baby H.P., en unos útiles segundos de
tromba licuadora°, o en quince minutos de música **tromba ... electric mixer**
radiofónica.

Las familias numerosas pueden satisfacer todas sus
demandas de electricidad instalando un Baby H.P. en cada
uno de sus vástagos°, y hasta realizar un pequeño y lu- **hijos**
crativo negocio, trasmitiendo a los vecinos un poco de la
energía sobrante°. En los grandes edificios° de depar- **surplus / buildings**
tamentos pueden suplirse satisfactoriamente las fallas° del **failures, breakdowns**
servicio público, enlazando° todos los depósitos familiares. **connecting**

El Baby H.P. no causa ningún trastorno° físico ni **disturbance, malfunction**
psíquico en los niños, porque no cohibe° ni trastorna sus **inhibit**
movimientos. Por el contrario, algunos médicos opinan
que contribuye al desarrollo armonioso de su cuerpo. Y por
lo que toca° a su espíritu, puede despertarse la ambición **por ... as for**
individual de las criaturas°, otorgándoles pequeñas recom- **niños**
pensas° cuando sobrepasen sus récords habituales. Para **rewards**
este fin se recomiendan las golosinas° azucaradas°, que de- **candies / sugared**
vuelven con creces° su valor. Mientras más° calorías se **interest / Mientras ... the more**
añadan° a la dieta del niño, más kilovatios se economizan **se ... are added**
en el contador eléctrico.

Los niños deben tener puesto día y noche su lucrativo
H.P. Es importante que lo lleven siempre a la escuela, para
que no se pierdan las horas preciosas del recreo°, de las que **recess**
ellos vuelven con el acumulador rebosante° de energía. **brimming**

Los rumores acerca de que algunos niños mueren electrocutados por la corriente° que ellos mismos generan son completamente irresponsables. Lo mismo debe decirse sobre el temor° supersticioso de que las criaturas provistas de° un Baby H.P. atraen rayos y centellas°. Ningún accidente de esta naturaleza puede ocurrir, sobre todo si se siguen al pie de la letra° las indicaciones° contenidas en los folletos° explicativos que se obsequian° en cada aparato.

    El Baby H.P. está disponible en las buenas tiendas en distintos tamaños°, modelos y precios. Es un aparato moderno, durable y digno de confianza, y todas sus coyunturas° son extensibles. Lleva la garantía de fabricación° de la casa° *J.P. Mansfield & Sons,* de Atlanta, Ill.

current

miedo

provistas ... *provided with/ lightning bolts*

al ... *exactly* / instrucciones
brochures / regalan

sizes

joints / manufacture
compañía

VOCABULARIO ACTIVO

a la venta   *on sale*
al pie de la letra   *exactly*
la aguja   *needle*
la calefacción   *heating*
la centella   *lightning bolt, flash of lightning; spark*
cohibir   *to inhabit*
la corriente   *current*
la criatura   *child*
de hoy en adelante   *from this day on*
de pecho   *newborn, nursing*
disponible   *available*
el edificio   *building*
enchufar   *to plug in*
la espalda   *back*
estar llamado a   *to be destined to*

la fabricación   *manufacture*
la falla   *breakdown, failure*
el folleto   *brochure*
la golosina   *sweet, candy*
hogareño, -a   *home, for the home*
la indicación   *instruction*
ligero   *light*
mediante   *by means of*
la rabieta   *temper tantrum*
la recompensa   *reward, compensation*
el recreo   *recess*
el tamaño   *size*
el temor   *fear*
el trastorno   *malfunction, disturbance*

VERDAD O MENTIRA

Explique su respuesta en ambos casos.

1. El Baby H.P. es un aparato que convierte la energía de los niños en energía eléctrica.
2. La energía eléctrica acumulada por el Baby H.P. sirve para hacer funcionar las máquinas de la casa.

3. Las familias numerosas no pueden usar el Baby H.P.
4. Los médicos dicen que el Baby H.P. es peligroso para los niños.
5. Los niños no deben llevar el Baby H.P. a la escuela.
6. Los rumores acerca de que algunos niños mueren electrocutados son verdad.
7. El Baby H.P. está a la venta en todas las tiendas.

VAMOS A PRACTICAR

El Vocabulario

A. *Complete las frases con la forma correcta del vocablo.*

a la venta / al pie de la letra / ama de casa / calefacción / centella / cohibir / corriente / criatura / de hoy en adelante / de pecho / edificio / enchufar / fabricación / falla / folleto / golosina / hogareño / indicación / llamado / mediante / rabieta / recompensa / tamaño / temor / trastorno

Señores y señoras: Ahora tenemos _____ el maravilloso Robot XM 523, que está _____ a revolucionar la vida de las _____.

El Robot XM 523 hace absolutamente de todo. Usted simplemente lo _____, y empieza a funcionar. _____ la señora de la casa se verá libre de toda tarea _____. _____un complejo sistema de computadoras, el XM 523 limpia su casa, se encarga de sus hijos, prepara la comida y cuida al perro. Si hace frío, el XM 523 enciende la _____. Si llueve, el 523 también ofrece alguna protección contra los rayos y _____. El XM 523 puede limpiar un _____ entero en dos horas.

Y para cuidar a las _____, el Robot XM 523 es una maravilla. Esta máquina sensacional no pierde la paciencia ante la más escandalosa _____, a la que tranquiliza con música suave y _____. El XM 523 también puede cuidar a uno o más niños _____ sin la menor dificultad. El Robot XM 523 no les causa ningún _____ físico a los niños y _____ sus acciones lo menos posible.

El 523 ofrece otras _____ también. Es el sirviente ideal porque ni habla ni come. Todo lo que requiere para funcionar es _____ eléctrica.

Siga usted las _____ contenidas en el _____ que acompaña el XM 523 _____ y el simpático robot le otorgará muchas deliciosas horas de libertad. El XM 523 lleva una garantía de _____ contra todas las _____.

Se encuentran modelos en todos los _____. Hay uno perfecto para usted. Entonces, señoras y señores, compren un magnífico Robot XM 523, y podrán ustedes ausentarse de su casa sin ningún _____ por unos momentos, unas horas... o para siempre...

B. *Conteste las preguntas incluyendo los vocablos en paréntesis.*

MODELO: ¿Pesa mucho ese aparato? (ligero)
No, es un aparato ligero.

1. ¿Le duele a usted algo? (espalda)
2. ¿Va usted a coser? (aguja)
3. ¿Por qué no funciona el televisor? (enchufar)
4. Hace frío, ¿verdad? (calefacción)
5. ¿Hay dinero para el proyecto? (disponible)
6. ¿Dónde viven ustedes? (edificio)
7. ¿Cuándo salen los niños a jugar? (recreo)
8. ¿Lo hizo usted según las indicaciones? (al pie de la letra)
9. ¿Leyó bien las indicaciones? (folleto)

DISCUSION

1. ¿Piensa usted que las máquinas ocupan un lugar demasiado importante en nuestra sociedad? Explique.   2. ¿Compraría usted un Baby H.P.? Explique su respuesta.   3. ¿Por qué es importante conservar energía? ¿Cuáles son algunas de las medidas que podemos tomar para conservarla?   4. ¿Adónde nos llevará la tecnología? ¿A la sociedad perfecta o a la destrucción total?

COMPOSICION

¿Han empezado las máquinas a reemplazar a las personas? ¿Cuáles son las ventajas y desventajas de esta situación? ¿Adónde nos llevará? En su opinión, ¿cuál es el papel apropiado de las máquinas?

6

¿QUE CREE USTED?

This World and The Other

If you were to ask one of your Spanish-speaking friends what his religion is, he would probably say Catholic. The vast majority of Spaniards and Latin Americans are at least nominally members of the Roman Catholic Church. Brazil is now the world's largest predominantly Catholic country.

However, it would be a mistake to assume that all Latins are avid church goers. In reality, many Spanish and Latin American Catholics do not practice their religion, and it is estimated that only about 20 percent attend Mass regularly. Many others attend only on important holy days or for special celebrations such as baptisms and weddings. Throughout Spain and Latin America it is commonly assumed that church-going is an activity for women. Many Latin men never attend Mass, although their wives and children do. Often these same men send their children to Catholic schools out of respect either for tradition or for the quality of instruction provided by religious educators.

Perhaps as a reaction to the overwhelming social and political influence the Church has had in the Latin countries, there is considerable anticlericalism throughout the Spanish-speaking world.

North Americans visiting an Hispanic country are often struck by the rather informal relation Spanish-speaking people have with their religion. In the United States, church attendance is customarily reserved for Sundays, and the service is usually quite structured. Often North Americans dress up to go to church. In Hispanic countries, religious women and old men often attend Mass daily. At almost any hour of any day of the week, people are seen in churches praying, lighting candles, or waiting to enter confessionals. During Sunday Mass, people enter and leave during the service. Often the men stand at the back of the church and walk out before the sermon. It is not unusual for young couples to meet at church. Sometimes young men attending Mass pay more attention to the pretty girls in the congregation than to the priest. While some people do dress up for Sunday services, many more come in their everyday work clothes.

Religion penetrates the lives of many Latins who do not consider themselves to be religious. Many Spaniards and Latin Americans have names with religious meanings, such as Jesús, María, Inmaculada, Concepción (referring to the Immaculate Conception), Milagros, Trinidad, Consuelo (Consolation), Esperanza (Hope). Religious holidays and celebrations such as the Feast of the Immaculate Conception (Mother's Day, December 8), saints' days, baptisms, first communions, confirmations, marriages, and funerals are important social as well as religious events.

The Spanish language abounds in everyday expressions with religious significance. *¡Adiós!, ¡Vaya con Dios!, ¡Válgame Dios!, ¡Dios te oiga!, ¡Dios mío, ¡Padre Santo!, ¡Jesús!, ¡Madre de Dios!* are just a few examples. Such expressions are not considered sacrilegious. Still another example of this close yet rather informal relationship with God and other holy figures typical of the Hispanic countries is the extraordinary number of jokes and off-color stories with religious overtones.

The influence of the Catholic Church began early in the history of Latin America. Spanish priests came to the New World at the same time as the conquistadors. These early missionaries labored to convert the Indians to Catholicism and to incorporate them into Hispanic culture. Often they had churches constructed on grounds where native temples had stood before. This facilitated the Indians' acceptance of the new church, since they already viewed the area as holy.

When Africans were brought to the Caribbean and the coastal areas of Central and South America, Church fathers worked to teach them the religion of the Spaniards. Often priests established schools and homes for Indian and Black children. In many areas they built hospitals. In Paraguay the Jesuit priests set up communes, where Guaraní Indians learned new crafts and agricultural techniques, and lived in relative security. Priests were the principal defenders of the Indians and Blacks against the exploitation of the Spaniards and their descendants. In Mexico, Father Bartolomé de las Casas was known as the Protector of the Indians, and in Colombia, Father Pedro Claver became an important spokesman on behalf of the Blacks.

However, priests also caused numerous abuses. The zeal of the early missionaries was responsible for the destruction of many aspects of Black and Indian culture. At the insistence of priests, great Indian architectural monuments— such as the Aztec temples in Mexico City and the Temple of the Sun in the Inca capital of Cuzco, Peru— were destroyed.

The Catholic priests were unable to completely destroy the Indian and African religions, many of which survive in Latin America today. For many of the Indians and Africans, conversion to Catholicism was purely nominal. Although they professed Catholicism, they continued to practice their own religions. Sometimes they continued to worship old gods under the names of Christian holy figures. In the Inca capital of Cuzco, for example, there is a figure of Christ known as Our Lord of the Earthquakes, which the Indians worship much as they worshipped their own ancient god of the earthquake.

In Brazil, Cuba, Puerto Rico, Haiti, and parts of Ecuador and Colombia, many African cults exist. Often people consult local medicine men, sorcerers, and fortune tellers before making any important decision.

In many cases, Christianity and native religions have blended. Catholic services, especially in remote areas, often include Indian or African rituals.

In addition to Catholicism and Indian and African cults, several other religions are practiced in Latin America. Although

many Protestant groups have sent missionaries to Spanish-speaking countries, Protestants constitute a small minority among Latin Americans. In all large Latin American capitals, there is a Jewish community. The largest are in Buenos Aires and Mexico City.

Nevertheless, Catholicism is undisputedly the most important religious forces in Latin America. It also constitutes an influential political and social force. From the time of the Spanish Conquest, the Church had had its say in the politics of the New World. Even after Spanish American countries had won their independence from Spain, the Church continued to exercise political influence in the New World. Nearly always, it was a conservative force. Since World War II, however, a new type of Catholic political activity has emerged in the form of the Christian Democratic parties. These parties are usually middle-of-the-road or moderately leftist. They emphasize democracy and social justice, and have often opposed the extreme right- or left-wing dictatorships that have emerged in Latin America.

In the last several decades, some clerics have aligned themselves with the extreme left. In every Latin American country there are rebel priests who believe they can bring about social justice only by using guerrilla and terrorist tactics. In Colombia, for example, Father Camilo Torres became a model for certain revolutionary priests after he died combating government forces.

The fascination with the transcendental is not limited to religion in Hispanic countries. From its beginnings, Spanish literature has been rich in tales of witchcraft, ghosts, monsters, dreams, and otherworldly experiences. Many of these stories were Arabic in origin. In Latin America, Indian and African influences have combined with the Spanish to create a copious literature of the supernatural. Many modern Latin American writers, including Jorge Luis Borges (Argentina), Julio Cortázar (Argentina), Gabriel García Márquez (Colombia), and Carlos Fuentes (Mexico) have contributed to this tradition.

ATENCION

I

The suffix -**ito** is used with nouns and sometimes with adjectives that end in -**o** or -**a** or a consonant other than **n, r,** or **z** to indicate smallness, cuteness, or a feeling of affection on the part of the speaker.

hijo ⟶ hijito; Chucho ⟶ Chuchito; mesa ⟶ mesita

With nouns and adjectives that end in **n, r,** or a vowel other than **o** or **a**, -**cito** is usually used instead of -**ito.**

Virgen ⟶ Virgencita; flor ⟶ florcita; café ⟶ cafecito

With nouns and adjectives that contain **ie** or **ue** in the stem or with one-syllable nouns and adjectives that end in **z**, -**ecito** is usually used.

viejo ⟶ viejecito; nuevo ⟶ nuevecito; voz ⟶ vocecita

Sometimes usage permits a suffix other than the one you would normally expect. For example, the diminutive of Juan may be either **Juanito** or **Juancito.** The diminutive of **mamá** may be either **mamita** or **mamacita.**

Study the following sentences, paying careful attention to the English translations.

¿Qué quiere, mi hijito?
Virgencita, no me lo quites.
En un rincón había un altarcito.
Es de un azulito claro.

What do you want, my dear little son?
Dear Virgin, don't take him away from me.
In a corner there was a little altar.
It's a very pretty light blue.

II

The following story takes place in rural Mexico and contains these regionalisms:

naiden	*for*	nadie	m'hijito	*for*	mi hijito
güeno	*for*	bueno	usté	*for*	usted
pior	*for*	peor			

El rosario de ébano° y plata°

ebony / silver

Manuel González Ramírez

La madre rezaba°.   *was praying*

    Pedía por la salud de su hijo. Era el único. Era todo lo
que tenía. Durante un año, todos los días, todas las tardes,
cuando la oscuridad entraba en la vivienda°, la madre iba y   *dwelling*
prendía° la vela°.   *lit / candle*

    Virgencita... No me lo quites. Mira que no tengo a
naiden... Es güeno el pobrecito... Cúralo, cúralo, por

---

*__Manuel González Ramírez__ is a Mexican writer and educator
known primarily for his studies in sociology and pedagogy.

favor. ¿Qué será de mí° si también te lo llevas como a Julián? Tú me dijiste que mi hijo sería mi consuelo° y ahí lo tienes moribundo°, con las fiebres°. ¡No me desampares°, no quieras que me muera! ¡No Virgencita, no!

    Eso era todas las tardes.

    No podía coser mucho, por atender al muchacho. Pero sus clientes no comprendían eso y se impacientaban porque el trabajo no estaba listo a tiempo. El dinero era menos y todo se iba en medicamentos y en pagarle al señor doctor, que, aunque bondadoso°, nunca se olvidaba de cobrar las consultas.

    Chucho[1] la llamaba desde la otra habitación: «¡Madre . . ., madre! . . .»

    Doña Guadalupe dejaba la costura° inmediatamente e iba a verlo.

    —¿Qué quieres, Chucho? ¿Tienes sed?

    —No . . . Quería verte nomás . . .

    —Mi Chucho . . . M'hijito . . . —decía conmovida° y le acariciaba los negros cabellos.

    —Tengo miedo, madre.

    —¿Miedo? ¿De qué?

    —De que me muera, sin que estés a mi lado.

    Ella tenía los mismos temores, pero no lo decía. Y cariñosamente trataba de animarlo°, diciéndole que pronto estaría bien; que la Virgen no los desampararía. Los dos eran buenos cristianos. También el padre lo había sido. Ellos habían hecho de Chuchito un buen cristiano.

    Chucho se tranquilizaba teniéndola a su lado y oyendo sus palabras. Lo que ella decía le ayudaba más que las medicinas.

    —Madre . . .

    —¿Sí?

    —Dame mi rosario . . .

    —Sí, Chucho . . . Aguarda° que lo saque del cajón°.

    Era un rosario de ébano y plata. Regalo de sus padres cuando había hecho la primera comunión.

    Lo tomaba en sus manos delgadas y débiles. Cariñosamente pasaba sus dedos por las cuentas° y empezaba a rezar. Doña Guadalupe veía con satisfacción que Chucho fuera tan religioso como ella. Entonces salía del cuarto y empezaba a trabajar. Chucho con sus diecisiete años diría

---

[1]Nickname for Jesús.

¿Qué . . . What will become of me?
consolation
dying / fever / fail to help

kind

lo que cosía

emocionada

cheer him up, encourage him

espera / drawer

beads

fervorosamente los padrenuestros° y las avemarías°. Luego   *Our Fathers (Lord's Prayer) /*
se dormiría, ya más tranquilo.   *Hail Marys*

Pero, ¿se aliviaría°?   **se**... *would he get better*

La buena mujer temía la respuesta.

El padre había muerto. No sería justo que también el
hijo se marchara. Y, la verdad, ella lo veía cada vez más
grave..., más delgado..., más pálido... La vida parecía
escaparse gradualmente, lentamente...

Sólo un milagro podría salvarlo. Había que pedirle a la
madre de Dios por el hijo.

El doctor decía:

—Se salvará. Y verá usted como dentro de poco
tiempo lo tiene bueno y sano° otra vez, doña Guadalupe.   *healthy*

—Dios lo quiera, señor doctor... Pero yo lo veo cada
día pior...

Y luego, entre sollozos°, exclamaba: «¡Si Chucho se me   *sobs*
muere, me moriré de dolor!»

—No..., no... Chuchito sanará°, no se aflija...   *will get well*
Bueno, volveré a verlo la semana entrante°.   *que viene*

—Sí, doctor... Muchas gracias...

—Bien...; este°..., me debe usted cinco pesos por la   *uh*
visita, ¿eh?

—Aquí están, doctor... No se me había olvidado, no
crea usté...»

Fue al altarcito que había en un rincón° de la casa.   *corner*
Ante° la imagen se puso a llorar desesperadamente.   *Before*

Esa noche Chuchito se había dormido ya. El rosario de
ébano y plata en las manos. Respiraba° tranquilamente. La *He was breathing*
madre trabajaba con el hilo° y la aguja.   *thread*

Serían° las once de la noche, cuando las voces° del hijo   *It must have been /* gritos
la despertaron. Se había dormido consiendo.

—¡Madre! ¡Madre!

Había dolor y angustia en su voz. Más que otras veces.

Doña Guadalupe sintió su corazón latir° fuerte-   *beat*
mente... Entró silenciosa. Le puso la mano en la frente°. *forehead*
Tenía fiebre y estaba sudoroso°. Se asustó al ver la mirada *sweaty*
que había en los ojos de Chucho... Era idéntica a aquella
que había visto en los de su Julián, poco antes de que
muriese.

No, no podía ser. Si el médico le había asegurado
que...

El muchacho trató de sentarse, pero no pudo.

—Hijo... ¿Qué sientes?, ¿Qué quieres, mi Chucho querido?

—Me siento muy mal, madre.

—Será por la medicina...

—No, madre, no... ¡Yo me muero!

Vio que aún tenía el rosario de ébano y plata, el regalo de primera comunión. Su rosario.

—De nada han servido tus ruegos° y los míos, madre... Naiden los oye... Yo me muero. *pleas*

—¡Chucho!

—Todo es mentira... Todo.... Me moriré, madre... Lo sé.

—No, hijo, no... No digas así.

—Tú también pides por que yo me alivie; todas las tardes sé que enciendes° una vela... Tampoco a ti te hacen caso. *prendes*

La pobre vieja rompió a llorar°. Su hijo levantó el rosario con ambas manos y contemplándolo, exclamó. **rompió**... *burst into tears*

—¡Cuántas veces, desde que caí enfermo, he pasado los dedos per estas cuentas!... ¡Y de qué ha servido! De nada, madre.

Y él, que casi no tenía fuerzas, con violencia estiró° el rosario varias veces hasta romperlo en pedazos. *pulled*

—¡Chucho! ¡Qué has hecho, hijo mío!... Mira nomás... ¿Cómo pudiste hacer eso con tu rosario?

—Ya no es mío. Ya no lo quiero...

Sollozó el enfermo: Ya no rezaré más... Ya estoy cansado de no recibir nada en cambio°. *en*... *in exchange*

No dijo más. Interiormente sentía temor por lo hecho. La mujer se cubrió el rostro con las manos. Entonces, uno a uno, fue recogiendo° los fragmentos del rosario. *picking up*

—Perdónalo, Virgencita... No lo hizo con intención. Está muy enfermo. No lo dejes ahora que más te necesita. No, Virgencita... Tú debes comprender por qué lo ha hecho... Tú eres madre... Yo también.

Le pidió que si no lo sanaba, por lo menos le otorgara la gracia de recobrar la fe°. Que no le dejara morir en ese estado. *faith*

* * *

Chucho no murió esa noche, ni las que surgieron. Eso la tranquilizó un poco. No se volvió a mencionar el rosario .

de ébano y plata... Doña Guadalupe lo había guardado° *put away*
en su lugar. Ella sabía que se había arrepentido ya y, aunque sin rosario, rezaba y pedía perdón.

Una noche se durmió, sentada junto a° Chucho. **junto**... *next to*
Cuando despertó, la mañana estaba bien entrada°. No **la**... *it was well into morning*
pudo precisar cuánto tiempo había dormido. Se sentía
mucho mejor. Chucho ya hacía tiempo que había abierto
los ojos. Sin moverse, por temor a despertar a su madre,
veía, hacia la ventana... las flores y los árboles.

—Abre la ventana, madre—dijo, suavemente°. *softly*
—Mejor no, hijo. El doctor ha dicho que...
—No me hará daño°. Me hará bien. Abrela, anda. *harm*
Dudó si iría a abrirla. Pero como no hacía frío, la abrió.

Era la primera vez que se abría esa ventana desde que
había caído enfermo. Un olor° fresco invadió la habitación. *odor, smell*
Chucho aspiró° profundamente. Sonreía. *breathed*

La madre, viéndolo así, olvidó dudas y temores. «Se
aliviaría,» pensó.

No se equivocó°. El peligro había pasado. Eso mismo **No**... *He wasn't mistaken.*
había dicho el doctor. En unos cuantos días podría aban-
donar el lecho°. *cama*

Sí, el hijo sanaría pronto. Luego sus súplicas° habían *ruegos*
sido oídas. La Virgen había sido buena, muy buena...
Nunca lo olvidaría.

Pasados algunos días, Chucho le preguntó a su madre:
—¿Dónde está mi rosario, madre?
—Aquí está, hijo.
—No sabía lo que hacía y lo que decía aquella noche.
Estoy muy arrepentido por lo que hice... Déjame verlo...
Gracias.

Sus ojos se llenaron de lágrimas°. *tears*

—Es tan bonito... ¡Y yo lo rompí! Madre —dijo
conmovido— toma, ponlo en la bolsa° de mi chaqueta. El *pocket*
primer día que me levante iré a la iglesia. Pediré perdón.
¿Crees que pueda lograrlo?

—Sí, Chucho. Dios sabrá perdonarte.

Madre e hijo se besaron. Nunca se habían sentido tan
cerca uno del otro. Arrepentirse de los malos actos es tan
noble.

Chucho pensaba, sin embargo, que su arrepentimiento no sería completo hasta no ir a la iglesia y pedir
por su perdón.

Llegó el día en que pudo salir. Se puso la ropa. Tenía deseos de ir cuanto antes° a la casa de Dios. Su madre quiso acompañarlo.

    cuanto... *right away*

—No, madre. Ya puedo caminar bien. Prefiero ir solo.

Antes de irse, metió la mano en la bolsa. Quería asegurarse de que el precioso objeto estaba allí. Sí, estaba donde lo había puesto su madre el otro día.

Caminó lo más rápido que le permitieron sus piernas. Volvió a ver las casas, las flores, los árboles. Lo saludaban los vecinos del pueblo y le preguntaban hacia dónde iba. Chucho les decía que iba a la iglesia a darle gracias al Señor°.

    Lord.

Llegó a la iglesia. Era la única que había en el pueblo. Pequeña y humilde. Paredes pintadas de colores rosa y azul.

En el blanco altar había sólo una imagen, un Sagrado° Corazón.

    Sacred

Tres o cuatro mujeres devotas estaban allí, rezando.

Chucho veía la bondadosa expresión de la imagen. Comenzó a hablarle. Pidió perdón y misericordia°. Estaba arrepentido, le dolía lo que la desesperación le había hecho hacer. Suplicó. Casi lloraba. Mientras le hablaba tenía la seguridad de que Él° lo estaba escuchando. Le pidió que le diese alguna muestra —no sabía qué— de que el perdón le sería otorgado...

    mercy

    Dios

Fue entonces cuando su mano, instintivamente, buscó el rosario en la bolsa. Al sentir su contacto recordó que estaba fragmentado. Con gran cuidado, lo sacó.

Cuando lo miró su asombro fue enorme.

Los fragmentos del rosario estaban unidos de nuevo. ¡Sí!

Templando° su emoción, lo examinó cuidadosamente.
    Holding in check
—¡Milagro!

Aquel milagro, que sus ojos contemplaban, era la prueba de que el perdón le había sido otorgado. El lo había hecho. ¡Era un milagro!

Fue más de lo que había esperado. Era más de lo que merecía°.

    deserved

Volvió a su casa embargado° por una profunda y sencilla dicha°. Casi corría cuando llegó a la puerta.

    overwhelmed, filled
    felicidad

—¡Madre!... ¡Madre! ¿Dónde estás? Ven, déjame que te cuente... —exclamaba.

Abrazó a doña Guadalupe y le dio un beso en la mejilla.

¿Qué sucede°, hijo? ¿Fuiste a la iglesia? ¿Por eso vienes tan contento?   pasa

—¡Un milagro! Un milagro, dijo Chucho.

Sacó el rosario de ébano y plata y se lo mostró a la asombrada mujer.

—Mira..., ¿no ves?

—¡Tu rosario!

Su madre quiso decir algo. No supo qué. Guardó silencio.

—Esta es la prueba que yo pedía. Dios me ha perdonado, madre. Ha hecho este milagro para que yo lo sepa.

—Chucho, naiden debe saber esto...

—No..., no se lo diré a nadie. Solamente quería que tú lo supieras.

Ella suspiró°, con alivio° y satisfacción, y recordó que tenía algo urgente que hacer.   sighed / relief

Buscó el dinero y tomó dos pesos. Le dijo a Chucho que tenía que hacer una compra y salió.

A dos cuadras de donde vivían, en una callecita, estaba el modesto taller° de don Refugio.   workshop

—Buenos días, señora Guadalupe —le dijo un anciano° de blanca cabeza y ojos claros.   señor viejo

—Buenos días, don Refugio... Aquí le traigo un dinero que le debía.

El viejecito dejó de cincelar° la plata. Como recordando algo olvidado dijo: trabajar con el metal

—Ah sí... El rosario de ébano y plata que le arreglé, ¿verdad?

—Sí, dijo ella. Dos pesos me había dicho usté. No había podido pagarle. Usté sabe, tantas medicinas. Pero aquí los tiene y muchas gracias, don Refugio.

—Vamos, vamos, si fue una cosa tan sencilla...

—¿Sencillo? No... Usted no sabe lo mucho que eso significa... Quedó como nuevo... Tómelo usted. Haga el favor.°   **Haga**... Por favor

—Bueno... Y, ¿cómo está el muchacho?

—Mejor que nunca, muchas gracias. Luego, tras una pausa:

—Don Refugio. Quisiera pedirle un favor muy

grande... Sabe, nunca le diga usted a Chucho lo del rosario. El no sabe que se rompió y no quiero que sepa que usted ha tenido que arreglarlo. ¿Me lo promete usted?

—Se lo prometo. Puede usted estar segura de que nunca lo sabrá, señora Guadalupe.

—Dios se lo pagará. Hasta luego, don Refugio.

—Adiós, señora.

Doña Guadalupe abandonó el taller.

Y en la calle se sentía tranquila. Ahora ya no había nada que temer.

Sabía que don Refugio cumpliría° su promesa. Y el milagro seguiría siendo milagro para su Chucho. Ese milagro lo sostendría en los momentos difíciles: no le haría ningún daño. Su fe nunca se volvería a ver nublada° por la duda.

Era preferible callar° la verdad.

would keep

clouded

no decir

VOCABULARIO ACTIVO

aguardar   *to wait (for)*
el alivio   *relief; alleviation*
el anciano   *old man*
animar   *to cheer up, to encourage*
el asombro   *amazement*
la bolsa   *pocket; bag*
bondadoso   *kind*
el cabello   *hair*
el cajón   *drawer*
conmovido   *moved*
la costura   *sewing*
cuanto antes   *right away*
las cuentas   *beads (rosary)*
cumplir   *to keep (a promise)*
la dicha   *happiness, joy*
el ébano   *ebony*
en cambio   *in exchange*
encender (ie)   *to light*
entrante   *next, coming;* la
   semana — *next week*
equivocarse   *to be mistaken*
estirar   *to pull apart, to stretch*
la fiebre   *fever, temperature*

la frente *forehead*
hacer el favor de   *to be kind enough to;*
   please
el hilo   *thread*
la lágrima   *tear*
latir   *to beat (heart)*
el lecho   *bed*
merecer (zc)   *to deserve*
la misericordia   *mercy*
el olor   *smell, odor*
la plata   *silver*
rezar (c)   *to pray*
el rincón   *corner*
romper a llorar   *to break into tears*
el ruego   *plea; prayer*
sano   *healthy*
sanar   *to get well*
el sollozo   *sob*
suceder   *to happen*
el taller   *zoeetop*
la vela   *candle*
la vivienda   *dwelling*
la voz   *voice;* voces   *screams*

PREGUNTAS

1. ¿Por qué rezaba la madre?
2. ¿Cómo se ganaba la vida ella? ¿Por qué no tenía bastante dinero?
3. ¿Qué temor tenían Chucho y su madre?
4. ¿Creían en Dios?
5. ¿Qué usaba Chucho cuando rezaba? ¿Por qué le daba tanta importancia al rosario?
6. ¿Qué le había pasado al padre de Chucho? ¿Le parecía a doña Guadalupe que Chucho se mejoraba?
7. ¿Qué decía el médico?
8. ¿Por qué despertó Chucho a su madre una noche?
9. ¿Qué reconoció la madre en la mirada de Chucho?
10. ¿Qué hizo Chucho con el rosario? ¿Por qué lo hizo?
11. ¿Se murió Chucho o se sanó?
12. ¿Adónde fue al sentirse más fuerte? ¿Por qué?
13. ¿Qué «milagro» ocurrió en la iglesia?
14. ¿Fue realmente un milagro? Explique.

VAMOS A PRACTICAR

El Vocabulario

A. *Escoja la respuesta más apropiada.*

1. La (vela / plata / costura) es un metal precioso.
2. Está enfermo. Tiene mucha (dicha / misericordia / fiebre).
3. Puse mis libros dentro de un (rincón / cajón / taller) del escritorio.
4. Esta carne está mala. Tiene un mal (hilo / ruego / olor).
5. Ella (merece / anima / estira) una nota A en esta clase.
6. Su historia me impresionó y me entristeció. Estuve muy (bondadoso / conmovido / sano).
7. En la iglesia uno (reza / se equivoca / aguarda).
8. No hay electricidad. Tendremos que prender una (vela / cuenta / bolsa).
9. Está llorando. Oigo sus (cuentas / ruegos / sollozos).
10. El corazón (estira / late / aguarda).
11. Quiero coser. ¿Dónde está el (cabello / ébano / hilo)?
12. Le dio un beso en (la frente / la bolsa / el alivio).
13. Pasó la tarde llorando. Tiene la cara bañada en (asombro / lágrimas / fiebre).
14. ¿Quién es ese (anciano / taller / alivio) de pelo blanco?
15. Un mecánico trabaja en (un taller / una vivienda / un rincón).

B. *Sinónimos: Reemplace con un sinónimo el vocablo en letra cursiva.*

1. Doña Guadalupe *prendió* una vela.
2. Tiene *el pelo* muy largo.
3. Te *aguardo* para ir a la iglesia juntos.
4. ¿Se *mejoraría* el hijo de Guadalupe?
5. *Los gritos* del chico la despertaron.
6. Doña Guadalupe *se puso* a llorar.
7. Chucho ya no está en *la cama.*
8. Lo hago *inmediatamente,* si tú quieres.
9. ¿Qué *pasa,* don Refugio?
10. Llega la semana *que viene.*

C. *Traduzca al español usando la forma correcta de los vocablos en paréntesis.*

> MODELO: What will become of us? (ser)
> **¿Qué será de nosotros?**

1. Don Refugio will come next week. (entrante)
2. He didn't receive anything in exchange. (en cambio)
3. She burst into tears. (romper)
4. It was well into morning. (estar bien entrada)
5. I think you are mistaken. (equivocarse)
6. I'm sure he'll keep his promise. (cumplir)
7. Would you please call the doctor? (hacer el favor)

DISCUSION

1. En su opinión, ¿hizo doña Guadalupe bien o mal en no decirle la verdad a Chucho?   **2.** ¿Por qué se curó Chucho, por intervención de la Virgen o por el tratamiento del doctor? Explique.   **3.** Cuando uno está muy enfermo, ¿a veces hace o dice cosas de las cuales se arrepiente después? ¿Por qué? ¿Le ha pasado esto a usted? Explique.   **4.** ¿Cree usted en los milagros? ¿Hay siempre una explicación lógica? Explique. ¿Ha tenido usted alguna experiencia similar a la de Chucho?   **5.** Si Chucho averigua algún día la verdad sobre el rosario de ébano y plata, ¿cómo reaccionará?

ATENCION

Sometimes a noun that is singular in English has a Spanish counterpart that is plural. Compare the following English and Spanish sentences:

Los consejos son baratos.	*Advice is cheap.*
Las noticias son buenas.	*The news is good.*

Notice that the plural form of **ser** (**son**) is used in the Spanish sentences while the singular form *is* is used in the English sentences.

The singular form of Spanish nouns like **consejos** and **muebles** usually corresponds to the English noun qualified by an expression such as *piece of, bit of*:

Me dio un buen consejo.　　　　　*He gave me a good piece of advice.*
Recibió una noticia.　　　　　　　*He received a piece of news.*

Other nouns that function in this way are listed below:

muebles	*furniture*	mueble	*piece of furniture*
disparates	*foolishness*	disparate	*piece of foolishness*
negocios	*business*	negocio	*piece of business*
tonterías	*foolishness*	tontería	*piece of foolishness*
joyas	*jewelry, jewels*	joya	*piece of jewelry, jewel*
helados	*ice cream*	helado	*serving of ice cream*
condiciones[1]	*condition in general*	condición	*one particular condition*
vacaciones	*vacation*	vacación	*vacation day*

Frente a una taza de café

J. David Suárez Torres [*]

José Darío Ramírez es un estudiante latinoamericano. Llegó a los Estados Unidos a la edad de diez años. Como no tuvo la oportunidad de estudiar gramática en su propio país, actualmente está estudiando español en un *Junior College*. Un día se encuentra con la señorita González, su profesora, en el restaurante estudiantil.

S.G. —¡Hola, José Darío!, ¿quieres tomar tu taza de café conmigo?
J.D. —¡Por supuesto, profesora!
S.G. —Creo que una vez te pregunté de dónde eres, pero se me olvidó.
J.D. —Soy colombiano para servir a Dios y a usted.

---

[*] **J. David Suárez Torres** is Colombian and an authority on Latin American culture and politics. His major concern is socio-political commitment in modern Hispanic literature. His latest book is *Perspectiva humorística en la trilogía de Gironella*, 1975.

[1]Compare, for example, **El auto está en malas condiciones** (*The car is in bad condition*) with **Lo haré bajo una condición** (*I'll do it under one condition*).

S.G. —¡Gracias! ¡Qué religiosos son ustedes los colombianos! Imagino que la práctica corresponde a las palabras.

J.D. —En Colombia hay de todo como en botica°, señorita González.

S.G. —Así es en todas partes°.

J.D. —¿Cree usted?

S.G. —Por supuesto. Yo también soy hispana y he recorrido° la mayor parte de los países del continente. En todos ellos la mayoría de los habitantes se dicen católicos. Pero sólo un 20 por ciento asiste a misa° regularmente.

J.D. —Perdone usted, profesora; pero yo veía las iglesias de Cúcuta° y de Bogotá llenas los domingos.

S.G. —No lo niego. Pero, dime una cosa. ¿A qué edad saliste de Colombia?

J.D. —A los diez años.

S.G. —Ya° comprendo. Te faltó fijarte en° la proporción entre los habitantes de la ciudad y los que iban a misa.

J.D. —Tiene razón, profesora. Mi padre se dice católico; sin embargo no lo veo confesarse ni comulgar°. Estamos inscritos° en la parroquia° de St. James donde mi madre entrega el sobre° semanal pues mi padre pocas veces nos acompaña. Pero el otro día, cuando llegó la noticia de la muerte de su hermano, se consoló al saber que el sacerdote° lo había asistido antes de morir.

S.G. —Eso es muy típico nuestro: católicos de nombre°, para unos; o de boda° y funeral para otros. Cuando yo estaba en Cuba veía que los hombres que iban a misa

hay... *there's a little of everything* (**botica** *lit. drugstore*)
en... *everywhere*

viajado por

mass

ciudad en el nordeste de Colombia

Ahora / **Te...** No notaste

recibir comunión
registered / parish

envelope

padre de la Iglesia

de... *in name only*
wedding

se quedaban al fondo° de la iglesia. Algunos hasta salían durante el sermón. Aquí en los Estados Unidos da gusto ver a toda la familia reunida para cumplir sus obligaciones religiosas.   **al...** *in the back*

J.D. —¿A qué causa cree usted que se deba este fenómeno de los católicos de nombre?

S.G. —Un poco, a una tradición ya vieja entre los hombres españoles; otro poco a la pereza° indígena°; y también, tal vez, a una manifestación de machismo que considera la religión cosa propia de mujeres.   *laziness* / de los indios

J.D. —Me da la impresión de que usted es católica, profesora.

S.G. —¡Claro que lo soy! Mis padres eran muy religiosos. Yo fui educada en un colegio de monjas° y mis hermanos en el de los jesuitas. En casa rezábamos el rosario en familia. La pareja que hacía el servicio doméstico era también muy religiosa. Había una casa para la servidumbre° al fondo del jardín. Ellos habían arreglado un altarcito con imágenes del Sagrado Corazón, de la Virgen y de San José. Pero, a pesar de nuestros consejos, allí mismo mantenían siempre encendida una lámpara delante de una estatuita de Santa Bárbara[1].   hermanas de la Iglesia

los sirvientes

J.D. —Conque° ¿son supersticiosos los cubanos?   *So*

---

[1] The worship of saints as though they were deities is prohibited by the Church. Even so, some people keep altars to a favorite saint in their homes in the belief that this will protect them from evil and danger. Sometimes the figure being worshipped is an Indian or African god to whom the name of a Christian saint has been assigned.

S.G. —Depende un poco del nivel cultural. Además en Cuba, como en todo el Caribe y en Brasil donde abunda la población negra, las prácticas cristianas se han mezclado° con cultos africanos. *mixed*

J.D. —En la región de Cartagena y Santa Marta pasa lo mismo. Tengo entendido que en la costa de Venezuela y en la zona de Esmeraldas en Ecuador sucede igual debido a la influencia africana. Pero en las grandes ciudades iberoamericanas, eso no existe.

S.G. —Oh sí, existe. En casi todas partes de Latinoamérica hay una gran mezcla de influencias y tradiciones religiosas —católicas, indígenas o africanas... y otras. No te olvides que el Primer Congreso Internacional de Brujería° se celebró en Bogotá, capital de tu país, en 1975. ¡Por algo sería°! *witchcraft* **Por**...*There must have been a reason*

J.D. —Es cierto. Mi padre comentaba que es una vergüenza que la jerarquía colombiana no haya impedido ese congreso. Más bien ha llegado a la conclusión de que la Iglesia ha cambiado mucho en los últimos años. Ha perdido un poco de su poder espiritual, ¿no cree usted?

S.G. —No cabe duda°. Pero también es cierto que la Iglesia Católica iberoamericana anda muy preocupada ahora con los problemas sociales. **No**... *No hay duda*

J.D. —De acuerdo°. Mi madre dice que la Iglesia ahora, en vez de° ocuparse de las almas°, se está volviendo° una escuela de guerrilleros. **De**... *Agreed* **en**... *instead of / souls / convirtiendo en*

S.G. —Tal vez ella exagera un poquito. Como decíamos antes, hay de todo. Obispos° y sacerdotes muy conservadores trabajan en los mismos países que obispos y sacerdotes revolucionarios. *bishops*

J.D. —Yo pienso regresar a Colombia cuando me gradúe de ingeniero de minas. Espero trabajar en las minas de sal°. *salt*

S.G. —¿Es tu padre ingeniero también?

J.D. —No, es médico. Trabaja en *St. Joseph's Hospital.*

S.G. —Bueno, tengo otra clase dentro de un cuarto de hora. Te ruego que me dispenses°. No te olvides de la reunión del Club de español, mañana. ¿Vas a venir? **Te**... *Please excuse me.*

J.D. —¡Por supuesto, profesora! ¡Si Dios quiere!

S.G. —Ya te lo decía, ¡qué religiosos son ustedes los colombianos!

VOCABULARIO ACTIVO

al fondo *in the back; at the bottom*
arrepentirse (ie, i) *to repent; to regret*
la boda *wedding*
caber (quepo) *to fit into;* no cabe duda
  que *there's no doubt but that*
confesarse (ie) (con) *to confess (to)*
comulgar *to receive communion*
de nombre *in name only*
dispensar *to excuse*
encima de *above*
en todas partes *everywhere*
en vez de *instead of*
estar de acuerdo *to agree*
fijarse (en) *to notice*

la misa *mass*
la monja *nun*
el obispo *bishop*
la pereza *laziness*
por algo sería (es) *there must have
  been a reason, (there is . . .)*
recorrer *to travel; to go across*
rogar (ue) *to beg;* — que + *subj.
  Please . . .*
el sacerdote *priest*
la servidumbre *servants, staff*
el sobre *envelope*
volverse (ue) *to turn (into), to become*
ya *now, already*

HEMOS ESTUDIADO SU "CURRICULUM VITAE"
Y SE HA RESUELTO DEVOLVERLO AL INFIERNO.

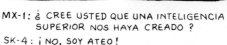

MX-1: ¿ CREE USTED QUE UNA INTELIGENCIA
    SUPERIOR NOS HAYA CREADO ?
SK-4: ¡ NO, SOY ATEO !

VERDAD O MENTIRA

Explique su respuesta en ambos casos.

1. José Darío Ramírez estudia en una universidad colombiana.
2. Según él, todos los colombianos son muy religiosos.
3. Aunque la mayoría de los latinoamericanos son católicos, sólo una pequeña proporción de ellos va a misa regularmente.
4. El padre de José Darío es muy religioso y comulga todos los domingos.
5. El señor Ramírez se sintió aliviado al saber que su hermano recibió los últimos ritos de la Iglesia antes de morir.

6. Según la señorita González, hay muchos católicos en Latinoamérica que no practican su religión.
7. Hay algunos católicos latinoamericanos que sólo entran a una iglesia cuando se casan y cuando se mueren.
8. Muchos hombres latinoamericanos consideran que ir a la iglesia es cosa de mujeres.
9. Existen diferentes tipos de supersticiones en Latinoamérica.
10. En algunas regiones, el catolicismo se ha mezclado con ritos africanos.
11. En Latinoamérica, la Iglesia Católica se ha ocupado mucho últimamente de los problemas sociales.
12. Todos los sacerdotes tienen la misma opinión sobre el papel de la Iglesia en la sociedad.

VAMOS A PRACTICAR

El Vocabulario

Elimine la palabra o expresión que no se relaciona con las del grupo y explique su elección.

1. obispo / sacerdote / monja / boda
2. fijarse / confesarse / comulgar / arrepentirse
3. papel / sobre / pereza / hoja
4. examen / misa / boda / funeral
5. al fondo / encima de / de nombre / delante de
6. servidumbre / estudiantes / criados / empleados

B. *Diga cada una de las siguientes frases de otra manera, utilizando los vocablos en paréntesis.*

MODELO: He viajado por casi toda la América Latina.
(recorrer)
He recorrido casi toda la América Latina.

1. Yo comparto su opinión. (estar de acuerdo)
2. El sacerdote no se ocupa de las almas sino de las cuestiones sociales. (en vez de)
3. Tenga la amabilidad de dispensarme. (rogar que)
4. Sin duda la Iglesia ha cambiado. (no cabe duda)
5. Se ha convertido en una organización muy conservadora. (volverse)
6. Está en la parte de atrás de la sala. (al fondo)
7. No noté nada. (fijarse en)
8. Son católicos pero no practican su religión. (de nombre)

C. *Conteste las preguntas usando el vocablo indicado.*

1. nombre
   ¿Cómo se llama él?
   ¿Es católico él?

2. al fondo
   ¿Hay una casa para la servidumbre en el jardín?
   ¿Cayó su reloj en la piscina?

3. cumplir
   ¿Va a la iglesia todos los domingos?
   ¿Va don Refugio a respetar su promesa?

4. ya
   ¿Ha terminado usted el trabajo?
   ¿Entiende usted ahora?

5. volver
   ¿Cuándo regresa mamá?
   ¿Se ha convertido en una situación peligrosa?

6. parte
   ¿Quiere usted toda la carne?
   ¿Es así en todos los lugares?

DISCUSION

1. ¿Son católicos la mayoría de los norteamericanos? ¿Cuáles son las religiones más comunes en los Estados Unidos? 2. ¿De qué religión es usted? ¿Puede usted explicar cuáles son algunas de las doctrinas básicas de su religión? 3. ¿Va a la iglesia la mayoría de los norteamericanos? ¿A qué se debe este fenómeno? ¿Cree usted que las impresiones del autor de este artículo son correctas? Explique. 4. ¿Va a la iglesia usted? ¿Por qué? 5. En los Estados Unidos, ¿se considera la religión como algo propio de las mujeres? Explique su respuesta. 6. En su opinión, ¿deben los niños rezar en la escuela? Explique. 7. ¿Asistió usted a una escuela que estaba asociada con una iglesia? ¿Mandaría usted a sus hijos a este tipo de escuela? Explique. 8. En su opinión, ¿deben las escuelas de parroquia recibir dinero del gobierno? Explique su respuesta. 9. ¿Deben las iglesias preocuparse por los problemas sociales? Explique. 10. ¿Es importante que una persona tenga una religión, aunque no la practique? Explique su respuesta.

Horóscopo

Planeta dominante: La luna
Elemento: Agua
Número de suerte: 2
Metal: Plata
Colores: Lavanda, plata, blanco, verde pálido, naranja
        pálido
Plantas: Todas las de flores silvestres°   *wild*
Día más positivo: Lunes
Día más negativo: Sábado

CANCER (Nacidos entre el 22 de junio y el 22 de julio)
Usted ha descuidado su salud. Mejor será que rectifique antes de provocarse alguna enfermedad seria. Por lo demás, todos sus asuntos están mejorando mucho, especialmente en el campo amoroso. Dentro de pocos días va a encontrarse con una persona interesante en un lugar inesperado —en el ómnibus°, en el tranvía°, en un ascensor°, en un bodegón°... ¿quién sabe dónde? Ande con los ojos bien abiertos.

    bus / streetcar / elevator
    restaurante barato

LEO (Nacidos entre el 23 de julio y el 22 de agosto)
Usted es una persona agresiva y dinámica. Tiene una personalidad fuerte y mucho talento para organizar. Este es el momento para hacer que estos dones° trabajen por usted. Dé una fiesta. Usted será el anfitrión° perfecto. Inicie un

    talentos
    host

negocio. Será un éxito. Haga un viaje. Todo saldrá a su gusto.

VIRGO (Nacidos entre el 23 de agosto y el 22 de septiembre)
Días ideales para asuntos del corazón. Pero alguna con- goja° puede resultar de otro tipo de relación íntima. Tenga [°grief] cuidado con uno que se dice su amigo pero que no lo es. Esta persona finge° querer ayudarlo, pero en realidad lo [°pretends] que quiere es aprovecharse° de usted. Es ésta una persona [°take advantage] que usted no sospecha°, que no sospecharía nunca. Esta [°suspect] experiencia puede resultar en una gran desilusión para usted.

LIBRA (Nacidos entre el 23 de septiembre y el 22 de oc- tubre)
Mucho cuidado, Libra. No inicie en estos días proyectos que puedan resultar peligrosos. Pero usted es una persona muy equilibrada, a más° de magnánima y liberal°. Si sigue [**a**... además / generosa] sus inclinaciones naturales, todo resultará bien. Acuda° a [Vaya a ayudar] un amigo que lo necesita. Búsquelo. El tiene miedo de revelar lo que atormenta su corazón.

ESCORPION (Nacidos entre el 23 de octubre y el 21 de noviembre)
Usted lleva bastante tiempo luchando con gran mérito, sin realizar sus aspiraciones. Pero ya todo eso está cambiando, y ahora está alcanzando algunas de las metas que se había propuesto. Confíe° en sus socios° y amigos. No le van a [°trust / business partners] jugar ninguna mala pasada°. No salte a conclusiones y no [**mala**... dirty trick] crea todo lo que lee en los diarios°. [periódicos]

SAGITARIO (Nacidos entre el 22 de noviembre y el 21 de diciembre)
Un tesoro° lo espera. Hay que buscarlo. Está en algún lugar [°treasure] que le es familiar a usted. Registre° sus closets y sus [Search] cajones. Examine sus estantes°. Mire dentro de sus bolsi- [shelves] llos°. Vacíe los canastos° y examine el contenido. No se [bolsas / wastebaskets] olvide tampoco de los viejos armarios[1] de madera°, ni de [wood] los áticos ni de los cuartos cerrados y abandonados. Re- gistre sus carteras y maletines°, sus valijas° y baúles. [briefcases / suitcases] Seguramente dará con° algo interesante y valioso. [**dará**... encontrará]

[1]A large piece of furniture used for hanging up clothes. Many old homes and hotels in Europe and Latin America do not have closets. People use *armarios,* instead.

CAPRICORNIO (Nacidos entre el 22 de diciembre y el 19 de enero)

Está entrando en unos días que serán de gran armonía romántica y de mucha paz espiritual. Es una buena época para conversaciones íntimas y para meditaciones profundas. También es propicia para juntarse con los amigos, para tomar un copetín° en su café favorito o para hacer una excursión. En estos días no lo molestará ninguna preocupación seria. Debería descansar lo más posible. Podrá dormir a pierna suelta°. Pero no le conviene° descuidar sus negocios. Su situación puede cambiar abruptamente.

drink

a ... profundamente / es bueno

ACUARIO (Nacidos entre el 20 de enero y el 19 de febrero)

En los próximos dos o tres días, un amigo le pedirá socorro°. Es su deber ayudarlo. Sólo usted puede darle el apoyo moral que necesita. Haga lo posible por hacerse útil y eficiente. Trabaje con cuidado y no se fije en cuáles puedan ser los resultados de su labor. A veces las cosas salen al revés° de lo que uno espera. Siga trabajando y al fin° se verá premiado.

ayuda

contrario / **al** ... finalmente

PISCIS (Nacidos entre el 20 de febrero y el 20 de marzo)

No son muchas las probabilidades de que sus planes y proyectos se realicen en estos días. Deberá esperar que se presenten circunstancias más propicias. Evite lugares sombríos°. No hable con extraños. De golpe° su suerte va a cambiar y usted podrá lograr sus metas. Tenga fe en sí mismo y en el porvenir.

tristes y oscuros / **de** ... de repente

ARIES (Nacidos entre el 21 de marzo y el 19 de abril)

Esta es una buena época para ocuparse de sus obligaciones para con° la familia, la iglesia y la patria°. No espere grandes cambios en su vida amorosa en estos días. Usted va a gozar de un período de relativa calma si limita sus actividades a las rutinarias. Este no es el momento de emprender° negocios nuevos o aventuras de ningún tipo.

para ... *toward* / país de uno

iniciar

TAURO (Nacidos entre el 20 de abril y el 20 de mayo)

Escuche las ideas de un amigo, aunque le parezcan completamente desatinadas°. Sin embargo, no siga sus consejos a menos que le ofrezca alguna prueba de su valor. Considere todas las posibilidades antes de tomar una decisión de cualquier tipo. No actúe demasiado rápido y no

locas

confíe en las apariencias. Evite los actos impetuosos y des-
confíe de sus emociones.

GEMINIS (Nacidos entre el 21 de mayo y el 21 de junio)
En estos días le conviene dedicarse a actividades rutinarias.
Ocúpese de su hogar. Limpie su pieza° y bote° todo lo que   cuarto / *throw away*
no necesite: ropa vieja, cuadernos usados, fotos de per-
sonas ya olvidadas, cajas°, papeles, cartas, cualquier cosa   *boxes*
que no use. Sáquelo todo de las perchas° con el fin de   *racks, coat racks*
deshacerse° de cosas inútiles. Al limpiar su casa limpiará   *discarding*
también su espíritu. Desaparecerán unas molestosas
preocupaciones que sólo sirven para quitarle el sueño y
descomponer° sus nervios. Trate con mucha consideración   *upset*
a una persona que lo quiere a usted mucho.

VOCABULARIO ACTIVO

a más de   *besides*
el anfitrión, -ona   *host; hostess*
el ascensor   *elevator*
el bodegón   *small restaurant*
botar   *to throw away*
la caja   *box*
el canasto   *wastebasket*
el copetín   *drink*
dar con   *to find, come across*
desatinado   *crazy, foolish*
descomponer (descompongo)   *to upset*
el diario   *daily newspaper*
dormir (ue) a pierna suelta   *to sleep*

soundly
el estante   *shelf*
fingir   *to pretend*
el maletín   *briefcase*
el ómnibus   *bus*
la patria   *homeland; country*
la percha   *rack, coat rack*
la pieza   *room*
registrar   *to search*
el socio   *partner, associate*
sombrío   *dark, shaded; somber*
sospechar   *to suspect*
el tranvía   *streetcar*
la valija   *suitcase*

VAMOS A PRACTICAR
El Vocabulario

A. *Dé una frase que incluya los vocablos de cada grupo.*

1. libros / estante
2. comer / bodegón
3. muchacho / desatinado
4. copetín / amigo
5. caja / lápices
6. gramática / a más de / vocabulario

B. *Conteste las preguntas usando uno o dos de los siguientes vocablos.*

anfitrión / ascensor / canasto / descomponer / diario / dormir a pierna suelta / maletín / ómnibus / patria / percha / socio / sombrío / tranvía / valija

MODELO: ¿Puede usted nombrar algunos medios de transporte que se usan en la ciudad?
El auto, el ómnibus, el tren subterráneo, el tranvía.

1. ¿Cómo se sube del tercer piso al octavo? ¿Se camina?
2. ¿Lee usted las noticias todos los días?
3. ¿Cómo lleva el Sr. Ruiz sus papeles a la oficina?
4. ¿Va usted a hacer un viaje?
5. ¿Es sólo de usted este negocio o trabaja con alguien?
6. ¿Dónde botó esos papeles y cuadernos?
7. ¿Es muy alegre este restaurante?
8. ¿Durmió usted bien anoche?
9. ¿Hay dónde guardar cosas en este cuarto?
10. ¿Se siente usted mal?
11. ¿Es usted norteamericano?
12. Enrique da muy buenas fiestas, ¿verdad?

C. *Conteste las siguientes preguntas usando el verbo en letra cursiva.*

1. ¿En qué *se fijó* usted cuando entró en la sala de clase?
2. ¿Con qué *dio* usted cuando estaba limpiando su pieza?
3. ¿Qué necesita usted *botar*?
4. ¿Por qué a veces *fingen* los estudiantes saber lo que no saben?
5. ¿Por qué le *registran* las valijas a uno cuando viaja en avión?
6. ¿Qué hace un policía cuando *sospecha* que alguien es un criminal?

DISCUSION

1. ¿Cuál es su signo del zodíaco? ¿Qué pronostica su horóscopo?   2. ¿Cree usted en la astrología? Explique su respuesta.   3. ¿Por qué piensa usted que la astrología ha gozado de una popularidad tan inmensa en los últimos años? 4. En su opinión, ¿se puede ver el futuro en las tarjetas (*cards*) de tarot? ¿en las hojas de té? ¿en la palma de la mano? ¿en una bola de cristal? Explique su respuesta.   5. ¿Cuáles son los factores que determinan el destino de un individuo? ¿Son las estrellas uno de estos factores? ¿Cree usted que una persona puede controlar completamente su propio futuro?

Historia de los dos que soñaron

Jorge Luis Borges*

El historiador arábigo El Ixaquí refiere° este suceso: *cuenta*

Cuentan los hombres dignos de fe° (pero sólo Alá es   **dignos**... *trustworthy, reliable*
omnisciente y poderoso y misericordioso y no duerme),
que hubo en El Cairo un hombre poseedor de riquezas,
pero tan magnánimo y liberal que todas las perdió menos
la casa de su padre, y que se vio forzado a trabajar para
ganarse el pan. Trabajó tanto que el sueño lo rindió° una   *overcame*
noche debajo de una higuera° de su jardín y vio en el sueño   *fig tree*
un hombre empapado° que se sacó de la boca una moneda   *soaking wet*

***Jorge Luis Borges** (1899-) is Argentine and is a literary figure of international renown. Poet, essayist, raconteur, Borges is best known for his short stories, many of which are based on ancient legends. An example is this Arabic tale from the *Book of a Thousand and One Nights.* His stories are intensely intellectual, reflecting the author's familiarity with many cultures. Essential to his work is the concept that the individual artistic experience is more valid than objective reality.

de oro y le dijo: «Tu fortuna está en Persia, en Isfaján; vete a buscarla». A la madrugada° siguiente se despertó y emprendió el largo viaje y afrontó los peligros de los desiertos, de las naves°, de los piratas, de los idólatras, de los ríos, de las fieras° y de los hombres. Llegó al fin a Isfaján, pero en el recinto° de esa ciudad y se tendió a° dormir en el patio de una mezquita°. Había, junto a la mezquita, una casa y por el decreto de Dios Todopoderoso, una pandilla° de ladrones atravesó° la mezquita y se metió en la casa, y las personas que dormían se despertaron con el estruendo° de los ladrones y pidieron socorro. Los vecinos también gritaron, hasta que el capitán de los serenos[1] de aquel distrito acudió con sus hombres y los bandoleros huyeron por la azotea°. El capitán quiso registrar la mezquita y en ella dieron con el hombre de El Cairo y le menudearon tales azotes° con varas° de bambú que estuvo cerca de la muerte. A los dos días recobró el sentido° en la cárcel. El capitán lo mandó buscar y le dijo: «¿Quién eres y cuál es tu patria?» El otro declaró: «Soy de la ciudad famosa de El Cairo y mi nombre es Mohamed El Magrebí». El capitán le preguntó: «¿Qué te trajo a Persia?» El otro optó por la verdad y dijo: «Un hombre me ordenó en un sueño que viniera a Isfaján porque ahí estaba mi fortuna. Ya estoy en Isfaján y veo que esa fortuna que prometió deben ser los azotes que tan generosamente me diste».

Ante semejantes palabras, el capitán se rio hasta descubrir° las muelas del juicio° y acabó por decirle: «Hombre desatinado y crédulo, tres veces he soñado con una casa de El Cairo en cuyo fondo hay un jardín, y en el jardín un reloj de sol y después del reloj de sol una higuera y luego de la higuera una fuente° y bajo la fuente un tesoro. No he dado el menor crédito a esa mentira. Tú, sin embargo, engendro° de una mula con un demonio, has ido errando° de ciudad en ciudad, bajo la sola fe de tu sueño. Que no te vuelva a ver en Isfaján. Toma estas monedas y vete».

El hombre las tomó y regresó a la patria. Debajo de la fuente de su jardín (que era la del sueño del capitán) desenterró° el tesoro. Así Dios le dio la bendición y lo recompensó y exaltó. Dios es el Generoso, el Oculto.

madrugada°	temprano por la mañana
naves°	barcos
fieras°	animales salvajes
recinto° / se...	área / se... *lay down*
mezquita°	*mosque*
pandilla°	*gang*
atravesó°	cruzó
estruendo°	ruido fuerte
azotea°	techo
menudearon... / varas°	menudearon... dieron tales golpes / *sticks*
recobró...	recobró... *regained consciousness*
descubrir° / muelas...	mostrar / muelas... *wisdom teeth*
fuente°	*fountain*
engendro°	hijo
errando°	andando
desenterró°	*he unearthed*

[1]*A night watchman who is paid by the residents of a particular neighborhood to protect the area.*

VOCABULARIO ACTIVO

atraversar (ie) *to cross*
la azotea *terrace roof, flat roof*
el azote *lash*
digno *worthy, deserving;* — de fe
  trustworthy
empapado *soaking wet*
la fiera *wild animal*

la fuente *fountain*
la madrugada *dawn*
la mezquita *mosque*
la muela del juicio *wisdom tooth*
la pandilla *gang*
el socorro *help*

RESUMEN

Hable de la «Historia de los dos que soñaron» mencionando lo siguiente:

1. La ciudad en que vivía el protagonista de la historia.
2. La razón por la cual perdió su dinero.
3. Cómo se ganaba la vida.
4. Lo que soñó una noche.
5. Lo que hizo a la madrugada.
6. Los peligros que afrontó.
7. El patio de la mezquita.
8. La pandilla de ladrones.
9. Lo que le hicieron al egipcio cuando lo encontraron.
10. Lo que le dijo el egipcio al capitán de los serenos.
11. El sueño del capitán.
12. La opinión del capitán sobre la validez de los sueños.
13. Lo que hizo el egipcio al volver a su casa.

VAMOS A PRACTICAR

El Vocabulario

Conteste las preguntas incluyendo los vocablos en paréntesis.

> MODELO: ¿Se mojó usted con la lluvia? (estar empapado)
> **Sí, estoy empapado.**

1. ¿Merece usted el respeto de sus amigos? (digno)
2. ¿Cómo se llega a la Iglesia San Martín? (atraversar)
3. ¿Se puede tomar agua aquí? (fuente)
4. ¿Dónde duerme el gato? (azotea)
5. ¿Tiene usted que ir al dentista? (muela del juicio)

Rompecabezas

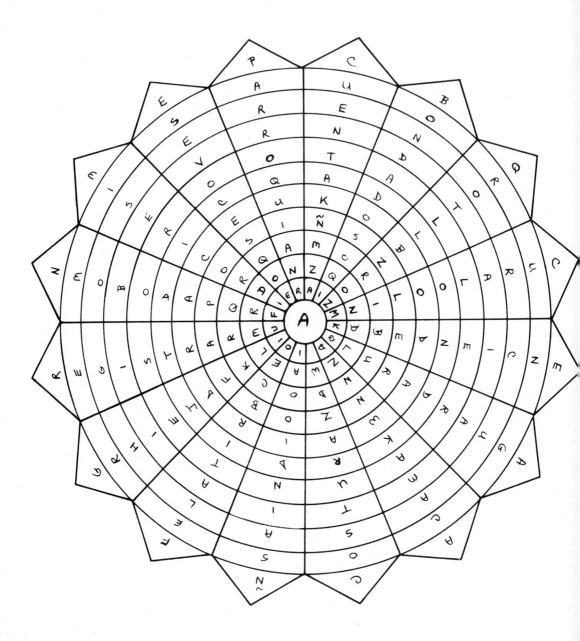

Encuentre Ud. en la rueda (wheel) *la palabra equivalente a cada definición de la lista. ¡A ver si las encuentra todas! (Todas las palabras de la rueda aparecen en lecturas anteriores.)*

1. que muere
2. sánalo
3. trabajar con hilo y aguja
4. lo que hace el corazón
5. lecho
6. título de respeto masculino que se usa con el nombre de una persona
7. fragmento de un rosario
8. esperar
9. matrimonio
10. gritos
11. la hermana de la madre de uno
12. aborigen de América
13. lo que se cose
14. donde trabaja un mecánico o un pintor
15. prende la luz
16. condimento que se le echa a la comida
17. bueno, amable
18. guardia que cuida todas las casas de un barrio
19. algo muy valioso; oro y plata, por ejemplo
20. animal salvaje
21. adjetivo demostrativo (masculino singular)
22. ceremonia católica
23. compasión, merced
24. buscar por todas partes
25. territorio que está bajo la autoridad espiritual de un cura y su iglesia particular

Respuestas 1. moribundo 2. cúralo 3. coser 4. latir 5. cama 6. Don 7. cuenta 8. aguardar 9. boda 10. voces 11. tía 12. indio 13. costura 14. taller 15. enciende 16. sal 17. bondadoso 18. sereno 19. tesoro 20. fiera 21. ese 22. misa 23. misericordia 24. registrar 25. parroquia

DISCUSION

1. ¿Cree usted que a veces los secretos se revelan en sueños? Explique su respuesta. ¿Recuerda usted algunas famosas historias bíblicas en que el futuro se revela en un sueño? Cuéntelas. **2.** ¿Es cierto que nuestros sueños revelan nuestro subconsciente? Dé algunos ejemplos. **3.** Cuente algún sueño interesante que usted ha tenido.

COMPOSICION

Cuente alguna leyenda que usted conoce.

7

LOS HISPANOS, ¿QUIENES SON?

A Question of Identity

Who are the Hispanics, the people whose language you have been studying? They are the swarthy, flashing-eyed Andalusian beauty and the blue-eyed blond from Argentina. They are the Bolivian Indian in his poncho and sandals and the elegant matron from Quito. They are the dark skinned mestizo and the darker skinned mulatto. They are the black from the coast of Ecuador or the Caribbean Islands and the white from Montevideo. They are many and they are one.

The Hispanic nations share a common heritage that the earliest conquistadors, priests and settlers brought to the New World from Spain. The most obvious link among all the Spanish-speaking countries is their tongue. The language of Castile in central Spain is spoken in nearly all the Latin American republics. The most noteworthy exceptions are Brazil, where the language is Portuguese, and such French-speaking areas as Guadeloupe, Martinique, and Haiti.

The Hispanic nations also share a common religion: Catholicism. Although many churches in Latin America show marked Indian or African influence, certain characteristics are common to most Hispanic Catholic houses of worship. As a rule, much of their impact is visual. They are usually quite ornate and rich in statuary. Images of Jesus tend to emphasize His suffering and sacrifice. Great importance is attached to the saints and especially to the Virgin Mary.

Although the situation is changing, generally speaking the

Hispanic world is highly structured. Each individual has his particular role. In most cases, it is the man's role to provide for the family and the woman's to care for the house and children. Even if a woman has been widowed or abandoned by her husband, it is unusual for her to identify herself as chief provider for her family. Often she considers her father, brother, or lover as the nominal head of her household. Among Hispanics who live in the United States, only 5 percent of the women identify themselves as heads of households, while among the general non-Hispanic population the figure is 11 percent.

Throughout the Hispanic world sex roles encompass more than simply the distribution of duties. There are certain things that it is permissible for men to do—such as going out at night alone—which it is not acceptable for women to do. There are even certain words and expressions which men use freely, but which women are not expected to use.

Role involves not only sex, but also social class. In general, the social structure of the Hispanic countries is more rigid than that of the United States. Still, it would be a mistake to think of the Spanish-speaking nations as the kind of feudal enclaves that existed a century ago. In decades past, the moneyed elite, with its inherited wealth and claims to aristocracy, felt little need to prepare its children for a profession or to consider the needs of the masses. Nowadays, most upper class men and many women study at a university, either in their own country or abroad. Increasingly, they are aware of the importance of the social issues that face their countries and the need to resolve them if their nations are to progress. Furthermore, the claim to power of the upper class has in recent years been challenged by the growing middle class and by strong, active, organized labor groups. Even so, there is more of a tendency in the Hispanic countries to accept the role into which one is born—peasant, servant, leader—than to challenge it.

One of the obstacles to social mobility is the traditional Hispanic attitude toward work, especially manual labor. While in the

Protestant countries hard work has traditionally been considered a merit, in Catholic Spain it was considered a burden to be borne by the lower classes. Rather than physical labor, the Hispanic respected the arts and humanities. In the past, men of the upper classes devoted themselves either to the military or to letters. In more recent times, they have gone into law, architecture or engineering, and many Hispanic professionals pursue a side interest in art and literature.

In spite of the negative Hispanic attitudes toward work and practicality, the great masses have always had to toil and struggle for survival. This, combined with the importance of religion in Hispanic culture, partially explains the Hispanic attitude toward death.

American visitors to Spanish-speaking countries often find Hispanics rather morbid. Churches and processions with life-sized statues of the bleeding Jesus, newspapers that feature photographs of gruesome crimes, bullfights, large obituary announcements in newspapers and sometimes on city walls, elaborate funerals and wakes during which refreshments are served, all contribute to this impression. Indeed, death is much more out in the open in Hispanic countries than it is in the United States, where the subject is usually avoided. Throughout the Hispanic world, death is accepted as the natural end of life and—for devout Catholics—the beginning of eternal life in the company of God.

The difference between the American and Hispanic attitudes toward death can be observed in the celebration of the Day of the Dead, November 2. In the United States, this religious holiday has evolved into Halloween. But the American Halloween, in which children dress up as Snow White or Bugs Bunny and eat candy, is quite unlike the Hispanic holiday, during which people go to the cemetery to pay respect to their dead. In some countries, there are gatherings in homes and little buns or candies shaped like skeletons are eaten. In the United States, the dead have been eliminated from the holiday, but in the Hispanic countries, it is precisely they who are honored on this day.

In spite of the language, religion, customs and attitudes the Hispanic nations have inherited from the mother country, the Spanish-speaking world is one of great diversity. Yet, this very diversity is perhaps a particularly Spanish characteristic. Spain itself is a country of varied regions. There are significant social, cultural and linguistic differences between an Andalusian and a Basque, or between a Catalonian and a Galician. Traditionally, Spaniards have felt a stronger allegiance to their native province than to the central government, and the Basques and the Catalans have tried to secede from Spain.

This diversity is reflected in Spanish America, where every nation has its own individual traits. Each country has developed differently from the others, depending on its indigenous populations, the immigrations it has sustained, its natural resources, its climate, geographical characteristics, proximity to the United States, and other factors.

The folklore of nearly all the Hispanic countries, however, is rich in tales of Indian or African origin. This is illustrated by two selections included here: *La entundada,* a story by Adalberto Ortiz based on the folk beliefs of the black population of Esmeraldas, Ecuador, and *La culebra y la zorra,* a Peruvian Indian legend retold by Arturo Jiménez Borja.

Extreme individualism combined with intense loyalty to family and region have contributed to the political instability of the Hispanic nations and their tendency to follow a strong leader who can impose order. Indeed, this proclivity for either political chaos or dictatorship seems to be another characteristic the Spanish American nations have inherited from Spain, which, after enduring a bloody civil war, was ruled by a military strong man—Generalísimo Francisco Franco—for thirty-six years. It was not until Franco died in 1975 that Spain began to emerge as a democracy. Similarly, every nation south of the equator presently has a military government, as do several Central American and Caribbean nations.

Whether or not the Hispanic nations of the New World are essentially Spanish or essentially Indian and African is a topic that has been debated for decades. Perhaps the answer to the question is different for each individual Spanish-speaking nation.

One other aspect of the question of Hispanic identity must be mentioned here: Eleven million two hundred thousand Hispanics presently live in the United States, mostly in the Southwest. For many of them, the struggle to retain their Hispanic identity is at odds with their desire or need to assimilate into the North American mainstream. Often this conflict leads to tension within the *barrio,* the family, and the individual himself. Frequently, the situation is aggravated by poverty and feelings of alienation, the only cure for which sometimes seems to be the rejection of the native culture. Increasingly, however, Hispanics living in the United States feel that it is only by developing a positive concept of themselves and their Hispanic heritage that they will be able to function as self-respecting members of North American society.

Estereotipos

Los norteamericanos son

altos y rubios   agresivos y trabajadores   mal educados   fríos   materialistas   ricos

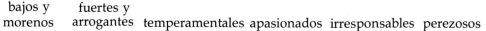

bajos y morenos   fuertes y arrogantes   temperamentales   apasionados   irresponsables   perezosos

DISCUSION

1. ¿Cuáles son algunos de los estereotipos que el hispano tiene del norte-americano?   **2.** ¿Cuáles son algunas de las ideas que el norteamericano tiene del latino?   **3.** ¿Hay a veces un elemento de verdad en los estereotipos? Explique.   **4.** ¿Por qué son peligrosos los estereotipos?

ATENCION

En el aeropuerto:	*At the airport:*
la aduana	*customs*
el aduanero	*customs official*
el aterrizaje	*landing*
el baúl	*trunk*
el despegue	*take-off*
el equipaje	*baggage*
la maleta, la valija	*suitcase*
el pasaporte	*passport*
la visa	*visa*

En el avión:	*On the plane:*
la azafata	*stewardess*
el cinturón de seguridad	*seat belt*
el piloto	*pilot*

Diario de mi viaje

14 de enero. Anteayer llegamos a La Paz. Me afectó bastante el cambio de altura° y tuve que pasar toda la mañana en la cama porque me sentía muy mareada. La Paz está a una altura de más de 4.400 metros, mientras que Viña del Mar[1] está al nivel del mar. Así que fue un cambio bastante radical y no es sorprendente que me haya enfermado.   *altitude*

   Esta mañana me sentí mejor y papá y yo salimos a conocer la ciudad y a visitar a unos amigos de él. Todo aquí es muy diferente de lo que es Viña. En Chile, aunque hay una gran población mestiza, la orientación cultural del país es básicamente europea. Esto se debe probablemente a la influencia de las grandes inmigraciones europeas que Chile ha tenido desde el siglo diecinueve. No sólo hay mucha gente de familia española, sino que también hay muchas personas de origen alemán, inglés, italiano, yugoslavo o árabe. Sólo tengo que pensar en los nombres de algunos de mis amigos para confirmarlo: Francisco Fritz García, Pedro Robertson Villaverde, Jorge Tomić y María del Carmen Parodi.

   Aquí en Bolivia, la situación es bastante diferente.

[1]Resort town on the coast of Chile.

Según me dice papá, la población consiste en más de un 50 por ciento de indios quechuas, aymarás y de otros grupos. Sólo un 15 por ciento de la gente es blanca y 35 por ciento es mestiza. Muchos de los indios usan su ropa tradicional y hablan quechua, la lengua indígena.

15 de enero. Una de las cosas que más me ha impresionado aquí es la maravillosa mezcla° de influencias. Hay hermosas iglesias españolas llenas de indias que rezan en quechua a dioses muy antiguos. En las tiendas y mercados hay artículos de artesanía típica: tapices decorados con diseños indígenas, ponchos, suéters, joyas. En estos artículos se combinan diseños de figuras legendarias indígenas con técnicas aprendidas de los españoles.

    También hay muchos artículos de metales de diferentes tipos. Esto no es sorprendente porque Bolivia es un país muy rico en minerales. Más de 95 por ciento de las exportaciones son de minerales y según he leído, Bolivia ocupa el segundo lugar en la producción mundial de estaño°.

17 de enero. Ayer no tuve tiempo de apuntar° nada porque pasé el día en el centro haciendo compras. Hay tanto que ver aquí. Es una lástima no poder quedarnos más tiempo pero, en estos viajes de negocios de papá, se va de un país a otro sin tener tiempo ni para respirar. Mañana partiremos para Lima.

    Hoy me encontré con papá y con unos de sus socios en el Edificio Hansa, un rascacielos° moderno muy interesante. El centro de La Paz está lleno de contrastes y sorpresas. Al lado de un edificio antiguo uno se encuentra con uno moderno.

    Papá tenía una reunión a las cinco pero como nos atrasamos°, él no llegó hasta las cinco y media. Papá me dijo después que su socio boliviano había llegado a las seis y cuarto. Veo que los bolivianos no son más puntuales que nosotros: compartimos el mismo concepto del tiempo. Aunque a nosotros, los chilenos, nos guste decir que eso de llegar tarde es cosa de otra gente—peruanos, colombianos y mexicanos, por ejemplo—la verdad es que nunca hemos sido fanáticos por la puntualidad.

    Creo que esto se debe a que al latino le gusta saborear la vida. Actividades como conversar con los amigos, gozar

mixture

tin

jot down

edificio muy alto

got behind

de una buena comida, escuchar música, pasearse por la calle o meterse en una apasionada discusión política son experiencias que se deben experimentar° sin tener que preocuparse por el reloj. Y si uno se atrasa, poca importancia tiene.

18 de enero. Hoy llegamos a Lima. Es mi primera visita a esta hermosa ciudad y estoy impresionadísima. Desde el punto de vista histórico, Lima es una ciudad muy importante. Después de conquistar los españoles a los incas[2], Lima se convirtió en la capital del virreinato° que incluía toda la América del Sur española, con excepción de Venezuela.

    Lima se llamaba antes la Ciudad de los Reyes y era de una riqueza extraordinaria. Todavía quedan en cada esquina° recuerdos de la época colonial. La maravillosa catedral, la delicada arquitectura de los edificios antiguos, las inmensas plazas con sus fuentes y las estrechas° calles con sus casas con balcones, reflejan todavía el esplendor del virreinato.

20 de enero. No tuve tiempo de apuntar nada ayer porque pasé el día entero en el magnífico museo Larco Herrera[3]. La colección de reliquias del imperio de los incas es asombrosa: hay estatuas, telas, receptáculos, momias y objetos de la vida diaria°. Es evidente que los incas tenían una civilización desarrolladísima.

    He leído que los incas tenían ingenieros muy capaces que construyeron un sistema de caminos para unir todas las partes del imperio. También tenían un sistema de irrigación muy complejo que les permitía desarrollar su agricultura.

viceroyalty

corner

narrow

de todos los días

---

[2]Indian civilization that inhabited the Andean region before the arrival of the Spaniards.
[3]An immense private collection of pre-Columbian statuary, artifacts, and textiles.

Los incas apreciaban las artes y trabajaban con metales preciosos tales como el oro y la plata. En el Museo Mujica Gallo, donde hoy pasé la tarde, hay varias salas llenas de objetos de oro hechos por los incas. Sin embargo, queda muy poco de la literatura incaica, rica en poesía y leyendas. Lo que se ha logrado conservar, se debe sólo a los esfuerzos de algunos indigenistas° dedicados a este campo.

personas que estudian las culturas indígenas

21 de enero. Hoy cenamos con unos parientes lejanos que yo no había conocido antes. Son primos de papá y viven en una casa inmensa en Miraflores, un barrio muy bonito de Lima.

La casa es de estilo español y mucho más grande que la que tenemos en Viña. Está decorada con antigüedades° y todos los muebles y cuadros° son del siglo diecisiete. También hay muchos artefactos precolombinos porque don Javier, el primo de papá, tiene mucho interés en la antropología y colecciona estas cosas.

antiques
pictures

La cocinera preparó una cena realmente suntuosa pero, a pesar de eso y del arreglo impecable de la casa, la señora Fernanda se quejó toda la noche que las empleadas son perezosas y no trabajan bien. Yo no noté nada. A mí todo me pareció estupendo.

23 de enero. Esta mañana tuvimos que salir de Lima tempranísimo porque, debido a la niebla° que por la tarde y al noche envuelve° las montañas que rodean Quito, sólo se puede aterrizar° en el Aeropuerto Mariscal-Sucre antes de mediodía. La vista desde el avión es espectacular y el paisaje alrededor de Quito es maravilloso.

mist, fog
surrounds, envelops
land

Quito mismo es fascinante. En realidad, es como dos ciudades en una. El sector antiguo está lleno de iglesias y monumentos coloniales. Allí es donde los indios se congregan delante de la catedral, en la Plaza Independencia, con sus trajes típicos y costumbres características de cada grupo. Aunque los incas habitaban esta región antes de la llegada de los españoles, los indios ecuatorianos de hoy en día son diferentes de los de Bolivia y Perú. Tienen su propia cultura y artesanía°.

handicrafts

La parte moderna de Quito es hermosísima, pero muy diferente del sector antiguo. Allí abundan edificios grandes, avenidas anchas°, y casas grandes y bonitas.

wide

24 de enero. Hoy es domingo y papá no tuvo que trabajar. Unos amigos de él nos llevaron al campo a ver uno de los numerosos mercados típicos. El mercado que visitamos era de los otavalos, indios conocidos por su hermosura, inteligencia y talento comercial. Muchos otavalos han estudiado en la universidad y han llegado a ser médicos, profesores o empresarios. Algunos son dueños de fábricas y tienen negocios muy prósperos. Pero aunque se asimilen profesionalmente al mundo hispano, los otavalos nunca abandonan su traje típico y sus costumbres.

Este traje consiste en unos pantalones blancos y un poncho azul para los hombres, que se peinan con una sola trenza° larga. Las mujeres muchas veces usan los mismos colores que los hombres, pero llevan además muchísimas joyas de todos tipos que le dan a su tenida° un fuerte colorido°. *braid*

outfit
variedad de colores

Claro que no todos los indios se encuentran en una posición tan cómoda como los otavalos. Aquí, como en Bolivia y Perú, he visto mucha pobreza.

Por suerte traje un suéter, porque a pesar de estar en el mismo ecuador°, hace fresco aquí. Cuando estaba en Viña hacía un calor bárbaro°, porque es pleno° verano, y por lo tanto quería no llevar ropa gruesa° conmigo. Pero mamá me recordó° que debido a la altura iba a hacer más frío en La Paz y en Quito. Por suerte seguí sus consejos. *en ... on the equator itself*
terrible / mid
heavy (lit. thick)
reminded

Todo esto es muy diferente de Chile. Ojalá me pudiera quedar más tiempo, pero dentro de cuatro días ya estaré de vuelta en casa.

28 de enero. Aquí estoy de nuevo en Chile. He visto tantas cosas nuevas e interesantes que no sabría cómo describirlo todo. Cada país es tan diferente de los otros, y sin embargo—cosa extraña°—lo que más me ha impresionado es precisamente la unidad de nuestro mundo hispánico. Lo que quiero decir es que, a pesar de todas las diferencias que existen entre estos países, hay tantas cosas que todos compartimos. *strange*

La más obvia es el idioma. Aunque el castellano varía un poco de un país a otro, todos nos entendemos. Claro, hay algunas palabras que se usan en un país y en otro no. En Chile, por ejemplo, se dice «auto», pero en otros lugares se dice «carro» o «coche». En Chile decimos «palta»

para referirnos a la fruta que, en algunos otros países, se
llama «aguacate°» y decimos «choclo» por «maíz», como se   *avocado*
llama en otras partes. En todos los países andinos,
«guagua»—una palabra quechua—quiere decir «bebé»,
pero me han dicho que en Puerto Rico y en Cuba esta
palabra significa «autobús» y que es una deformación de la
palabra inglesa *wagon*. Con todo, estas pequeñas diferencias son muy superficiales y casi nunca impiden la comprensión.

El idioma no es sencillamente un grupo de palabras,
sino un reflejo de todo un sistema de valores y actitudes.
Por ejemplo, al decirle «tú» a una persona, definimos
nuestra relación con esa persona. Indicamos que esa persona es nuestro amigo, que es de nuestra edad o que hay
algún otro factor que nos une. El tú también puede usarse
para rebajar°, humillar o insultar a una persona.   *belittle*

Pero, al decirle «usted» a alguien, establecemos cierta
distancia entre nosotros. El uso de la forma usted indica
que la persona con quien hablamos es diferente—ya sea
porque es mayor y por lo tanto digna de nuestro respeto,
porque es desconocida o porque es de otro ambiente social.
Tratamos de° usted al profesor, al doctor, al vendedor de   **Tratamos**... Llamamos
empanadas y también a la empleada. En muchas familias
chilenas el marido y la mujer se tratan de usted y
simplemente es una manera de mostrar su estima.

A pesar de que el uso de tú y usted varía de un país
hispano a otro, las relaciones interpersonales siempre se
reflejan en el uso del idioma.

Otra cosa que nos une es nuestra religión. En todos los países hispanoamericanos que he visitado, he visto iglesias y catedrales con hermosas estatuas y valiosos cuadros de tema religioso. Pero los edificios y las obras de arte no son lo que fundamentalmente nos une sino las actitudes básicas que son características del catolicismo hispano. Hace tiempo que estoy tratando de definir cuáles son estas actitudes y aquí voy a apuntar algunas de mis ideas al respecto°.

al . . . sobre esto

Para el español que vino al Nuevo Mundo en el siglo XV o XVI, el problema principal de su vida era casi siempre la salvación individual. Ni el servicio a la comunidad ni el progreso material eran tan importantes para él como la cuestión de la salvación. La religión enseñaba que la salvación era una posibilidad para todos los hombres, no importaba su clase social. Al hispano lo han acusado de ser perezoso, pero la mobilidad social por medio del trabajo en nuestros países apenas era una posibilidad. El trabajo no conducía al mejoramiento social ni tampoco conducía a la salvación. Entonces, ¿para qué trabajar? Sólo para sobrevivir°. El trabajo se consideraba una necesidad, jamás una virtud como en los países protestantes. Esto explica la actitud negativa que todavía existe con respecto al trabajo—especialmente el trabajo manual—en los países latinos. Sin embargo esta actitud es menos pronunciada en Chile, Argentina y en otros países que han tenido grandes inmigraciones de personas no-hispanas.

survive

La religión que tenemos en común los hispanos también explica otro rasgo° de nuestra personalidad colectiva: el individualismo. Todos los hispanos—chilenos, cubanos, colombianos, españoles—tenemos la tendencia de ser muy individualistas. Y esto viene —parcialmente— de una religión que enseña que le toca a° cada individuo ganarse su propia salvación.

característica

le . . . *it's up to*

Este individualismo se manifiesta de maneras muy diversas. Cuando veía a mi papá y a sus socios conversando y bromeando en Perú, en Ecuador y en Bolivia, me di cuenta de cuánto le gusta al hispano gozar de la vida y de vivir cada minuto en su plenitud. Y esto también es parte del individualismo hispano. No son realmente las cosas

—en fin, los negocios, el dinero— lo que es importante, sino el individuo. Al profesional hispano sí le importa su trabajo, pero tan importante como el trabajo es el disfrute personal. Así que no es nada raro que un médico o un abogado hispano sepa de música, de arte y de literatura. Si goza de estas cosas, se toma el tiempo para cultivarlas.

Una extensión del individuo es su familia, y en nuestros países la familia es el centro de todo. Los vínculos° de la sangre son invencibles. ¡Cuando pienso cómo nos recibieron nuestros parientes peruanos! ¡Y algunos de ellos ni siquiera nos conocían!

links

Ahora bien, como cada uno se considera a sí mismo como un individuo o entidad propia más que un miembro de la sociedad, este individuo prefiere tratar con otros individuos en vez de con entidades anónimas. Una cosa que siempre me ha dicho mi papá y que noté en este viaje: los negocios se hacen a través de contactos personales. Me acuerdo cómo recibían a mi papá en todas partes:— «Por ser usted, don Roberto, le dejaremos la mercadería° en tal precio.» «¿Es usted primo de los Laínez, don Roberto? A lo mejor usted y yo somos parientes porque mi hija mayor se casó con un Laínez. Claro que lo puedo presentar al presidente de la firma. Por ser usted, don Roberto...» O si no, «No me diga que es usted amigo de don Mauricio, don Roberto. Cualquier amigo de Mauricio Valdivia es un amigo mío. Pase usted, don Roberto...»

merchandise

Sí, sí. Así se hacen las cosas en nuestros países. En todos ellos. Es que son costumbres y actitudes que hemos heredado de los españoles. Porque a pesar de las diferencias que existen entre nosotros —y son muchas— somos todos hijos de la misma madre: España. Y ahora, en este viaje, he sentido esta hermandad que compartimos más fuertemente que nunca.

VOCABULARIO ACTIVO

la aduana *customs*
el aduanero *customs officer*
la altura *altitude; height*
ancho *wide*
la antigüedad *antique;—es antiques; antiquity*
apuntar *to jot down; to record*
la artesanía *handicraft; craftsmanship*
el asiento *seat*
aterrizar *to land*
artrasarse *to get behind, to be late; to lag*
bárbaro *awful; savage*
el cuadro *picture, painting*
el cinturón de seguridad *seat belt*
despegar *to take off*
diario *daily, everyday;* el—*(de viaje) travel log, diary*

el equipaje *baggage*
la esquina *corner*
el estaño *tin (metal)*
estrecho *narrow*
experimentar *to experience, undergo; to test, try out*
extraño *strange*
grueso *thick, bulky; heavy*
la maleta *suitcase*
la niebla *fog, mist*
el pasaporte *passport*
el rasgo *characteristic, feature, trait*
el rascacielo *skyscraper*
sobrevivir *to survive*
la tenida *outfit; suit, dress (Chile & Argentina)*
la trenza *braid, ponytail*
el vínculo *link*

RESUMEN

Comente sobre las ideas esenciales del artículo mencionando los siguientes temas:

1. La altura de La Paz.
2. La composición racial de Bolivia y Chile.
3. Los productos más importantes de Bolivia.
4. El concepto del tiempo en los países hispanos.
5. La importancia histórica de Lima.
6. Los incas.
7. Los dos sectores de Quito.
8. Los indios otavalos.
9. El clima de Quito.
10. El idioma como vínculo que une a los países hispanos.
11. La religión como lazo entre los países hispanos.
12. La actitud del hispano hacia el trabajo manual.
13. El individualismo.
14. Los contactos personales.
15. España: la madre patria.

VAMOS A PRACTICAR

El Vocabulario

A. *Complete las frases con la forma correcta de los vocablos de la lista.*

aduana, aduanero, ancho, antigüedad, apuntar, artesanía, asiento, aterrizar, atrasarse, bárbaro, cuadro, diario, equipaje, esquina, estaño, estrecho, experimentar, extraño, grueso, maleta, mareado, pasaporte, tenida, trenza

Yo no esperaba tener ningún problema en la _____. Sólo llevaba dos _____ pequeñas y una bolsa que había metido debajo del _____ en el avión. Después de que el avión había _____, bajé, recogí mi _____ y me dirigí al lugar apropiado.

—Buenos días, —me dijo el _____. Tenga usted la amabilidad de mostrarme su _____.

Se lo mostré.

—¿Tiene usted algo que declarar?

—No, nada.

—¿Qué lleva usted en la bolsa de mano?

—Sólo unos artículos de _____: una muñeca, un poncho, una estatuita.

—Abra usted la bolsa, por favor.

Yo no quería discutir con él. Era un señor _____, con _____ hombros y una mirada firme.

—¿Qué es esto?

—Es sólo un platito de _____. Se lo compré a mi mamá.

—¿Qué contiene la carterita?

—Artículos de uso _____: un cepillo de dientes, pasta de dientes...

—Tenga la bondad de abrirla.

Lo hice. Ya estaba empezando a _____ una sensación de malestar. Tenía una reunión con unos socios en dos horas más y tenía miedo de _____.

—¿Qué es esto? —dijo el inspector, —sacando un pequeño _____ pintado de colores vivos. Mostraba una niña india con _____ típica y el pelo atado en una _____.

—Nada, pues, una pintura.

—¿Y esto? Me mostraba una pequeña estatua que había comprado de un indio en la _____ de una calle _____ y pintoresca en un pueblo.

—Lo que usted ve, una figurita.

El inspector me miró. Entonces _____ algo en un librito. Hacía un calor _____ y estaba cansado por el viaje en avión. Qué _____ que le dé tanta importancia a una estatuita, pensé. Esta escena ya tiene algo sospechoso. Bueno, ¿qué hacer? Hay que esperar.

—Entonces, —dijo el inspector calmadamente. —Es usted el famoso ladrón y contrabandista Pepe Manos.

—¿Quién yo?

—Vamos señor. Usted sabe muy bien que esta estatua y el cuadro también son valiosas _____ que se han robado del Museo Nacional de Antropología.

Me sentía _____ y me dolía el estómago.

—Perdón, señor. Está usted equivocado. Yo no...

—Vamos, Señor Manos, explíqueselo a las autoridades...

B. *Dé una frase que incluya los dos vocablos de cada grupo.*

1. marearse / altura
2. apuntar / nombre y dirección
3. Nueva York / rascacielos
4. atrasarse / reunión
5. ancho / estrecho
6. antigüedades / museo
7. aterrizar / despegar
8. auto / cinturón de seguridad
9. baúl / equipaje
10. accidente / sobrevivir
11. ver / niebla
12. rasgo / norteamericano

DISCUSION

1. ¿Le gusta a usted viajar? ¿Adónde quisiera ir? ¿Por qué? ¿Le gustaría ser una azafata? ¿Por qué?   **2.** ¿Por qué es una buena idea apuntar sus impresiones en un diario cuando viaja?   **3.** ¿Se marea usted en los aviones? ¿en los barcos? ¿en los autos? ¿Qué se puede hacer para evitar este problema?   **4.** ¿Qué es lo que más le interesaría ver en Latinoamérica?   **5.** ¿Ha viajado usted por algún país de habla española? Describa algún viaje que usted ha hecho.   **6.** Cuando uno hace un viaje, ¿qué necesita llevar?   **7.** Cuando uno visita un país extranjero, ¿es mejor alojarse en un hotel o con una familia? ¿Por qué?   **8.** ¿Qué es la aduana? ¿Por qué es a veces un problema?   **9.** ¿Por qué hay tantos apellidos de diferentes tipos en Chile? ¿Existe este mismo fenómeno en los Estados Unidos? Explique.   **10.** Si usted fuera un guía turístico, ¿adónde llevaría usted a los turistas hispanoamericanos? ¿Qué les diría de los Estados Unidos?   **11.** ¿Cuáles son algunos de los rasgos de la personalidad colectiva hispana? ¿y de la norteamericana?   **12.** ¿Existe una relación tan estrecha entre Inglaterra y Estados Unidos como la que existe entre España y los países de Hispanoamérica? Explique.

COMPOSICION

Escriba un diario de un viaje ficticio.

América, tierra firme

Germán Arciniegas*

La afirmación que los españoles descubrieron la América a finales del siglo XV y a principios del XVI es inexacta. No es posible considerar como descubridores a quienes, en vez de levantar el velo de misterio que envolvía a las Américas, se dedicaron a callar, a esconder, a cubrir toda expresión del hombre americano.

¿Qué querían los españoles de América? Cuando ellos llegaron, había aquí una civilización igual, inferior o superior a la que existía en la Península. Era otra civilización. Del fondo de los lagos emergían ciudades gigantescas, como en México. En lo alto de los Andes excelentes caminos ataban° las más distantes provincias de los incas al Cuzco, su capital. Las religiones habían labrado° la imagen de sus dioses en estatuas y pirámides en las regiones mayas en San Agustín[1], en Tiahuanaco[1], en Machu-Picchu[1], en la Isla de Pascua[1]. Todo esto vino a ocultarlo° el español.

¿Qué vinieron a hacer por estas tierras los capitalistas, los empresarios, los encomenderos[2], los gobernadores, los virreyes? A imponer un sistema económico, un dogma religioso, un tipo de arquitectura, una raza, que eran cosa distinta de la economía, la religión, la arquitectura, la raza americanas. Nosotros teníamos en la América del Sur el

tied together
carved

cover it up

---

*Germán Arciniegas (Colombian, 1900-) is a prolific essayist whose articles have appeared in Colombia's leading newspapers. His books include *El estudiante de la mesa redonda, Entre la libertad y el miedo, América: continente de siete colores* and *América, tierra firme*. Dr. Arciniegas is also a diplomat and a lecturer. He is currently Colombian Ambassador to the Vatican.

[1]San Agustín is a city in Colombia where immense pre-Columbian statues are found. Tiahuanaco is a city in Bolivia known for its Pre-Columbian ruins. Machu-Picchu, in Peru, was the religious center of the Incas. The Isla de Pascua (Easter Island) is in the Pacific and belongs to Chile. It is famous for its huge pre-Columbian statues of uncertain origin.

[2]*encomendero:* a holder of an *encomienda*—a large estate with Indian settlements—granted by the king to a colonist.

ayllu[3] peruano, la distribución anual de las tierras, el Estado listo para ayudar a la viuda y al hijo menor, a los desafortunados, a los estudiantes, a los sabios°, a los guerreros y a los sacerdotes; una organización para favorecer a quienes perdían sus cosechas°, un sistema democrático de trabajo. El conquistador trajo el latifundio°, la economía del empresario con tributos e impuestos°, cosas todas que correspondían a una concepción económica europea. Desaparecieron y se olvidaron los sistemas típicos de América, los sistemas apropiados al desarrollo natural de estas naciones.

  La vieja arquitectura fue prohibida. La cúpula° reemplazó a la pirámide; el arco romano de medio punto[4] al sistema de construcción de los indios. Las viejas casas de Castilla y los patios andaluces fueron reproducidos aquí en América.

  Se suprimió la arquitectura y se suprimió al hombre mismo. Muchas razas de indios desaparecieron. La unión de la sangre española e india dio nacimiento al mestizo americano. Ese mestizo es el último depositario° de lo que queda de una raza que el conquistador abatió° e hizo su esclavo.

EL CONFLICTO TEOLOGICO

  El español tenía formado un arquetipo del individuo. El hombre modelo necesariamente tenía que ser católico. El

wise men

crops
immense land holding
taxes

dome

custodian
conquistó

---

[3]*ayllu:* a community in which all the members had a common ancestor; the basic social unit of Inca Peru.
[4]The modified Roman arch, characterized by a small point on top, typical of Spanish church architecture.

infiel era un perro maldito°; el fiel gozaba de privilegios que lo autorizaban para hacer de los infieles esclavos.

Los americanos que adoraban el sol o el agua en las lagunas se tuvieron por irracionales. El mayor conflicto teológico de la época fue entre los defensores del indio y los que decían que el indio carecía de° alma.

Tan empapados° estaban los conquistadores de su verdad católica que, al llegar a una nación nueva, enviaban a un heraldo para preguntarles a los indios —en español— si ellos aceptaban al Dios eterno, uno y triuno°, concebido de la Virgen María, que había resucitado° de entre los muertos y que vendrá a juzgar a los vivos y a los muertos a la hora del juicio° final. Los conquistadores se sorprendían porque los indios no entendían la cuestión y no comprendían un idioma tan claro y se miraban unos a los otros con aire de estupor... indubitable prueba° de su estupidez.

España conquistadora consideró a los indios no cristianos, bestias, y fue eliminando la obra de esas bestias hasta el extremo de que hoy, para rehacer lo que fue el panorama americano antes de la llegada de los europeos, tenemos que estudiar los cacharros° que se encuentran en los cementerios de indígenas. No hace muchos días tuve entre mis manos cierto calabazo° traído del Amazonas. Una serie de dibujos°—grupos de llamas, figuras de indios, una linda ornamentación de flores—me dio la más emocionada representación de la vida americana. Sobre las paredes del calabazo estaba pintada una escena del Perú incaico.

damned

no tenía
saturados

tres en uno
risen

judgment

proof

earthen pots

gourd
sketches

De todo esto, no queda nada. Con la lengua de Castilla llegó también a la selva° el sarampión°. Los indios, que no conocían esta enfermedad, al sentir calenturas°, se echaban al agua. Así desaparecieron tribus enteras. El Amazonas pasó de ser un río cuyas márgenes estaban muy pobladas a ser inhabitado por el hombre. Y hoy, para entender algo de esas civilizaciones perdidas, hay que mirar un calabazo pintado.

jungle / measles
fiebre

DE LA ESPAÑA GOTICA A LA AMERICA PRECOLOMBINA

Lo que el español destruyó con sus caballos, su pólvora°, sus conquistadores y sus sacerdotes, no era inferior a lo de España. América tenía en aquellos tiempos por lo menos dos grandes ciudades más ricas, más populosas, más espléndidas que las de España y de buena parte de Europa.

gunpowder

La ciudad de México se alzaba en medio de un lago. Era al mismo tiempo el mercado más grande de América, la residencia de los emperadores, y el centro religioso más importante de la nación. El mercado era monumental. Allí se comerciaban todos los productos de una gran parte de América. Desde el mercado de esclavos, hasta las ventas de miel°, dulces y otras comidas, papel, perfumes, cuchillos, zapatos, joyas, obras de madera, objetos de latón°, cobre°, estaño, se le ofrecía al comprador todo lo que tenía algún valor en el mundo mexicano.

honey
brass / copper

Hay una fundamental diferencia entre las dos culturas mayores que había en América a tiempo de la llegada de los españoles. México representaba un tipo de organización romana. Las castas de la nobleza y del sacerdocio ejercían dominio cruel sobre las masas. Existía la esclavitud y el comercio de los esclavos. Había un tipo de moneda. Los comerciantes cruzaban todo el imperio, con aire de conquistadores o capitanes. El gran templo, el palacio de Moctezuma°, la plaza del mercado, son los tres centros de atracción de la ciudad que representan las tres clases dominantes: el sacerdocio, la nobleza y el comercio. El imperio de los incas es completamente distinto.

emperador de los aztecas

Entre los incas no hay moneda, no hay mercado, no hay esclavitud. La organización es comunista. El Estado es dueño de las tierras, que distribuye anualmente, y el de los

principales productos industriales, como la lana, que re-
parte° entre el pueblo. Los caminos son caminos de
dominación militar y de colonización, pero no vías comerciales. En vez de mercados, lo que llama la atención en el
Perú son los almacenes de depósito° en donde los incas
guardan granos y mantas°, para atender a las provincias
que puedan sufrir por malas cosechas. El Perú ha llegado a
un grado de civilización que no es inferior en nada al de
México. El imperio es gigantesco, como lo prueban esos
caminos de piedra que van, desde lo que hoy es la frontera°
norte de Chile, hasta tierras que son ahora parte de la
república de Colombia. La organización del Estado es tan
admirable, que aun hoy podemos recordarla con envidia°.
Pero esta civilización incaica es opuesta a la civilización
azteca.

    Lo más admirable en la civilización incaica no es la
ciudad. Es la organización social del imperio. En el vasto
territorio dominado por los incas no hubo pobres ni
esclavos. Había instrucción pública. La incorporación de
nuevas naciones se hacía no por conquista, sino por per-
suasión. La ingeniería y la agricultura ofrecieron a los españoles sorpresas de perfección. Eran mejores los caminos
de los incas en el siglo XV, que los que cien años más tarde
tenían los españoles.

    No. Nuestra cultura no es europea. Nosotros estamos
negándolo en el alma a cada instante. No nos es posible
someter la parte de nuestro espíritu americano.

distribuye

almacenes . . . *storehouses*
blankets

border

envy

VOCABULARIO ACTIVO

atar *to tie, tie together*
la calentura *fever*
carecer (zc) de *to lack*
el cobre *copper*
la cosecha *crop, harvest*
el dibujo *sketch, drawing*
empapado *saturated*
la envidia *envy*
la frontera *border*

el impuesto *tax*
el latón *brass*
la manta *blanket*
la miel *honey*
ocultar *to cover up, to hide*
la prueba *proof, test*
repartir *to distribute, to hand out*
el sabio *wise man*

PREGUNTAS

1. Según el autor, ¿descubrieron América los españoles? ¿Por qué no?
2. ¿Qué había en América cuando llegaron los españoles?
3. En la opinión del autor, ¿qué vinieron a hacer los españoles?
4. Describa el sistema socio-político que tenían los incas. ¿Qué trajo el conquistador? ¿Era el nuevo sistema apropiado para las civilizaciones americanas?
5. ¿Qué cambios hicieron los españoles en la arquitectura?
6. ¿Qué es un mestizo? ¿Cuál es la importancia del mestizo?
7. ¿Por qué consideraba el español al americano como a un «perro maldito»?
8. ¿Cuál fue el mayor conflicto teológico de la época?
9. ¿Qué hacían los españoles al llegar a una nueva nación? ¿Cómo reaccionaban los indios? ¿Cómo interpretaban los españoles esta reacción?
10. ¿Cómo era el calabazo que describe el autor? ¿Cuál es la importancia del calabazo?
11. ¿Cómo murieron muchos indios después de la llegada de los españoles?
12. ¿Cuáles eran las dos ciudades más importantes de la América precolombina?
13. Describa la ciudad de México antes de la llegada de los españoles.
14. ¿Era similar el imperio de los incas al de los aztecas? Describa la organización político-social de los aztecas.
15. ¿En qué sentido era diferente el imperio incaico del azteca?
16. ¿Por qué era admirable la civilización incaica?
17. ¿Cuál es la conclusión del autor? ¿Es Hispanoamérica esencialmente española o no?

VAMOS A PRACTICAR

El Vocabulario

A. *Complete las frases con la forma correcta de los vocablos de la lista.*

atar, carecer de, cobre, cosecha, empapado, impuesto, miel, ocultar, repartir, sacerdote

1. Ella no tiene paciencia. Es decir, _____ paciencia.
2. El paciente se muere. No hay que _____ la verdad a la familia.
3. El profesor _____ los exámenes y los alumnos se ponen a trabajar.
4. Si no llueve, no habrá buenas _____.
5. Te vas a caer si no te _____ los zapatos.
6. Chile es un país conocido por sus minas de _____.
7. La comida favorita de un oso es la _____.
8. El Padre Ramos es un excelente _____.
9. Acaba de llover y la tierra está _____.
10. Todos los años hay que pagar _____ al gobierno federal.

B. *Conteste las preguntas con cualquier frase que le guste incluyendo los vocablos en paréntesis.*

MODELO: ¿Ha ido usted alguna vez a México? (frontera)
Claro, vivo muy cerca de la frontera.

1. María heredó un millón de dólares. (envidia)
2. ¿Estudia usted arte? (dibujo)
3. Hay grandes profesores en esta universidad. (sabio)
4. ¿Está enfermo Pedro? (calenturas)
5. ¿Es de oro esta estatua? (latón)
6. Va usted a tener frío esta noche. (manta)

DISCUSION

1. ¿A usted le habría gustado vivir en el imperio de los incas? ¿Por qué?   2. ¿Le interesa a usted más la civilización azteca o la incaica? ¿Por qué?   3. ¿Cuáles son algunas de las cosas que los norteamericanos recibieron de los colonizadores ingleses? En su opinión, ¿es la cultura de los Estados Unidos puramente europea? Explique su respuesta.   4. ¿Había grandes civilizaciones indígenas en la América del Norte cuando llegaron los primeros colonizadores? Compare la situación de los indios en Latinoamérica con la de los indios en los Estados Unidos.

ACTIVIDAD ESPECIAL

Lea un artículo o un libro sobre una de las grandes civilizaciones indígenas de Latinoamérica y prepare un informe oral para la clase.

COMPOSICION

Juzgando por lo que usted sabe de Hispanoamérica, ¿le parece a usted que dominan las influencias españolas o las indígenas? ¿O depende del país?

Aquí se habla español

«Aquí se habla español». «Discos, libros y revistas». «Inglés en veinte lecciones». «Caja de ahorros y préstamos°». «Carnicería Selecta: carne de res°, chorizo° fresco, lechón°». ¿Dónde hemos visto estos letreros°? ¿En las calles de Bogotá? ¿En Barcelona? ¿En Asunción? No, en Los Angeles, Miami y Nueva York.

Caja ... *Savings and loan*
beef / sausage
suckling pig / signs

Si usted vive en una ciudad grande de los Estados Unidos, es probable o que usted mismo sea de origen hispano o que conozca a alguien que lo es. En este país, hay aproximadamente 11.202.000 de personas de ascendencia hispana, de las cuales más de un 83 por ciento vive en áreas metropolitanas. De cada 20 individuos que radican° en los Estados Unidos, uno de ellos es de origen hispano.

viven

Casi un sesenta por ciento de la población hispana es de origen mexicano; y, aproximadamente, quince por ciento es de origen puertorriqueño y 6.6, de origen cubano. Los demás hispanos tienen sus orígenes en Sudamérica, en Centroamérica o en España.

Los individuos de origen mexicano—llamados chicanos, mexicano-americanos o méxico-americanos—constituyen la minoría segunda más numerosa de los Estados Unidos. Aunque hay mexicano-americanos en casi todas las grandes ciudades de los Estados Unidos, la mayoría de ellos vive en los estados del suroeste: California, Texas, Arizona, Colorado y Nuevo México.

El mexicano-americano es uno de los residentes más antiguos del suroeste. Cuando la corona° española formó el Virreinato de Nueva España en 1535, éste comprendía° el territorio que hoy es México y también el suroeste de lo que es ahora los Estados Unidos. A la población indígena se unió la española para crear una nueva raza—la mestiza—. *crown* *comprised*

Las primeras iglesias, las primeras escuelas, los primeros hospitales del suroeste fueron fundados por sacerdotes españoles que vinieron al Nuevo Mundo a enseñarles la doctrina cristiana a los indios. La presencia española está todavía evidente en todas partes del suroeste: en nombres geográficos tales como Los Angeles, Santa Mónica, Sierra Madre, Colorado, Santa Cruz, San Antonio y Santa Fe; en los patios, arcos y rejas° que caracterizan la arquitectura tradicional del área; en las antiguas misiones que salpican° la costa de California y otras partes del suroeste. *grating* *dot*

Después de la guerra de Independencia Mexicana en 1810, el suroeste pasó a ser parte de México. No fue hasta la guerra entre los Estados Unidos y México (1846-1848) que esta área se incorporó a la Union Norteamericana, aunque anteriormente ya se habían establecido allí muchos norteamericanos que fueron atraídos por el descubrimiento

del oro y también por las excelentes tierras agrícolas°. El *agricultural*
territorio fue cedido a los Estados Unidos por el Tratado° *Treaty*
de Guadalupe-Hidalgo, el cual especificaba que todos los
habitantes de la región serían incorporados a la Unión
Americana y que tendrían los mismos derechos, ventajas e
inmunidades legales que otros ciudadanos° norte- *citizens*
americanos.

Aun después de la guerra, los mexicano-americanos
seguían dominando la vida social, cultural y política de
muchas partes del suroeste. Familias hispanas ocupaban
una alta posición social y, en algunos casos, los descen-
dientes de estas familias siguen siendo miembros in-
fluyentes de su comunidad. En las escuelas, se hablaba
español e inglés o solamente español.

La imagen del mexicano-americano empezó a cambiar
radicalmente a principios° de este siglo. En 1910 estalló° la *a . . . at the beginning / broke out*
Revolución Mexicana. Debido a las condiciones de violen-
cia y de crisis económica en México, numerosos grupos de
mexicanos de clase obrera° empezaron a inmigrar a los Es- *working*
tados Unidos, especialmente después del comienzo de la
Primera Guerra Mundial, cuando se produjo aquí una es-
casez° de trabajadores. La inmigración mexicana continuó *scarcity*
hasta después de terminar esta guerra, pero al empezar la
Gran Depresión de 1929, se exigió° la deportación de *demanded*
muchos inmigrantes mexicanos para darles empleos a los
ciudadanos norteamericanos.

La participación de los Estados Unidos en la Segunda
Guerra Mundial produjo de nuevo una escasez de trabajadores, especialmente en la agricultura. Fue entonces que se
estableció el Programa de Braceros°, un acuerdo° por *personas que trabajan con*
medio del cual México prestaba la mano de obra° que re- *los brazos / agreement*
querían los hacendados° norteamericanos para recoger° las *mano . . . labor*
cosechas en el suroeste. Aunque el Programa fue adoptado *farm owners / gather*
como una medida temporal,° no terminó hasta 1964. *temporary*

La inmigración mexicana a los Estados Unidos con-
tinúa hasta hoy pero, debido a la terminación del Programa
de Braceros y al crecimiento de la industria, la ciudad ha
pasado a reemplazar el campo como fuente° de trabajo para *source*
el inmigrante mexicano.

En comparación con la mexicana, la presencia puertorriqueña en los Estados Unidos es relativamente reciente.
Puerto Rico fue un territorio español hasta 1898, cuando

tropas norteamericanas ocuparon la Isla[1] durante la Guerra entre España y los Estados Unidos. El 10 de diciembre de 1898, España cedió Puerto Rico a la Unión Americana y, dos años después, se estableció una administración con un gobernador norteamericano para la Isla. En 1917, los puertorriqueños recibieron la ciudadanía° norteamericana.   *citizenship*

Durante los años siguientes, muchos norteamericanos compraron terrenos en Puerto Rico, lo cual creó una situación dañina para la Isla. Los dueños ausentes, que radicaban lejos de sus tierras, no estaban disponibles° para   *available*
ocuparse de los problemas y necesidades de sus labradores. Esto, junto con la sobrepoblación y una economía que dependía de un solo producto—el azúcar—contribuía a darle una inestabilidad socio-económica a la Isla.

Por otro lado, la presencia norteamericana en Puerto Rico contribuyó al establecimiento de escuelas en todas partes de la Isla y el analfabetismo° disminuyó° de 77.3%   *illiteracy / diminished*
en 1898 a 10.5%, en 1978. También se mejoraron las condiciones de sanidad° y de salud pública, con el irónico   *sanitation*
efecto de que empeoró el problema de la sobrepoblación.

Los problemas económicos de Puerto Rico continuaron agravándose hasta la Segunda Guerra Mundial, cuando las actividades militares tuvieron un efecto positivo en la economía de la Isla. Luego, el país siguió progresando bajo Luis Muñoz Marín, (1898-) el primer gobernador elegido de Puerto Rico, quien emprendió importantes programas de reforma agrícola y de expansión industrial.

En 1952, Puerto Rico fue proclamado un Estado Libre Asociado. Esto significa que los puertorriqueños tienen su propio gobierno doméstico, con una constitución y un gobernador elegido por el pueblo; además eligen por voto popular a un Comisionado Residente de los Estados Unidos que los representa en el Congreso, pero no tiene voto. Algunos puertorriqueños se oponen a este *status*. Hay unos grupos que optan por la independencia total y otros que preferirían incorporarse a los Estados Unidos como un estado. Hasta ahora, sin embargo, la mayoría ha expresado sus deseos de mantener su *status* de Estado Libre Asociado.

---

[1] Puerto Ricans often refer to their homeland as ''la Isla.''

La sobrepoblación sigue siendo un problema en Puerto Rico y, por consiguiente, hay en la Isla una escasez de oportunidades económicas. Siendo ciudadanos norteamericanos, los puertorriqueños tienen el derecho —como cualquier otro ciudadano norteamericano—de viajar libremente dentro de la Unión, y muchos de ellos vienen a Estados Unidos a buscar mejores empleos. Aunque hay cifras° que documentan la inmigración puertorriqueña *figures* desde 1908, los puertorriqueños no se hicieron notar hasta después de la Segunda Guerra Mundial, cuando llegaron en oleadas° de migración masiva. Más de 1.671.000 puer- *waves* torriqueños viven en los Estados Unidos, pero muchos de ellos viajan con frecuencia a Puerto Rico y otros esperan volver a su tierra natal algún día. Actualmente, la emigración de puertorriqueños que vuelven a Puerto Rico es mayor a la inmigración de puertorriqueños a los Estados Unidos. La mayoría de los puertorriqueños viven en el noreste de los Estados Unidos, principalmente en Nueva York.

El tercer grupo de habitantes de origen hispano lo componen los cubanos. Hay aproximadamente 743.000 cubanos que viven en los Estados Unidos, mayormente en Miami y Nueva York. Los cubanos que han llegado a nuestras orillas° no han venido por hambre y desesperación, *shores* sino mayormente por razones políticas. En 1959, Fidel Castro tomó control de la nación cubana con el apoyo de muchos profesionales, trabajadores y estudiantes. Aunque estableció una dictadura, Castro prometió reponer la democracia cuando fuera posible como también imponer reformas agrícolas y pagar por tierras expropiadas. Muchos de estos planes fueron después abandonados o alterados. Reinó entonces un ambiente de caos y violencia y grandes números de personas que estaban en desacuerdo con el nuevo régimen comunista fueron ejecutados o encarcelados. Miles de profesionales y comerciantes que habían apoyado a Castro se desilusionaron y huyeron de Cuba, muchos de ellos a España, México, o los Estados Unidos.

Aunque cada grupo de inmigrantes hispanos tiene sus propias características, todos comparten algunos rasgos comunes.

Por lo general, los hispanos que viven en los Estados

Unidos son más jóvenes que el resto de la población. Aproximadamente el 13 por ciento de todas las personas de origen hispano tiene menos de cinco años, en comparación con el 8 por ciento del resto de la población. Sólo un 4 por ciento de los hispanos tiene más de 65 años, en contraste con el 10 por ciento de la población general. La edad mediana del hispano que radica en este país es de 20.7 años, mientras que la edad mediana del resto de la población es 28.6.

Los cubanos son una excepción a esta característica. La edad mediana del cubano que radica aquí es 37.3 años, puesto que muchos de los cubanos que inmigraron a los Estados Unidos después de la Revolución eran personas mayores.

La gran mayoría de los residentes de los Estados Unidos que son de origen hispano vive en el suroeste. En California, el 15 por ciento de la población es hispano y, en Texas, el porcentaje es aún más alto: 19 por ciento.

Muchos de los hispanos son casados y sus familias acostumbran ser más extensas que las de otros residentes de los Estados Unidos. La familia norteamericana tiene un promedio de 3.42 personas, mientras que la hispana tiene uno de 4.04 personas. En general, las familias mexicano-americanas son más grandes que las puertorriqueñas, y las puertorriqueñas son más grandes que las de hispanos de otras partes. Al igual que la familia norteamericana, en general, la familia hispana que reside en los Estados Unidos está disminuyendo. En 1970, una familia típica hispana tenía 4.26 personas.

Para el emigrado hispano que viene a los Estados Unidos a buscar mejores oportunidades económicas, la pobreza a menudo sigue siendo un problema. Aproximadamente 20 por ciento de las familias hispanas se clasifican como *low income.* Hay muchos factores que contribuyen a esta situación: la falta de conocimientos del inglés, la falta de educación formal, la falta de familiaridad con los valores y costumbres norteamericanos, el prejuicio del americano no-hispano, la familia grande y la escasez de empleos en algunas partes de los Estados Unidos.

Pero a pesar de estas dificultades, muchos individuos de origen hispano han tenido carreras exitosas en los Es-

tados Unidos y han hecho contribuciones importantes a la
cultura norteamericana. César Chávez, líder del
movimiento para sindicalizar° a los trabajadores agrícolas,   *unionize*
ha logrado grandes avances para los labradores mexicano-
americanos y, al mismo tiempo, ha educado al público
norteamericano sobre la situación intolerable de un seg-
mento de la población de este país. Reies López Tijerina y
Rodolfo González han trabajado para asegurar que los
mexicano-americanos sean tratados con justicia. Otro importante líder chicano, José Angel Gutiérrez, fundó el partido político Raza Unida cuya meta es darle una orientación
política a la comunidad chicana. Varios hispanos han sido
elegidos al Congreso de los Estados Unidos. Entre ellos se
incluyen al senador Joseph Montoya (Nuevo México) y a
los representantes Eligio de la Garza (Texas), Henry González (Texas), Manuel Luján, Jr. (Nuevo México), Edward
Roybal (California) y Herman Badillo (Nueva York).

Los hispanos también han ocupado una posición importante en las artes. Los destacados escritores Richard
Vásquez, José Antonio Villareal y Tomás Rivera han cap-
tado la experiencia mexicano-americana en sus obras. René
Marqués y José Luis González, entre otros, han descrito la
experiencia puertorriqueña. Muchos otros importantes escritores hispanos viven y trabajan en los Estados Unidos,
entre ellos el conocido novelista argentino Manuel Puig y
dos famosos literatos españoles, Francisco Ayala y Ramón
Sender.

La música también ha sido enriquecida por la presencia hispana en los Estados Unidos. Dos cantantes famosos
de la Opera Metropolitana en Nueva York son puertorriqueños: Justino Díaz y Martina Arroyo. También hay
estrellas hispanas en el campo de la música popular. El
líder del conjunto° Santana es mexicano-americano. Tam-   *grupo*
bién lo son los cantantes Vicki Carr, Trini López y Joan
Baez. El cantante de rock José Feliciano es puertorriqueño.

También muchos hispanos han sobresalido° en los   *excelled*
deportes—por ejemplo, los jugadores de golf Nancy López
y Lee Trevino, los tenistas Rosemary Casals y Pancho
González, los jugadores de fútbol americano Joe Kapp y
Jim Plunkett, el jugador de béisbol Orlando Cepeda.

Las repúblicas hispanas han producido arquitectos in-
ternacionalmente conocidos y uno de ellos, el español José

Luis Sert, fue jefe de la escuela de arquitectura de Harvard University por muchos años.

En las ciencias, también, los hispanos han hecho importantes contribuciones. En 1978 Miguel Ondetti, un químico de la compañía farmacéutica E. R. Squibb & Sons, descubrió una nueva cura para la hipertensión.

Por último, la presencia hispana está evidente en tantas facetas de la vida norteamericana. La música rítmica y alegre que sale de una bodega puertorriqueña en Nueva York. El olor a°biftec palomilla° que se saborea en una calle de Miami. Los niños con sus libros de texto bilingües que juegan y corren a la salida de un colegio en Nuevo México. Los Taco Bells[2] en Los Angeles, donde la comida mexicana es tan popular como las hamburguesas o las salchichas°. Y los letreros en Nueva York, Washington, D.C., San Francisco, Los Angeles, Dallas, Santa Fe, Denver, Tucson que dicen: «Aquí se habla español». «Discos, libros y revistas». «Inglés en veinte lecciones». «Caja de ahorros y préstamos». «Carnicería Selecta: carne de res, chorizo fresco, lechón».

olor... *smell of* / **biftec** . . . plato típico puertorriqueño

hot dogs

VOCABULARIO ACTIVO

agrícola   *agricultural*
ahorros   *savings*
analfabetismo   *illiteracy*
caja de ahorros y préstamos   *savings and loan*
cifra   *figure*
ciudadanía   *citizenship*
ciudadano   *citizen*
conjunto   *group*
corona   *crown*
chicano   *Mexican-American*
chorizo   *sausage*
escasez *f.*   *scarcity*

estallar   *to break out*
lechón *m.*   *suckling pig*
letrero   *sign*
mano de obra   *labor*
préstamo   *loan*
radicar (qu)   *live*
reja   *grating*
salchicha   *hot dog*
salpicar (qu)   *dot, splash*
sindicalizar (c)   *to unionize*
sindicato   *union*
sobresalir (sobresalgo)   *to excel*

---

[2]Fast service restaurants featuring Mexican food.

PARA COMPLETAR

Escoja la respuesta correcta.

1. Hay más de 11.202.000 hispanos que viven en los Estados Unidos, y la mayoría de ellos vive
   a) en la ciudad   b) en el campo   c) en Nueva York.
2. La mayoría de los hispanos son
   a) puertorriqueños   b) españoles   c) de origen mexicano.
3. Los mexicano-americanos viven principalmente
   a) en el noreste   b) en Miami   c) en el suroeste.
4. Originalmente California, Texas, Arizona, Colorado y Nuevo México eran
   a) un país independiente   b) parte de los Estados Unidos   c) parte de un virreinato español.
5. Cuando México ganó su independencia de España, el suroeste
   a) pasó a ser parte de los Estados Unidos   b) se declaró independiente
   c) pasó a ser parte de México.
6. Según el Tratado de Guadalupe Hidalgo, los mexicano-americanos
   a) debían tener los mismos derechos que otros ciudadanos norte-americanos   b) no tenían el derecho de votar   c) formaban parte de un Estado Libre Asociado.
7. El Programa de Braceros
   a) se estableció durante la Segunda Guerra Mundial para proveer de mano de obra a los agricultores norteamericanos   b) no permitía que entraran labradores mexicanos a trabajar en las fincas norteamericanas   c) todavía funciona.
8. Un efecto positivo de la presencia norteamericana en Puerto Rico es que
   a) se ha resuelto el problema de la sobrepoblación   b) se ha reducido el número de personas que no saben leer y escribir   c) muchos norte-americanos compraron terrenos en Puerto Rico.
9. Bajo Luis Muñoz Marín,
   a) Puerto Rico hizo grandes avances económicos   b) Puerto Rico declaró su independencia de España   c) los puertorriqueños declararon sus deseos de ser ciudadanos norteamericanos.
10. Puerto Rico es un Estado Libre Asociado, lo cual significa que
    a) los Estados Unidos controlan la política doméstica de la Isla   b) Puerto Rico tiene su propio gobierno interior mientras que tiene cierta representación ante el Congreso de los Estados Unidos   c) no hay ninguna relación política entre Puerto Rico y los Estados Unidos.

11. La mayoría de los cubanos que viven en los Estados Unidos vinieron
a) para buscar mejores oportunidades económicas   b) como resultado de la Segunda Guerra Mundial   c) cuando se estableció un gobierno comunista en Cuba.

12. Por lo general las personas de origen hispano son
a) más jóvenes que el resto de la población   b) de la misma edad que el resto de la población   c) mayores que el resto de la población.

13. Por lo general, los hispanos que viven in los Estados Unidos
a) son casados, con familias relativamente grandes   b) son solteros   c) tienen familias cada vez más numerosas.

14. César Chávez es
a) un senador   b) un cantante   c) líder de un movimiento sindicalista.

15. Tomás Rivera, René Marqués, Justino Díaz y Martina Arroyo son personas que se han destacado en el campo de
a) los deportes   b) la política   c) las artes.

PREGUNTAS

1. ¿Qué es una caja de ahorros y préstamos? ¿Tiene usted su dinero en una caja de ahorros? ¿Por qué es mejor guardarlo allí que en la casa?

2. ¿Hay muchos letreros en esta sala de clase? ¿Hay uno que dice «No fumar»? ¿Qué dicen los otros?

3. ¿Quién usa una corona? Explique lo que es una corona.

4. ¿Dónde radica usted?

5. ¿Hay una reja en su casa? ¿Ha visto usted una reja de estilo español? Descríbala.

6. ¿De qué país es usted ciudadano? ¿Por qué a veces cambian las personas de ciudadanía?

7. ¿Cuándo estalló la Segunda Guerra Mundial?

8. ¿Hay una escasez de trabajo en los Estados Unidos? ¿Hay una escasez de comida? ¿De qué hay una escasez?

9. ¿Qué significa analfabetismo? ¿Hay mucho analfabetismo en los Estados Unidos?

10. ¿Cuáles grupos de trabajadores se han sindicalizado en los Estados Unidos? ¿Son necesarios o no los sindicatos? ¿Por qué?

11. ¿A usted le gusta trabajar con cifras? ¿En qué profesiones es necesario trabajar con cifras?

12. ¿Le gustan más las salchichas o las hamburguesas? ¿Ha comido usted chorizo español? ¿lechón?

Crucigrama*

Horizontal

1. Banco donde uno puede de-
positar su dinero y también pedir
dinero prestado; caja de _____
8. **Grande** (inglés)
9. Lo contrario de **pobre**
14. Artículo definido masculino
16. Exceder; hacer una cosa mejor
que otras personas (3a. persona
plural)
20. Lo que usa un rey
21. **O,** conjunción (inglés)
22. México aportó la mano de obra
que necesitaban los hacendados
americanos por medio del Programa de _____
26. En español las tres primeras letras de *Louis*
27. Posdata (abreviatura)

---

*Casi todos los vocablos de este crucigrama aparecen en las glosas de capítulos anteriores. Las respuestas
aparecen en la página 228.

29. Lo contrario de **entrar**
30. Un juego popular en España es el _____ alai
33. Un contador tiene que saber trabajar con _____
34. Sinónimo de **vivir** en un país
36. Subjuntivo de *ser* (1a. persona singular)
38. Infinitivo de **voy, vas, va**
41. Que excita el odio; detestable
44. Presente de *ser*, 3a. persona singular
45. Preposición
46. Infinitivo de **soy, eres, es**
47. **Comer,** imperfecto (1a. persona singular)
49. Bulbo de olor fuerte que se usa en muchos platos italianos
51. Terminación de ciertos sustantivos femeninos, tales como **actriz, cicatriz**
52. De esta manera
53. Del mundo
56. Explotar, empezar abruptamente
59. Dentro de
60. Complemento indirecto (3a. persona singular)
62. Segunda nota de la escala musical, en español
63. Nido (inglés)
65. Tipo de flor (*carnation*, en inglés)
68. Labor, trabajo manual
69. **Salir** (3a. persona singular)

Vertical

1. Relativo a la agricultura
2. Corriente de agua que desemboca en el mar
3. A ti te lo doy; a él _____ lo doy
4. Notas musicales en español: Do, _____, mi, fa, sol, etc.
5. Uno, dos, _____
6. Uno que hace trabajo manual

7. Lo contrario de **no**
10. Tienda donde se compra carne
11. De todos los días (forma femenina)
12. Lo contrario de sí
13. Lo contrario de **venir**
15. Artículo definido femenino
16. Rociar un líquido (inglés: *splash*)
17. Apodo de **Roberto** (inglés)
18. Imperfecto de **ser** (3a. persona singular)
19. Papagayo
23. Conjunto de barras de hierro
24. Mexicano-americanos
25. Señor (abreviatura)
28. Doctor (abreviatura)
29. Triste (inglés)
31. Un metal precioso
32. Cortedad, falta de algo
35. El es mexicano. Es un _____ de México
37. Elegir
39. Grupo
40. Padre, madre, hijos, abuelos, etc.
42. Pronombre que reemplaza **le** delante de **lo** o **los**
43. Parte de la tierra contigua al río, mar, etc.
47. Gato (inglés)
48. Femenina del oso
49. Soy (inglés)
50. Sobre (inglés)
51. Infinitivo de **fue**
54. Preposición
55. Indio del Perú
57. Existir
58. Lo que usan algunos pescadores
61. Mujer de Adán en la Biblia
64. Me lo da a mí; _____ lo da a ella
66. Antónimo de **ella**
67. Yo te escribo a ti; yo _____ escribo a él.

DISCUSION

1. ¿En qué se nota la influencia hispana en los Estados Unidos?   **2.** ¿Cuál es la influencia predominante en esta región? ¿En qué se nota?   **3.** ¿Piensa usted que los hispanos deben tratar de mantener intacta su propia cultura, o deben tratar de asimilarse a la sociedad norteamericana? ¿Por qué? ¿Qué han hecho otros grupos étnicos que han venido a los Estados Unidos?   **4.** ¿Está usted a favor de la educación bilingüe? ¿Por qué?   **5.** Nombre usted a algunos hispanos que han tenido éxito profesional en los Estados Unidos y explique lo que han hecho. **6.** ¿Qué podría contribuir un estudiante hispano a una clase de español como ésta?

ACTIVIDAD ESPECIAL

Inviten ustedes a un alumno hispano a venir a la clase. Conversen con él sobre sus ideas, actitudes y experiencias.

RESPUESTAS

Horizontal: 1. ahorros 8. big 9. rico 14. el 16. sobresalen 20. corona 21. or 22. braceros 26. Lui 27. P.D. 29. salir 30. jai 33. cifras 34. radicar 36. sea 38. ir 41. odioso 44. es 45. de 46. ser 47. comía 49. año 51. iz 52. así 53. mundial 56. estallar 59. en 60. le 62. re 63. nest 65. clavel 68. mano de obra 69. sale

Vertical: 1. agrícola 2. río 3. se 4. re 5. tres 6. obrero 7. sí 10. car-nicería 11. diaria 12. no 13. ir 15. la 16. salpicar 17. Bob 18. era 19. loro 23. reja 24. chicanos 25. Sr. 28. Dr. 29. sad 31. oro 32. escasez 35. ciudadano 37. escoger 39. conjunto 40. familia 42. se 43. orillas 47. cat 48. osa 49. am 50. on 51. ir 54. de 55. inca 57. ser 58. red 61. Eva 64. se 66. él 67. le

La culebra° y la zorra°

snake / fox

Arturo Jiménez Borja*

Un campesino encontró una tarde, de regreso a su casa, un grueso tronco de árbol, aplastando° a una serpiente. Era hermosa la culebra, con grandes manchas° negras sobre la piel amarilla. Sus ojitos brillaban en la ancha cabeza abatida; compadecido° el hombre levantó el tronco, después de grandes esfuerzos, y quedó libre la sierpe. El reptil se recogió, se hizo un ovillo° y le dijo:

crushing

marks

feeling sorry for it

se ... *it coiled up*

---

*Arturo Jiménez Borja is a Peruvian folklorist who has compiled several collections of folk legends of his country. Most of the tales are of Inca origin. His books include *Cuentos peruanos* and *Cuentos y leyendas del Perú*.

—¡Qué hambre tengo!, te voy a comer.

—No puede ser, repuso el labriego°, pagas un bien con *peasant*
un mal. Busquemos un juez que decida esto.

Aceptó la culebra y caminando hallaron un perro flaco,
lo pusieron en autos° y falló°. **lo** . . . *they set him up as a judge / delivered a judgment*

—Muy bien pensado, culebra, yo de joven cuidaba la
chacra° y tenía buena comida; ahora que soy viejo me han *small farm*
echado de la casa y tengo que viajar por los campos. Es
decir, me han pagado un bien con un mal.

—Busquemos otro juez, dijo el pobre hombre.

—Bien, contestó la sierpe, pero será el último.

Se encaminaron° al machay°, y allí encontraron a la **se** . . . *They headed* / *valle*
zorra. Fue informada de todo. Mientras le contaban es-
cuchó sentada sobre sus patas traseras°; cuando termina- *hind*
ron de hablar dijo:

—Bien, mas yo necesito para fallar en justicia, reconstruir los hechos, debemos ir al sitio donde sucedió todo.

Ya sobre el terreno, conforme° a lo estipulado, se co- *in agreement*
locó° la serpiente en actitud° y el hombre puso sobre ella el *puso* / *posición*
pesado tronco.

—En efecto, así estaba, dijo la serpiente, ¿qué fallas?

La zorra miró largamente al campesino y le dijo:

—Y si la tienes de nuevo allí presa°. . . , ¿en qué pien- *prisionera*
sas?

PREGUNTAS

1. ¿Por qué no se podía mover la serpiente que encontró el campesino?
2. ¿La soltó el campesino o la dejó allí?
3. ¿Le agradeció la serpiente al campesino? ¿Qué dijo ella que iba a hacer?
4. ¿Por qué protestó el campesino? ¿Cómo decidieron resolver el problema?
5. ¿Quién fue el primer juez?
6. ¿Qué dijo el perro flaco?
7. ¿Aceptó el campesino la decisión del perro flaco?
8. ¿A quién escogieron de juez entonces?
9. ¿Qué necesitaba hacer la zorra antes de fallar?
10. ¿Cómo termina el cuento?

VAMOS A PRACTICAR

El Vocabulario

Cuente la historia de La culebra y la zorra *usando las siguientes palabras.*

campesino / encontrar / culebra / aplastado / tronco / árbol.
campesino / compadecer / culebra / levantar / tronco.
culebra / hacerse / ovillo / decir / ir a comer / hombre.
labriego / protestar / porque / culebra / pagar / bien / con / mal.
(ellos) decidir / entonces / buscar / juez / escoger / perro / flaco.
perro / decir / cuidar / chacra / cuando / viejo / echarlo / casa.
pagarle / bien / con / mal.
hombre / no estar / conforme / querer / buscar / otro / juez.
entonces / (ellos) preguntarle / zorra.
zorra / decir / fallar / justicia / tener que / reconstruir / hechos.
culebra / colocarse / debajo de / tronco / de nuevo.
zorra / decirle / campesino / que / decidir / que hacer / con la culebra.

DISCUSION

1. En su opinión, ¿cómo va a terminar el episodio? ¿Qué va a hacer el campesino? ¿Qué haría usted si fuera el campesino?   **2.** ¿A usted le han pagado alguna vez un bien con un mal? Cuente usted lo que le pasó. ¿Qué se debe hacer en este caso?   **3.** ¿Conoce usted algún cuento folklórico en que los animales hablen? Nárrelo usted.

VOCABULARIO ACTIVO

aplastar *to crush*		la culebra *snake*	
colocar (qu) *to place*		hacerse ovillo *to coil up*	
compadecer (zc) *to feel sorry for*		el labriego *peasant*	
conforme *in agreement*		la zorra *fox*	

ATENCION

Algunos animales que se encuentran en la selva:

la culebra, la serpiente	*the snake*	el mono	*the monkey*
la lechuza	*the owl*	la puma	*the puma, cougar, panther*
el loro	*the parrot*	el tigre	*the tiger*

La entundada

Adalberto Ortiz*

Cuando mi prima Numancia llegó a los 14 años, se la llevó la tunda, sin más ni más°.

    La tunda es una bestia ignominiosa... La tunda es un aparecido°... La tunda es el patica°... La tunda es un fantasma... La tunda es un cuco°... La tunda es el pata sola°... Es la pata de vaca... La tunda es el ánima° en

sin... *just like that*

fantasma / diablo
diablo
one-footed monster / soul

*__Adalberto Ortiz__ (1914-) is a mulatto scholar, writer, and painter from Esmeraldas, an area with a large Black population on the coast of Ecuador. Ortiz has made many contributions to Afro-Hispanic scholarship. He is best known for his novel *Juyungo,* which won the Premio Nacional de Novela in 1942. Ortiz has also produced magnificent paintings into which he has incorporated African motifs.

pena de una viuda filicida°... La tunda es inmunda°... No se sabe a ciencia cierta°... No se sabe...

Sea lo que fuere°, la tunda gusta de llevarse a los niños selva adentro, transformándose previamente en figuras amables y queridas para ellos. Con engaños diversos los atrae hábilmente° y los «entunda»... Esta es la palabra. No hay otra.

Numancia lucía° un lindo y raro color de melcocha° y estaba ya bastante crecidita, pero como no era muy despierta° y carecía del don de observación, se dejó engañar por la tunda: no descubrió a tiempo su deforme pata coja°, ni reconoció que esa mujer no podría ser su madre desaparecida también misteriosamente años atrás. No vio nada. Numancia salió a buscar unos pavos° que no habían entrado a dormir en el gallinero° que estaba detrás de la casa.

Sí, Numancia era una bella niña, pero a veces se me antojaba° muy semejante a una pavita.

Yo tenía tres años menos que ella, y éramos compañeros de diversiones infantiles. Pero llegó un momento en que no se interesó más por nuestros juegos y eso me entristeció bastante, no tanto como aquella noche en que se la llevó la tunda.

Fuimos todos a buscarla, acompañados de cinco perros cazadores. Su padre salió con una carabina y un machete. Nuestro único peón, el tuerto° Pedro, con una hacha°; mi primo Rodrigo con una vieja escopeta y yo con un cuchillo. Todos llevábamos una muda° de ropa de repuesto° y algo de comer, porque no sabíamos cuánto tiempo permaneceríamos en la selva buscando a la condenada tunda.

Primeramente nos dirigimos a las casas de los vecinos de otras fincas a lo largo del río:

—¿Han visto por aquí a Numancia?

Los negros meneaban negativamente la cabeza, sorprendidos por la noticia de esta nueva hazaña° de la tunda, y las negras, alarmadas, recomendaban prudencia y buen comportamiento a sus hijos, poniendo el ejemplo de Numancia.

A eso de° la media noche, ya cansados, preguntamos por fin al mismo río, y el río nos contestó, entre murmullos

que mata a su hijo / muy sucia
a... con seguridad
Be that as it may

cleverly

tenía / *molasses*

inteligente
lame

turkeys
chicken coop

se... me parecía

que tiene un solo ojo
hatchet
cambio
de... *extra*

feat

A... *around*

y reflejos, que la tunda huye de las aguas profundas, y que más bien prefiere los arroyos donde puede coger con sus peludas° garras°, camarones° y pecesitos que obliga a comer crudos° a sus víctimas hasta ponerlos pálidos y débiles. El río nos dijo también que la tunda tiene la sucia costumbre de tirarse ventosidades° en el rostro de los niños secuestrados°, para atontarlos° y hacerles perder la memoria.

con mucho pelo / *claws* / *shrimp*
sin cocinar

tirarse . . . *pass gas*
kidnapped / *stun, bewilder*

Cuando el río habló de esta manera, yo sentí miedo y todos optamos por° regresarnos a casa.

optamos . . . *we chose to*

Al día siguiente emprendimos nuestra segunda búsqueda, con más gente. Los perros latían° delante de nosotros, llenándonos de vagas esperanzas.

yelped

Preguntamos a las lechuzas trasnochadoras°:

que pasan la noche sin dormir

—¿Han visto por aquí a Numancia y a la tunda?

Las lechuzas somnolentas° dijeron que no con sus redondos y castaños ojos fijos.

drowsy

Interrogamos a loros escandalosos° y ellos por toda respuesta repitieron nuestra pregunta como un eco: «—¿Han visto por aquí a Numancia y a la tunda?»

que hacen mucho ruido

Cuando averiguamos a los monos aulladores°, desde los altos árboles soltaron una carcajada y se rascaron los traseros.

howling

Toda la fauna contestaba complicitariamente con un son: no, no y no.

Pero yo no desesperaba y me puse a investigar por mi cuenta a las plantas y a las flores, y todos respondieron que sí habían sentido pasar a Numancia, acompañada de la horrenda tunda.

Cuando yo comuniqué a mis compañeros el resultado de mis investigaciones, se rieron de mí y tomaron otro rumbo°.

camino

—Muchacho loco— me dijeron, las plantas no hablan.

Aquella noche dormimos en la selva.

Al amanecer, reemprendimos nuestra exploración, y sin proponérselo, los mayores retomaron el mismo camino que me habían indicado mis amigas las plantas, cosa que me llenó de contento y orgullo.

Cuando mi tío inquirió a una culebra sayama, ésta le contestó silbando° que sí había visto a Numancia: bañándose desnuda en una laguna como la diosa Ochún[1]—que

hissing

---

[1]Erotic goddess of water and maternity, of African origin.

es loca por el agua y el amor—a dos leguas de allí, pero vigilada siempre por la misteriosa tunda.

Abriéndonos una trocha° por la selva, llegamos al atardecer agotados° y sucios, a un lago desconocido, cristalino y poco profundo. Por allí encontramos un trozo° de vestido lila de Numancia . . . pero nada más.

Su padre empezó a llorar como un niño. Y viéndolo así, a todos se nos partió el pecho°.

Siempre había una esperanza. Durante muchos días continuamos registrando matorrales°, cuevas y escondites°, investigando a plantas y a bichos° de la selva, no solamente en los alrededores, sino muy lejos de allí . . .

Pero la tunda es más lista° que los hombres y los perros, y casi nunca se deja pillar°.

Al fin, después de convencernos de que era inútil seguir buscando, volvimos a la finca por una ruta diferente: con dos perros menos y llenos de llagas° en el cuerpo y en el alma. El pobre tuerto Pedro dejó su único ojo perdido en un brusquero° para siempre.

El tiempo fue curando las llagas, pero el recuerdo de mi núbil° prima Numancia seguía viviendo en la casa y en mi alma.

Al cabo de varios meses, una noche clara, Numancia asomó° por el lado del río, en una canoa. Subió despacito. Nadie la sintió sino yo. Conocía bien sus pasos, aunque esta vez me parecieron más pesados.

Entró sigilosamente° al dormitorio de mi madre, que era también el mío.

Al verla, mi madre se sobresaltó° e iba a llamar a mi tío, pero algo que notó la hizo cambiar de idea.

Yo, incrédulo, sin saber qué decir, observaba a Numancia: venía descalza y mal vestida, con su largo pelo de miel, chorreado° y húmedo. Había crecido y en su rostro resplandecía° una nueva y desconocida belleza para mí. Aunque llevaba acentuada su antigua expresión ingenua y boba°, se dibujaba en ella algo de sufrimiento. No era la misma. Y lo que más me llamó la atención fue el gran volumen de su vientre°, parecido al de los chicos llenos de lombrices° «seguramente por haber comido tantos camarones y pescaditos crudos» pensé.

—Hijita mía, —díjole mi madre llorando, y la estrechó en sus brazos contra su corazón roto.

path
exhaustos

pedazo

se . . . *it broke our hearts*

thickets
nooks / *insectos*

inteligente

coger

wounds

clump of bushes

de edad para casarse

apareció

silenciosamente

se . . . *was startled*

dripping
brillaba

tonta

belly
intestinal worms

De seguro que el rumor de nuestra conversación despertó a mi tío, y de pronto lo vimos parado en el umbral° de la puerta, iluminado lúgubremente por la baja luz del quinqué° de nuestro cuarto. Parecía un fantasma. Observaba estupefacto y con tan dura mirada a su hija pródiga, que nos recorrió un escalofrío°.

—¿Dónde has estado?—le preguntó secamente.

Ella no contestó, sino que bajó la cabeza.

Nadie se alegraba de volver a ver a Numancia. Y esto me apenaba mucho. Me llenaba de indignación ante la insensibilidad de los grandes.

Reaccionando la abracé con alegría y le dije:

—¿Es verdad que te llevó la tunda?

Ella asintió con la cabeza°.

—¿Te hizo mucho daño?

Ella negó con la cabeza°.

Su padre la seguía mirando con rencor° y con desprecio°, y parecía estar a punto de° saltarle encima para matarla a golpes.

Después que todos callamos, en medio de una gran tensión, mi tío le gritó con voz terrible:

—¡Eres igual que tu madre! ¡Vuélvete con tu puerca° tunda!

Numanicia se separó de mí inmediatamente y, arrasada° en lágrimas, bajó de la casa, camino de río, donde rielaba° la luz de la luna, y se perdió definitivamente en la noche de junio.

El ciego Pedro la seguía con sus ojos de ostiones° muertos.

Solamente quedó en mis oídos el ruido acompasado° del canalete° de su canoa, bogando° entre las sombras.

doorway

oil lamp

shiver

asintió... *nodded yes*

negó... *shook her head no*
rabia
disdain / **a**... *on the verge of*

filthy

her eyes brimming
twinkled

oysters

rhythmic
paddle / rowing

VOCABULARIO ACTIVO

a ciencia cierta *with certainty, for sure*
agotado *exhausted, tired*
antojarse *to have the idea, have the feeling; to imagine that*
asentir (ie) con la cabeza *to nod yes*
aullar *to howl, yell*
bobo *silly*
cojo *lame*
crudo *raw*
de repuesto *spare, extra*
despierto *intelligent, smart; awake*
el escalofrío *shiver, chill*
escandaloso *noisy; loud*
estar a punto de *to be on the verge of*
el gallinero *chicken coop*
la garra *claw*
hábil *clever, capable, smart*

la hazaña *feat, exploit*
ladrar *to bark*
listo *intelligent, clever*
la llaga *wound*
negar con la cabeza *to shake one's head (no)*
optar por *to choose, decide*
partírsele el pecho (a uno) *to break one's heart*
el pavo *turkey*
el rumbo *road; direction*
sea lo que fuere *be that as it may*
secuestrar *to kidnap*
silbar *to whistle*
sin más ni más *just like that*
el trozo *piece, bit; chunk*
el vientre *belly; womb*

VERDAD O MENTIRA

Explique su respuesta en ambos casos.

1. El narrador de este cuento es un adulto.
2. Nadie sabe exactamente lo que es la tunda.
3. Numancia era una muchacha muy bonita e inteligente.
4. La mamá de Numancia también había desaparecido misteriosamente.
5. Cuando Numancia desapareció, sólo el muchacho y el papá de la niña fueron a buscarla.
6. Los negros a quienes les preguntaron dijeron que no creían en la tunda.
7. El río no había visto a la tunda, porque la tunda huye de las aguas profundas.
8. Los animales dijeron que habían visto a Numancia y a la tunda.
9. Cuando el muchacho les contó a sus compañeros lo que habían dicho las plantas, ellos le agradecieron por darles esta nueva información.
10. Cuando encontraron un trozo del vestido de Numancia, el padre de ella se puso a llorar.
11. No encontraron a Numancia en la selva.

12. Cuando Numancia volvió a su casa estaba bien vestida y se veía que estaba muy contenta.
13. Numancia se veía diferente que antes.
14. El padre de Numancia estaba muy contento de verla.
15. Numancia se quedó a vivir con su familia para siempre.

VAMOS A PRACTICAR

El Vocabulario

A. *Definiciones: Escoja la definición correcta de cada vocablo.*

1. cojo
2. gallinero
3. hazaña
4. crudo
5. agotado
6. trozo
7. llaga
8. bobo
9. escalofrío

10. vientre

A. que no se ha cocinado
B. que camina con dificultad por algún defecto en el pie o en la pierna
C. pedazo, parte de algo
D. sensación de calor y frío al mismo tiempo
E. casa donde duermen gallos, gallinas, pavos
F. hecho ilustre
G. tonto
H. cavidad del cuerpo donde están los intestinos
I. exhausto, muy cansado
J. herida, úlcera, lesión de la piel que no se sana fácilmente

B. *Elimine la palabra o expresión que no se relaciona con las del grupo y explique su elección.*

1. despierto / listo / hábil / bobo
2. pavo / gallina / culebra / loro
3. vientre / garra / hombro / hacha
4. lechuza / mono / rumbo / tigre
5. agotado / exhausto / escandaloso / cansado
6. silbar / aullar / secuestrar / ladrar

C. *Traduzca al español usando la forma correcta de los vocablos en paréntesis.*

MODELO: He got up and left, just like that. (sin más ni más)
Se levantó y se fue, sin más ni más.

1. She strikes me as a very clever girl. (antojar)
2. We have a spare tire for the car. (de repuesto)
3. He chose to stay in California. (optar por)
4. It broke my heart to see her cry. (partírsele el pecho)
5. She nodded yes and he shook his head no. (asentir con la cabeza, negar con la cabeza)
6. He's on the verge of screaming. (estar a punto de)
7. Be that as it may, we're going to get married. (sea lo que fuere)
8. We don't know for sure. (a ciencia cierta)

DISCUSION

1. ¿Cómo se explica el gran volumen del vientre de Numancia? ¿En realidad se la llevó la tunda? ¿Con quién se fue Numancia? ¿Qué le pasó?   **2.** ¿Qué le había pasado a la mamá de Numancia? ¿Por qué dice su padre, «¡eres igual que tu madre!»?   **3.** ¿Por qué le cuentan al niño que la tunda se llevó a Numancia? En nuestra sociedad, ¿cómo usamos los mitos y leyendas para ocultarles la verdad a los niños? Piense, por ejemplo, en las historias de la cigüeña (*stork*), de Santa Claus, etcétera.   **4.** ¿Por qué nos sorprende cuando los compañeros del muchacho le dicen, «Muchacho loco, las plantas no hablan»? ¿Qué otras indicaciones hay en el cuento de que los adultos no le han dicho toda la verdad al niño, o de lo que realmente le ha pasado a Numancia?   **5.** ¿Es mejor decirles la verdad a los niños sobre el sexo, la muerte y otros temas difíciles, o es preferible ocultársela hasta que sean grandes? ¿Por qué?   **6.** La tunda es una figura africana que se ha incorporado al folklore del Ecuador. ¿Qué cuentos o figuras folklóricas de origen africano son populares en los Estados Unidos? ¿Conoce usted los cuentos de Br'er Rabbit, por ejemplo?

COMPOSICION

Describa las contribuciones de algún grupo étnico a la cultura de los Estados Unidos.

VOCABULARIO

This vocabulary includes contextual meanings of all words and idiomatic expressions used in the book except most proper nouns, adjectives that are exact or close cognates, most conjugated verb forms, numbers from 1 to 10, adverbs that end in **-mente**, articles and subject pronouns.

All regular adjectives appear in their masculine **(-o)** form, and all other adjectival forms which appear in the text are given. Gender is provided for all nouns which do not end in the masculine **(-o)** or feminine **(-a)** forms.

The Spanish style of alphabetization is followed, with **ch** placed after **c**, **ll** after **l**, **rr** after **r**, and **ñ** after **n**. Stem-changing verbs are indicated by **(ie), (ue),** or **(i)** following the infinitive. Similarly, spelling changes are indicated in parentheses. The infinitive marker *to* is not listed.

Abbreviations

adj	*adjective*	*pl*	*plural*
adv	*adverb*	*pp*	*past participle*
f	*feminine (noun)*	*prep*	*preposition*
interr	*interrogative*	*pron*	*pronoun*
lit	*literally*	*sing*	*singular*
m	*masculine (noun)*		

A

abajo down, downward

abandonar abandon, leave

abatido downcast, abject

abatir crush, defeat, lower, knock down

abierto open, opened

abogado attorney, lawyer

abolir abolish

aborigen *m* aboriginal

aborto abortion

abrazar (c) hug, embrace

abrazo hug, embrace; **abrazos** love, fondly (*at end of a letter*)

abreviatura abbreviation

abridor *m* opener; — **de latas** can opener

abril April

abrir open

abrumar overwhelm, crush

absorbente all-absorbing

abstener (abstengo ie) abstain; **abstenerse** abstain

abuela grandmother

abuelo grandfather

abuelos grandparents

abundancia abundance

abundar be abundant

aburrido bored, boring

aburrimiento boredom

aburrir bore; **aburrirse** get bored

acá here, over here

acabar finish, end; **—de** (have) just + *verb*

academia academy

académico academic

acallar hush, make quiet, quiet down

acariciar caress

accionar drive, put into motion, make work

acecho spying, on the watch

acento accent

acentuar accentuate, aggravate

aceptar accept

acerca de about

acercamiento approach

acercar (qu) approach, get close to, get next to; bring together

aclimatación adjustment

acoger (j) welcome, receive, take in

acomodado comfortable, well-to-do

acomodar place, accommodate; **acomodarse** get settled, get comfortable

acompañar accompany

acompasado rhythmic, regular, slow

aconsejar advise
acontecimiento event, happening
acordarse (ue) remember
acostarse (ue) go to bed
acostumbrado accustomed, used to
acostumbrar have the custom of; **acostumbrarse a** get used to, get accustomed to
actitud *f* attitude
actividad *f* activity
actriz *f* actress
actuación *f* acting, performance; conduct
actual present
actualidad *f* present; now; news
actualmente presently, at this time, now
actuar (ú) act
Acuario Aquarius
acudir come, come where called; come when needed
acuerdo agreement, accord; **estar de —** agree
acumular store up; accumulate
acumulador *m* battery, cell
acústica acoustics
Adán Adam
adecuado adequate
adelante forward, front; **de ahora en —** from now on; **de hoy en —** from this day on
además besides
adentro inside; in
adiós good-by
adjetivo adjective
administrar run, manage, administer

administración *f* management, administration
admirable admirable, surprising, amazing
admiración *f* admiration, amazement
admirador,-a admirer
admirar admire, amaze
admitir admit, accept
adolescencia adolescence
adónde where, to where
adorar worship, adore
adorno ornament, adornment
adosar place back to back
adquirir (ie) acquire
aduana customs
aduanero customs official
adversario adversary, enemy
aeropuerto airport
afecto affection
aficionado fan, enthusiast
afligirse get upset
afrontar meet, face; affront
afuera out, outside
agazapado crouching; on the watch; ready to pounce
agenciar manage, push around
aglutinante agglutinative, sticking together
agobiante exhausting, burdensome
agosto August
agotado exhausted, worn out; used up
agotador,-a exhausting
agotamiento exhaustion
agradable pleasant
agradar please
agradecer (zc) thank
agradecido grateful

agrandarse get bigger
agregar add
agrícola agricultural
agricultor *m* farmer
agrio sour
agua water
aguacate *m* avocado
aguantar stand, put up with
aguardar wait
aguja needle
ahí there
ahijado godson, godchild
ahogar (gu) stifle, suffocate, drown
ahogos shortness of breath, gasps
ahora now; **—bien** now; **— mismo** right now; **de — en adelante** from now on
ahorros savings; **caja de — y préstamos** savings and loan bank
aire air; appearance
aislar (í) isolate
ajeno another's; foreign; different
ajetreo bustle; noise
ají hot pepper
ajo garlic
al to the; upon
ala wing; **cortarle las — (a alguien)** clip (someone's) wings
alacena cupboard; closet
alarido scream, cry
albañil *m* mason; bricklayer
alcachofa artichoke
alcance *m* reach
alcancía bank, store
alcanzar (c) reach, manage
alegar (gu) allege, argue
alegrar make happy; **alegrarse** be happy

alcahuete

alegre happy, gay
alegría happiness, gaity
alemán (-ana) German
Alemania Germany
alfombra carpet
algo something; somewhat
alguien someone,
   somebody
algún some
alguno one; some;
   someone; no, none at all
alimentar nourish, feed
alimento nourishment,
   food
alinear align
aliviar relieve, alleviate,
   lighten
alivio relief
allá there, over there; **— se
   las componga** let him
   manage any way he can
allí there; **— mismo** right
   there; **de — en
   adelante** from then on
alma soul
almacén *m* store,
   warehouse, storage area
almeja clam
almorzar (ue) have lunch
almuerzo lunch
aló hello (*on the telephone*)
alojarse live, stay, lodge
alrededor around;
   alrededores environs
alterado altered, upset
alternar take turns
alternativa alternative
alto high; tall; stop
altura height, altitude
alumbrar turn on;
   illuminate
alumno student, pupil
alzar (c) raise, lift
amo owner; **ama de**

casa housewife
amabilidad *f* kindness
amable kind, nice
amanecer *m* daybreak; dawn
amar love
amargar make bitter
amargar (gu) make bitter
amargura bitterness
amarillento yellowish;
   yellowed
amarillo yellow
amarrar tie, tie up
Amazonas *m sing* Amazon
   (*river, region*)
ambiente *m* atmosphere
ambigüedad *f* ambiguity
ambos both
ambulancia ambulance
amenazar (c) menace,
   threaten *amenaza-
   threat*
americano American; North
   American
amigable friendly
amigo friend
amistad *f* friendship;
   acquaintance
amontonar pile up,
   accumulate
amor *m* love
amoroso love, loving
amplio ample, wide
analfabetismo illiteracy
anciano old; old man
ancho wide, large
andar go, go around, work,
   function; **— de/en
   puntillas** tiptoe;
¡ándale! go on!
andaluz Andalusian
andino Andean, from the
   Andes
anfitrión host
anfitriona hostess
angustia anguish

anhelar desire, yearn for
anheloso anxious
anillo ring
ánima soul; **— en
   pena** lost soul, soul in
   torment
animar encourage, cheer up
ánimo courage, spirit;
   estado de — state of
   mind; **ánimos** energy,
   willingess, desire
anoche last night
anónimo anonymous
ansiedad *f* anxiousness
ansioso anxious
ante before
anteayer the day before
   yesterday
anteh *see* **antes**
anteojos *pl* eyeglasses
anterior previous
antes before, beforehand;
   — de before, **—
   que** before
anticoncepción contraception
anticonceptivo contraceptive
anticuado antiquated,
   old-fashioned
antideportista anti-sports
antiestético unesthetic,
   antiesthetic
antigüedad *f* antique
antiguo old; former;
   **chapado a la
   antigua** old-fashioned
antipático unpleasant,
   nasty
antojar seem, appear, strike
   as
antropología anthropology
anunciar announce
anuncio advertisement;
   — comercial commercial
   (*radio or TV*)

*alivio
relief*

añadir add

año year; **el — que viene** next year; **tener 18 años** be 18 years old

apagado listless, spiritless

apagar (gu) put out, turn off

apagón m blackout, darkness

aparador m showcase, dresser, buffet

aparato apparatus, device, machine, set

aparecer (zc) appear, show up, be there

aparecido ghost, specter

apariencia appearance

apartar set aside, separate, remove

aparte aside, apart

apasionado passionate, heated

apático apathetic

apelar have recourse to, appeal

apellido last name, surname

apenado sorrowful, grieving

apenar cause sorrow, grieve

apenas hardly, barely, scarcely; as soon as

apetecer (zc) crave

apio celery

aplastar crush, flatten

aplausos applause

aplicar (qu) apply

apodo nickname

aportar bring, contribute

apostar (ue) bet

apoyar support; lean

aprender learn

apretado tight

apretar (ie) tighten; press, push

aprobar (ue) pass (a course); approve

apropiado appropriate

aprovechar take advantage, use to the best advantage; **aprovecharse** take advantage, abuse

apuntar jot down, note; **apúntate ésa** chalk one up for your side

apurarse hurry up; worry

apureh see **apurarse**

aquel that

aquella that

aquello that

aquí here; **de — en adelante** from now on

árabe m Arab, Arabic

arábigo Arabic

Aragón: casa de — Aragon company

árbol m tree

arco arch, arc

argentino Argentine, Argentinian

arguir (y) argue

aritmética arithmetic

arma arm, weapon

armario armoire, closet

armazón f frame

armonía harmony

armonioso harmonious

arqueado arched

arquetipo archetype

arquitecto architect

arquitectura architecture

arte m & f art; **bellas artes** fine arts

artesanía handicraft

artículo article

artista m & f artist; **— de cine** movie star

arveja pea

arrancar (qu) tear away

arrasado filled; brimming

arrebatado reckless, rash, impetuous

arreglar fix; arrange; take care of

arreglo arrangement, presentation

arrepentido sorry

arrepentimiento repentance

arrepentirse (ie, i) repent, be sorry

arriba up, upstairs, above; **de — abajo** up and down, from top to bottom

arriscar (qu) tweak, pinch

arrojo boldness, dash, fearlessness

arroyo stream

ascendencia ancestry

ascenso promotion

ascensor m elevator

asegurar assure, insure; make secure; **asegurarse** make sure

asentir (ie, i) assent; **— con la cabeza** nod yes

así thus, like that; **— fue** that's how it was; **— que** so

asiento seat

asignatura subject (in school)

asilo asylum, home

asimilarse become assimilated, assimilate

asistir attend

asociar associate; **estado libre asociado** commonwealth; **asociarse** become associated

asomar peep, stick out; **asomarse** peep, stick out

asombrado amazed

asombro amazement

asombroso amazing

aspirar aspire; breathe deeply

aspirante *m & f* applicant, candidate
astucia astuteness, cunning
asunto subject, matter, business, affair
asustar scare, frighten; **asustarse** get scared, frightened
atado pack, bundle
ataque *m* attack
atar tie, unite
atardecer *m* late afternoon
atender (ie) see to, attend to
ateo atheist
aterrizaje *m* landing
aterrizar (c) land
atleta *m & f* athlete
atontar stun, stupify, bewilder
atormentar torment
atracador, -a mugger, holdup man or woman
atraer (atraigo) attract
atrapar trap, catch
atrás back, backward; **años —** years ago; **marcha —** reverse
atrasado late
atrasarse be late, get behind
atravesar (ie) cross
auditorio audience
aullador, -a howling
aullar howl
aumentar augment, get bigger
aumento increase, raise
aún still
aun even
aunque although, even though
ausencia absense
ausentarse be absent, not be there
ausente absent
auténtico authentic

auto *m* car
autobús *m* bus
autoconfianza self-confidence
autógrafo autograph
autor, -a author
autoridad *f* authority
autorizar (c) authorize
avance *m* advance, advancement
avanzar (c) get ahead, advance
avemaría Hail Mary
avenida avenue
aventura adventure, affair
avergonzado ashamed
avería damage
averiguar (gü) verify, find out
avión *m* airplane
avisar advise, let know
aviso advertisement, notice; information
ayer yesterday
ayllu *basic social unit of the Incas*
Aymará *Andean Indian culture*
ayuda help
ayudar help
azafata stewardess
azote *m* whip; lash; spanking
azotea roof
azúcar *m* sugar
azucarado sugary, sweet
azul blue

B

babear drool
bacalao *m* codfish
bachillerato *degree conferred on secondary school student who passes university entrance exam*
bailar dance
bailarín (-ina) dancer

baile *m* dance
bajar lower; get out, get down, get off; **— de peso** lose weight
bajo under, beneath; short, low
balanza scale
balcón *m* balcony
baldosa floor tile
Baleares Balearic Islands (*off the northeast coast of Spain*)
banco bank
bandolero bandit
bando gang, group
banquero banker
banquete *m* banquet
bañarse bathe, take a bath
bañera bathtub
baño bath, bathroom; **traje de —** bathing suit
bar *m* bar, coffee shop
barato cheap
bárbaro terrific; terrible
Barcelona *city in southeast Spain*
Barceloneta *town in Puerto Rico*
barco boat, ship
barómetro barometer, measure
barra bar, rail
barrendero sweeper, janitor
barrio neighborhood
base *f* base, basis
bastar be enough, be sufficient; **¡basta!** enough!
bastante quite, pretty much; enough
basura garbage, trash
basurero trash collector; trash can; rubbish dump
batidora blender
baúl *m* trunk
bebé *m* baby

beber drink
bebida drink
béisbol *m* baseball
belleza beauty
bello beautiful; **bellas artes** fine arts
bendición *f* blessing
beneficio benefit, profit
berenjena eggplant
besar kiss
beso kiss
bestia beast
Biblia Bible
bíblico Biblical
biblioteca library; **rata de —** bookworm, study wart
bicho animal, bug
bicicleta bicycle
bien well; good; very; **bienes** goods, wealth, belongings, property
bienestar *m* well-being
biftec *m* steak (*pl* **biftecs**)
bilingüe bilingual
bisabuela great-grandmother
blanco white; target
bloquear block
bobo dumb, stupid
boca mouth
boda wedding
bodega pantry; wine cellar; grocery store; small restaurant
bodegón *m* small restaurant
bodeguero grocer; owner of a small restaurant
bogar (gu) row
Bogotá *capital of Colombia*
bola ball
bolchevique Bolshevik, revolutionary
boleto ticket
boliviano Bolivian
bolsa bag; pocket; purse
bolsillo pocket

bombero fireman
bondad *f* kindness, goodness
bondadoso kind
bonito pretty
borde *m* edge
Borinquen Puerto Rico
bostezar (c) yawn
botar throw away
botella bottle
botica drug store
boxeo boxing
bracero *Mexican farmhand who works in the United States*
brasa live coal
brazo arm
breve brief, short
brillar shine
brillante brilliant
broche *m* pin, brooch
broma joke, prank
bromear joke
bronce *m* bronze
broncearse get a suntan
brujería witchcraft
brujo witch, sorcerer
brusquero brush, underbrush
bruto dumb; brute
brutoh *see* **bruto**
budín *m* cake
buen *see* **bueno**
bueno good, kind; well
buf whew
bulbo bulb
burlesco funny, mocking
busca search
buscar (qu) look for; try to
búsqueda search

C

caballero gentleman

caballo horse; **montar a —** horseback ride
cabello hair
caber (quepo) fit; **no cabe duda** without a doubt, no doubt
cabeza head
cabo end; **al —** at the end; **al fin y al —** after all
cabrón damn (*lit.*, male goat)
cacharro crock, earthen pot
cachivache *m* piece of junk, thingamabob
cada each
cadena chain
cadera hip, buttock
caer (caigo) fall; **caerse** fall down
café coffee; cafe, coffee shop
cafetería coffee shop
caída fall
caja box; **— de ahorros y préstamos** savings and loan bank
cajón *m* drawer
calabazo gourd
cálculo calculus
calefacción *f* heating, heat
calendario calendar
calentar (ie) heat
calenturas fever
calidad *f* quality
cálido warm
caliente hot, warm
calificar (qu) describe, call
callado quiet, silent
callar quiet, not tell, not talk; **callarse** be quiet
calle *f* street; **estar en la —** be down and out
calma calm
calmado calm
calmar calm, calm down

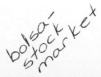
bolsa-
stock
market

calor *m* heat, warmth; **dar — ** make hot, make warm; **hace — ** be hot, (warm) out; **tener — ** be hot, be warm

calvo bald

calzoncillos *pl* shorts, drawers, underpants

cama bed; **ropa de — ** bed clothes (*sheets, etc.*)

camarero waiter

camarón *m* shrimp

cambiar change, exchange

cambio change

caminar walk

caminata hike, walk

camino road; walk; way

camión *m* truck

camionero truck driver

camisa shirt

campeón, -a champion

campeonato championship

campesino peasant

campo country, field

camposanto cemetery

canalete *m* paddle

canasta canasta (*card game*)

canasto basket, wastebasket

canción *f* song

cancha court, field

canoa canoe

cansado tired

cansancio tiredness

cansar tire; **cansarse** get tired

cantante *m & F* singer

cantidad *f* quantity

caña cane

caos *m* chaos

capacidad *f* capacity, ability

capaz capable, able

capítulo chapter

capricho caprice, whim

captar capture

cara face

carabina carbine

caracterizar (c) characterize

caray damn; **qué caray** damn it

carcajada burst of laughter

cárcel *f* jail

carecer (zc) de lack

carga burden

cargar (gu) charge

cargo charge, job, duty

caribe Caribbean

caricatura comic strip; comic strip character

cariño affection, love; **cariños** —affectionately, love (*at end of a letter*)

cariñoso affectionate

carne *f* meat

carnicería butcher shop

caro expensive

carta letter; **jugar a las cartas** play cards

cartera purse; briefcase

carrera career; course of studies; race

carretera highway

casa house, home; company; **ama de — ** housewife; **en — ** at home

casamiento marriage

casar marry; **casarse con** get married to

casi almost

caso case

casta cast

castaño brown (*hair, eyes*)

castellano Spanish

castigar (gu) punish

castigo punishment

Castilla Castile

casualidad *f* accident, chance; **por — ** by chance

Cataluña Catalonia

catarro cold

causa cause; **a — de** because of; **por — de** because of

causante cause

causar cause

cavidad *f* cavity

cavilar stop and think, ponder, cavil

caza chase, hunt; hunting

cazador, -a hunter

cazar (c) hunt

cebolla onion

ceder give in, cede

ceja eyebrow

célebre famous

celos *m* jealousy; **tener — ** be jealous

cementerio cemetery

cena dinner, supper

cenar have dinner, supper

ceniza ash

centella flash (*of lightning*)

centenar *m* hundred

céntrico downtown

centro downtown; center

cepillo brush

cerca near, nearby; **ver de — ** see up close

cercano near, nearby

cerco fence, wall

cereza cherry

cerradura lock

cerro hill

certamen *m* contest

cerveza beer

ceviche *m* pickled fish

cicatriz *f* scar

ciclista *m & f* cyclist

ciego blind

cielo sky

ciempiés *m* centipede

cien hundred

ciencia science; **a — cienta** for sure

científico scientific; scientist

cámara-
legislature

ciento hundred; **por — ** percent

cierto certain; sure; **no es —** it's not true; **a ciencia cierta —** for sure

cifra figure

cigarrillo cigarette

cigüeña stork

cincelar chisel, carve, work (*a metal*)

cincuenta fifty

cine *m* movies

cinturón *m* belt; **— de seguridad** seat belt

círculo circle, group

ciudad *f* city

ciudadanía citizenship

ciudadano citizen

claro clear; light; of course

clase *f* class

clásico classical

clasificar (qu) classify

clave *f* key

clavel *m* carnation

cliente *m* & *f* client, customer

clima *m* climate

cloqueo cluck, clucking noise

coagularse coagulate

cobrar charge, earn

cobre *m* copper

coche *m* car

cocina kitchen; stove; cooking

cocinar cook

cocinero, -a cook

coco coconut; ugly; devil

coctel *m* cocktail

código code

codo elbow

coger (j) get, grasp, catch

cohibir inhibit

cojo lame

col *f* cabbage

cola tail; line

colchón *m* mattress

coleccionar collect

colegio high school; school

colgar (ue) (gu) hang

colocar (qu) place; **colocarse** be placed, place oneself

colonizador, -a colonizer

colorido color, coloring

coma comma; **con puntos y comas** perfectly

comadrona midwife

combatir combat

comedia comedy; play

comedor *m* dining room

comenzar (ie, c) a begin, commence

comer eat, have dinner, have the noon meal

comerciar buy and sell

comerciante *m* & *f* merchant, businessman, businesswoman

comercio commerce, business

cometer commit

comezón *m* itch; **dar —** make itch

comida food, meal, noon meal

comienzo beginning

comisionado committee member, representative

como as, like; how; what; any way that **¿cómo?** how? what?

cómoda dresser

comodidad *f* comfort

cómodo comfortable

compadecer (zc) feel sorry for

compadre *m* friend, buddy; godfather of one's child

compañerismo companionship

compañero friend, buddy, companion

compañía company

comparación *f* comparison

compartir share

compensar compensate

competencia competition

competir (i, i) compete

complacer (zc) please

complejo complex, complicated

complemento object

completo complete; **por — ** completely

complicitario as an accomplice

componer (compongo) compose, make up; **componérselas** manage any way possible; **allá se las compongan** let them manage any way they can

comportamiento behavior

comportarse behave, conduct oneself

compra purchase; **hacer compras** go shopping

comprador, -a buyer

comprar buy

comprender understand, comprise

comprensión *f* comprehension

comprobar (ue) prove, verify

compromiso engagement, obligation

computadora computer

comulgarse (gu) take communion

comunicarse (qu) communicate, let know, get in touch

comunidad *f* community

con with; **contar —** depend on; **soñar —** dream about

concebir (i, i) conceive

concha shell

conciencia conscience

concierto concert

condenar condemn, damn

condenao *see* **condenar**

condicionado conditional; **bien —** agreeable

condiciones *f pl* condition

condimento spice, condiment, seasoning

conducir (zc) lead; drive

conferencia lecture

confesarse (ie) confess

confiado confident, trusting

confianza confidence, trust

confiar (í) en trust

confidente *m* confidant

conforme in agreement with, according to; **estar —** agree

confundir confuse

confuso confused

congelar freeze

congoja anguish, grief

congregarse (gu) congregate, gather

conjunto group, ensemble; **en —** as a whole, all in all

conmigo with me

conmovido moved

conocedor, -a knowledgeable; expert

conocer (zc) know, be familiar with; meet

conocido well-known

conocimiento knowledge, piece of knowledge

conque so, well

conquista conquest

conquistador *m* conqueror; **conquistador,-a** conquering

conquistar conquer

consciente conscious

consecuencia consequence; **por —** consequently

conseguir (i, i) get, attain, achieve

consejero adviser, counselor, councilor

consejo advice; counsel; council

consentido spoiled

consentimiento consent

conservador, -a conservative

conservar conserve, preserve

conservas *f pl* preserves; canned goods

consiguiente: por — therefore

consistir en consist of

consolar (ue) console, calm down

constituir (y) constitute

constructor, -a construction worker

construir (y) build, construct

consuelo consolation

consulta consultation; **libros de —** reference books

consumido weak, worn-out

consumir consume

consumo: bienes de — consumer goods **contador, -a** accountant

contagiar infect; affect; be contagious

contagioso contagious

contar (ue) count; tell; **— con** depend on

contener (contengo, ie) contain

contenido content; contents

contento happy, content

contestar answer

contigo with you

contiguo next, next door, adjacent, adjoining

continuo continual, continuous

contra against

contrabandista *m &* *f* smuggler

contraer (contraigo) contract

contrario contrary, opposite

contrato contract

contribución *f* contribution; tax

contribuir (y) contribute

convencer (z) convince

convenir (convengo, ie) be suitable, be appropriate, be a good idea

convertir (ie, i) convert; **convertirse en** become

convincente convincing

convivencia living together

coño *vulgar obscenity*

cooperar cooperate

copetín *m* drink

coquetear flirt

coquetería flirtatiousness

coraje *m* courage; anger; **dar —** make angry

corazón *m* heart

corona crown

correccional: **escuela —** reform school

corregir (i, i) correct

correr run

corresponder correspond

corrida bullfight

corriente *f* current; *adj* running, current

cortado interrupted; intermittent

cortar cut

cortedad f shortness,
  scantiness; shyness

cortesía courtesy

cortina curtain

corto short

cosa thing; **cualquier
  cosa** anything

cosecha harvest, crop

coser sew

costa coast

costo cost

costumbre f custom

costura sewing

coyuntura joint

crear create

creativo creative

crecer (zc) grow

creces f pl interest,
  increased value

crecido grown-up

creciente growing

crecimiento growth

crédito credit, belief;
  dar — a believe

crédulo credulous

creer believe

criada maid

criado servant

criar (i) raise

criatura child

crimen m crime

criminalidad f criminality

cristal m crystal; window

cristalino crystalline, clear

cristiano Christian; person

crítica criticism

criticar (qu) criticize

crítico critic

crucigrama m crossword
  puzzle

crudo raw; crude

crueldad f cruelty

cruz f cross

cruzar (c) cross

cuaderno notebook

cuadra block

cuadro square; picture

cual which; what;
  el, la — that, which

cuál interr which; what

cualidad f quality

cualquier adj any

cualquiera pron any, any
  other

cuando when

cuándo interr when

cuanto as much as;
  cuantos as many as

cuánto interr how much;
  cuántos how many

cuarto fourth; room; —
  de baño bathroom

cubano Cuban

cubrir cover

cuco crafty one, sly one;
  devil

cuchilla knife, blade

cuchillo knife

cuenta bill, account; **darse
  —** realize; **por —
  propia** on his own; **por su
  —** on his own

cuento story

cuerda chord

cuerpo body

cuestión f matter, question,
  problem

cueva cave

cuidado care; **tener —** be
  careful

cuidadoso careful

cuidar care for, take care of

cul: al cul cul right from the
  bottle

culebra snake

culpa guilt; **tener la —** be
  guilty

culpable guilty

cultivado cultured

cultivar cultivate, grow,
  raise

culto cultured; cult

cumpleaños m sing &
  pl birthday

cumplir comply with,
  satisfy, carry out, keep

cúmulo heap, lot, bunch

cuna cradle

cuñada sister-in-law

cuñado brother-in-law

cuñao see cuñado

cúpula dome

cura m priest

cura f cure

curar cure

curioso curious

cursiva italics

curso course

cuyo whose

CH

chacra small farm

champiñón m mushroom

chapado: chapado a la
  antigua old-fashioned

chaqueta jacket

charlar chat

chica girl

chicano, -a
  Mexican-American

chico m boy; adj small;
  ¡chico! hey, kid!

chicotear click

chileno Chilean

chillar scream; cry; whine

choclo corn

chofer m driver

choque m accident, collision

chorizo sausage

chorrear drip

churrasco barbecue

D

damasco apricot
dar give, make; — a
  luz give birth; —
  con find, bump into; —
  crédito a believe; — la
  mano shake hands; — las
  gracias thank; — un
  examen take an exam; —
  un golpe hit; — una
  vuelta take a walk, take a
  ride; — vueltas toss and
  turn; darse cuenta realize
debajo under, underneath
deber should, ought, must;
  owe; *n m* duty;
  homework
debido due
débil weak
debilitarse become
  weakened
decidir decide
decir (digo, i) say, tell; es
  — that is; querer
  — mean
decreto decree
dedo finger; toe
defender (ie) defend
defensor, -a defender
definido definite
definir define
deformador, -a deformer;
  that deforms
dejar leave; let;
  déjame leave me alone;
  — caer drop
del of the
delante de in front of
delicado delicate, weak
demanda petition, claim,
  demand
demás other, others; rest;
  estar — be out of place
demasiado too; too much

demonio demon, devil
demostrar (ue) show,
  demonstrate
demudado altered, upset
dentro in, within, inside
departamento apartment;
  department
depender de depend on
dependiente dependent
deporte *m* sport
deportista *m & f* sports fan;
  sportsman, sportswoman
deportivo sports
depositario depository
depósito depot, reservoir
derecho right; law
derramar lavish
derrumbar collapse
desacuerdo disagreement
desafortunado unfortunate
desagradable disagreeable,
  unpleasant
desagradar displease
desaliento discouragement,
  weakness, dismay
desamparar fail to help
desaparecer (zc) disappear
desarrollar develop
desarrollo development
desastre *m* disaster; *slang:*
  mess
desatinado foolish, crazy;
  wild
desayuno breakfast
desbaratado exhausted;
  ruined
desbaratao *variation of*
  desbaratado
desbarataoh
  see desbaratado
descalzo barefoot
descansar rest
descanso rest
descargar (gu) unload,
  discharge

descifrar decipher, figure out
descomponer
  (descompongo) upset,
  disturb
desconcierto upset; out of
  sorts; disbelief, disorder
desconfiar (í) distrust
desconocido unknown
descortés discourteous
describir describe
descrito described
descubierto discovered
descubridor, -a discoverer
descubrimiento discovery
descubrir discover
descuidar fail to take care of
desde from, since; —
  entonces from that time
  on; — luego of course; —
  niña from childhood,
  from the time she is a little
  girl; Tiene el mismo
  empleo — hace cuatro
  años. He's had the same
  job for four years.
desear wish, desire
desembocar (qu) flow into
desempleo unemployment
desenterrar (ie) dig up
deseo wish, desire
desesperado hopeless,
  desperate
desesperar(se) lose hope,
  become desperate
desfasado outmoded
desgracia misfortune
desgraciado unfortunate
deshacerse (deshago) de get
  rid of
desierto deserted; desert
desilusión *f* disillusionment,
  disappointment
desilusionar disillusion,
  disappoint
desnudo naked

desorden *m* disorder
despacho office, study
despacio *adv* slow, slowly
despedirse (i, i) de take leave of, say good-by to; **se despide de usted respetuosamente, cordialmente** respectfully, cordially (*at the end of a letter*)
despegar (gu) loosen, open; **despegarse** come out, off
despegue *m* take-off
despertar (ie) wake up, awaken; **despertarse** wake up, awaken
despierto awake; smart
despojar strip, divest
desprecio scorn, disdain
desprender detach, unhook; take off
después after, afterward
desquitamoh *see* **desquitarse**
desquitarse get even; take it out (*on somebody*)
destacado outstanding
destacar (qu) excel
destinado a headed for; destined for
destino destiny
d'estoh = **de estos**
destruir (y) destroy
desventaja disadvantage
desvestirse (i, i) get undressed
detenerse (detengo, ie) stop
deterioro deterioration
detrás behind
devolver (ue) return
devoto devout
día *m* day; **hoy (en) — ** nowadays; **todos los días** every day; **un — de**

éstos one of these days
diario newspaper; diary *adj* daily, everyday
dibujar sketch, draw
dibujo sketch, drawing
dicha happiness, luck
dicho *pp of* **decir** told, said; **mejor —** rather; that is
diciembre *m* December
dictadura dictatorship
diecinueve nineteen
dieciocho eighteen
dieciséis sixteen
diecisiete seventeen
diente *m* tooth; **cepillo de dientes** toothbrush; **entre dientes** muttering; **pasta de dientes** toothpaste
difícil difficult
dificultad *f* difficulty
difundir broadcast
difusión *f:* **medios** (*m pl*) **de —** mass media
digerir (ie, i) digest
digno worthy
dinámica dynamic
dinero money
Dios God
diosa goddess
diplomático diplomat
dirección *f* address
director,-a director; principal (*of school*)
dirigir direct; drive, steer; **dirigirse a** go toward, address oneself to
disco record
discurso speech
discutir discuss; argue
diseñar design
diseño design
disfrutar enjoy
disgusto annoyance; unpleasant experience

disimular dissimulate, disguise
disimulo dissimulation
disminuir (y) diminish, make smaller
disolver (ue) dissolve
disparar shoot; **dispararse la maroma** take a chance
disparate *m* foolishness, crazy idea
dispensar excuse
disponer (dispongo) de have available
disponible available
disposición *f* disposal
dispueh *see* **después**
dispuesto willing, ready
distinto distinct; diverse; different
distorcionar distort
distraer (distraigo) distract, amuse, entertain
distraído distracted, absent-minded
distrito district
divertido diverted; amusing, fun
dividir divide
divorciarse get divorced
doler (ue) hurt
dolor *m* ache, pain
doloroso painful
dominar dominate, control; **No me domina nada** It doesn't run my life.
domingo Sunday
dominio domination, control
dompe *m* dump
don *m* knack; natural talent; gift; *title of respect*
donde where, wherever
dónde *interr* where
doña *title of respect*
dormido asleep

dineral-fortune

dormir (ue) sleep; **— a pierna suelta** sleep like a log; **dormirse** fall asleep
dormitorio bedroom
dos: los dos both
dr. *abbreviation for* **doctor**
dra. *abbreviation for* **doctora**
droga drug
ducha shower
duda double; **no cabe —** **(que)** without doubt; there's no doubt but (that)
dudar doubt
dueño owner
dulce *m* sweet, candy; *adj* sweet
dulcificar (qu) sweeten
durante during
durar last
durazno peach
duro hard; hardened

E

e and (*before vowel sound*)
ébano ebony
echar throw, throw out, pour; **— a perder** ruin; **— de menos** miss; **— raíces** establish roots, take root
eco echo
economía economy; economics
economizar (c) save, economize
ecuatoriano Ecuadorian
edad *f* age; **mayor de —** of age; **no tener — de** not be old enough to
edificio building
editor, -a publisher
educación *f* upbringing; education
educado well-bred; **bien**

— well-mannered; **mal** **—** ill-mannered
educador, -a *adj* educational, educative; educator
educar (qu) bring up, rear, educate
educativo educational
eficiencia efficiency
Egipcio Egypt
egoísmo selfishness
egoísta *adj m & f* selfish
eje *m* axle
ejecutado executed
ejecutivo executive
ejemplo example
ejercer (z) exercise
ejercicio exercise
elaborar construct carefully
elegir (i, i) elect
elevar elevate, raise
ello *pron* that, it
elogiar praise
embajada embassy
embarazada pregnant
embarazo pregnancy
embargado overwhelmed, thrilled
embargo: sin **—** nevertheless
emerger (j) emerge
emitir emit, give forth, issue, give out
emocionado moved; excited; emotional, moving
emotivo emotional, emotive
empanada turnover
empapado saturated, soaked
empeñado determined
empeorarse get worse
emperador *m* emperor
empezar (ie, c) a begin, start
empleada maid, employee
empleado employee, clerk

emplear employ; use
empleo job
emprender undertake; begin
empresa company, business
empresario impresario, businessman; manager
empujar push
enajenamiento alienation
enamorado in love; lover, boyfriend
enamorarse fall in love
encaminar set out
encantamiento enchantment, spell
encantar enchant, delight; **me encantaría** I'd love to
encanto enchantment, thrill
encarcelar put in jail, incarcerate
encargar (gu) order, charge with; **encargarse de** take charge of
encasillar pigeonhole, trap, cast
encender (ie) light, turn on
encerrar (ie) enclose; shut in; contain
encima on top; **por** **—** above; **saltar —** jump on
encoger (j): encogerse de hombros shrug one's shoulders
encomendero *in colonial America, owner of large portion of land granted by the king*
encomio praise
encontrar (ue) find; **encontrarse con** run into; meet
encuentro meeting
encuesta poll

enchilada *typical Mexican dish consisting of a corn meal pancake stuffed with meat, cheese, or other filling*

enchufar plug in

enero January

enfermedad *f* sickness, illness

enfermero, -a nurse

enfermo sick, ill; sick person

enfrente de in front of; opposite

engañar fool, deceive

engaño deceit

engendro offspring

enlazar (c) link, connect

enloquecido mad; driven mad

enojar anger; **enojarse** become angry; get mad

enorme enormous

enriquecer (zc) enrich

enseñanza teaching

enseñar teach, show

entender (ie) understand; **tener entendido** understand

entero entire

enterrar (ie) bury

entibiar cool down; temper; weaken

entidad *f* entity

entierro burial

entonceh *see* **entonces**

entonces then; so, therefore

entornar upset; half close

entorpecimiento obstacle, obstruction

entrada entrance; ticket

entrañas *pl* guts, insides, entrails; feelings, heart

entrante: la semana — next week

entrar enter, come in, go in

entre between

entrecortado intermittent

entregado given over to; taken up with

entregar (gu) hand over

entremés *m* hors d'oeuvre

entrenarse train

entretener (entretengo) (ie) entertain, delay, put off

entretenimiento entertainment

entrevista interview

entrevistar interview

entristecer (zc) sadden; **entristecerse** get sad

entundar carry off and bewitch (*by the Tunda*)

entusiasmado enthusiastic, enthused

entusiasta enthused, enthusiastic

enviar (í) send

envidia envy

envolver (ue) wrap

época epoch, age, period, time

equilibrado sensible

equipar equip

equipaje *m* baggage, equipment

equipo team

equitación *f* equitation, horseback riding

equivocado mistaken

equivocarse (qu) be mistaken, make a mistake

equivoco mistake

ereh *see* **ser**

erguirse (i, i) (yergo) raise, straighten up, swell with pride

errar (yerro, yerras, yerra, yerran) wander

erróneo erroneous

esa that; **esas** those

ésa that one; **ésas** those

escabeche *m* pickled chicken, fish

escala scale

escalofrío shiver, chill

escandaloso scandalous, noisy

escaparse escape

escasez *f* scarcity; shortness, want

escaso scarce

escena scene, stage

escenario stage, setting, background

esclavitud *f* slavery

esclavo slave

escoba broom

escoger (j) choose

esconder hide

escondidas: a escondidas secretly, on the sly

escondite *m* hiding place

escopeta shotgun

Escorpión *m* Scorpio

escribir write

escrito written; writing (*pp of* **escribir**)

escritor, -a writer

escritorio desk

escuchar listen

escuela school

ese that

ése that one

esfuerzo effort; spirit, courage

Esmeraldas *city on the coast of Ecuador*

eso that; **por —** that's why

esos those

ésos those

espacio space, room

espalda back; **espaldas** shoulders

entallado- carved

España Spain
español, -a Spanish;
de habla española
Spanish-speaking
esparcir (z) scatter
especial special
especialidad f specialty
especializado specialized
especie f type, kind
especificar (qu) specify
espectacular spectacular
espectáculo show, spectacle
espectador, -a spectator,
viewer
espejo mirror
espera wait
esperanza hope
esperar wait, hope; be
pregnant
espeso thick
espinacas spinach
espíritu m spirit; ghost
espiritual spiritual
espléndido splendid
esplendor m splendor
esposa wife
esposo husband;
esposos husband and
wife
esqueleto skeleton
esquiar (í) ski
esquí m ski; skiing
equimo pie m Eskimo Pie
(*ice cream bar*)
esquina corner (*outside*)
estrecho narrow
esta this; **estas** these
ésta this one; **éstas** these
estabilidad f stability
establecer (zc) establish;
establecerse get settled
establecimiento
establishment

estación f season; station
estadística statistic,

statistics
estado state; **Estados**
Unidos United States
estadounidense American
(*from the United States*)
estallar break out
estante m shelf
estaño tin
estar be; look
estatua statue
este this
éste this one
estéreo stereo
estereotipo stereotype
estético aesthetic
estilo style
estima esteem
estimado dear (*beginning a
formal letter*)
estimulante stimulating
estipular stipulate
estirar stretch, stretch out,
pull apart
esto this

estofado stew
estómago stomach
estos these
éstos these
estrechar hug; press against
estrecho close, narrow
estrella star; **— de**
cine movie star
estrepitoso noisy,
deafening
estridencia stridence, shrill
noise
estructura structure
estruendo crash, uproar,
confusion
estudiante m & f student
estudiantil student
estudiar study
estudio study, office
estupefacto stupefied,
dumbfounded

estupendo stupendous
estupidez f stupidity
estúpido stupid
estupor m stupor,
amazement
estusiasmo enthusiasm
eterno eternal
ética ethics
ético ethical
étnico ethnic
Europa Europe
europeo, -a European
evitar avoid
examen m exam
exceder excede
excelencia: por — par
excellence
excitar provoke, excite
excusado toilet
excusarse excuse oneself;
— de decline to
ex-esposa ex-wife
exhausto exhausted
exigencia demand
exigir (j) demand
existir exist
éxito success; **tener —** be
successful
exitoso successful
ex-marido ex-husband
experimentar experience;
experiment
explicación f explanation
explicar (qu) explain
explicativo explanatory
explotación f exploitation
explotar exploit; explode
exponer (expongo) expose
exportación f export;
exportation
expropiado expropriated
expulsar expel
extenso extensive
extensible stretchy;
extensible

expuesto exposed

estornudar- sneeze

extensivo: hacer — extend
extra: extra terrestre extraterrestrial
extraer (extraigo) extract
extranjero foreign; foreigner
extrañar miss
extraño strange; foreigner, stranger, outsider
extremado extreme
extremo extreme; farthest part, other end; tip

F

fábrica factory
fabricación f manufacturer
fabricante m & f manufacturer
fabricar (qu) manufacture
fácil easy
facultad f school (within a university)
fajeada spanking
fajear spank
falsete m falsetto (voice)
falta lack
faltar be lacking, be missing
falla defect, failure, breakdown
fallar pass judgment
fama fame, reputation; tener — de be known to
familia family
familiar adj family, of the family; m & f relative
fantasma m ghost
Farellones Chilean ski resort
fase f phase, period
fastidiar bother, annoy
fatigado fatigued, tired
favor m favor; estar a — be in favor; haga el

— de please; por — please
favorecer (zc) favor
febrero February
fecha date
felicitar congratulate
feliz happy
fenecido departed, late
fenomenal phenomenal
fenómeno phenomenon
fervoroso fervent
feto fetus
ficticio fictitious
fideos noodles, spaghetti
fiebre f fever; tener — have a fever, temperature
fiel faithful
fiera wild animal
fiesta party, holiday
fijar fix; establish; fasten; fijarse notice, imagine; fíjate hey, listen, just imagine
fijo steady, intent, fixed
filicida filicidal
filosofía philosophy
filósofo philosopher
fin m end; purpose; por — finally
financiero financial; financier
finanzas finances
finca farm
fingir pretend
fino refined, well-bred; fine
firma firm, company; signature
firmar sign; sign up for
firme firm, steadfast
física physics; physical
flaco skinny
flan m custard
flor f flower
folleto brochure

fondo bottom; back; background
fondos funds
formidable tremendous, formidable
fortalecer (zc) fortify, strengthen
forzar (ue) (c) force
fósforo match
foto f photo
fotografía photograph
fotógrafo photographer
fracasar fail
fracaso failure
fragmentado broken into fragments
franco frank
francés (-esa) French
frasco flask, jar
frase f sentence, phrase
frecuentar frequent, attend frequently
fregadero kitchen sink
frenético frantic, phrenetic
frente f forehead; front; en — opposite, in front
fresa strawberry
fresco fresh; hace — it's cool (weather)
frialdad f coldness
frijol m bean
frío cold; hace — it's cold (weather); tener — be cold
frontera border
fruta fruit
fruto fruit
fuente f fountain; source
fuera out, outside; past subjunctive of ser
fuere: sea lo que — be that as it may
fuerte strong, loud; f fort
fuerza force, strength; power
fuga escape, flight

fumar smoke
función *f* function, show
funcionamiento working, performance
funcionar work, perform
funcionario government worker
fundación *f* foundation
fundador, -a founder
fundamento basis
fundar found
fundir fuse, mix
futbol *m* soccer; — **americano** American-style football

G

galán *m* good-looking man; suitor
galera galley
gallina hen, chicken; **ají de** — *Peruvian dish with chicken and peppers;* **escabeche de** — pickled chicken
gallinero chicken coop
gallo rooster
gana desire; **dar ganas** make (*someone*) feel like; **tener ganas (de)** feel like
ganah *see* **gana**
ganar earn, win; **ganarse la vida** make a living
garaje *m* garage
garantía guarantee
garra claw
gastar spend
gasto expense
gato cat
gelatina jello
gemido whine, cry
gemir (i, i) cry, whine
Géminis *m* Gemini
general: por lo — generally

generoso generous; ample; excellent
gente *f* people
gerencia management, manager's office
gerente *m* manager
gestión *f* step; measure; piece of business
gesto facial expression
gigantesco gigantic
gimnasio gymnasium; high school
giro turn
glosa gloss
gobernador, -a governor
gobierno government
golosina sweet, candy, treat
golpe *m* blow, hit; **matar a golpes** — beat to death
golpear hit
gordo fat
gótico Gothic
gozar (c) enjoy
gracias thanks, thank you; **dar las** — thank
grado degree
graduado graduate; **recién** — newly graduated
graduarse (ú) graduate
gramática grammar
gran great, big
grande big
grano grain
grave serious; seriously ill
gravitar (sobre) burden, hover over
gringo North American
gritar scream, yell
grito scream
grotesco grotesque
grueso heavy, thick
grupo group
gua **voy a**
guagua baby; bus
guapa pretty, attractive

guapo handsome
guardar keep; keep from; put away
guardia *m & f* guard
guatemalteco Guatemalan
guayaba guava
gubernamental governmental
güelito *see* **abuelo**
güeno *see* **bueno**
guerra war
guerrero warrior
guerrillero guerilla warrior
guía *m & f* guide
guiar (í) guide; lead
guionista *m & f* script writer
guisante *m* pea
guitarra guitar
gustar please; **no me gusta** I don't like it
gusto pleasure, taste; **mucho** — pleased to meet you

H

haber (*all forms of the present tense are irregular*) have; there + a form of the verb *be;* — **de** should, ought; future tense verb (*e.g.* **ha de ir** he will go)
había (*imperfect of* **haber**) there was, there were
hábil skillful
habilidad *f* skill
habitación *f* room
habitante *m & f* inhabitant
habitar live, inhabit
habla speech; **de** — **española** Spanish-speaking
hablar speak, talk

hacer (hago) make, do; have; **Hace diez minutos que hablan.** They've been speaking for ten minutes; **hace frío (calor)** it's cold (hot); **Hace tres años que murió.** He died three years ago; **— caso** pay attention; **— gracia** strike as funny; **— un viaje, una excursión** take a trip; **hacerse ovillo** curl up

hacienda farm, ranch

hacha hatchet

halagar (gu) flatter

hallaca *Colombian and Venezuelan dish consisting of corn dough, chicken, beef, and pork cooked in banana leaves*

hallar find

hambre *f* hunger; **tener —** be hungry

hamburguesa hamburger

Hansa *office building in La Paz, Bolivia*

hasta until; even; **— luego** see you later, good-by

hay there is, there are; **— que** one has to

hazaña deed, feat, exploit

hecho fact, deed; made, done; **— y derecho** tried and true, real

helado ice cream; serving of ice cream; **helados** ice cream

hembra woman

heredar inherit

heredero heir

hereditario hereditary

herencia inheritance

herida wound

hermana sister

hermanandad *f* brotherhood

hermano brother; **hermanos** brothers (and sisters)

hermoso beautiful

hermosura beauty

hervir (ie, i) boil

herramienta tool

hielo ice

hierro iron

higiénico hygienic

higuera fig tree

hija daughter

hijo son; child; **— único** only child; **hijos** sons (and daughters); children

hilo thread, string

hipo hiccough

hispánico Hispanic

hispano Hispanic

hispanoamericano Spanish American

histérico hysterical person

historia story; history

historiador, -a historian

histórico historic, historical

hogar *m* home

hogareño homebody; **economía hogareña** home economics

hoja page, leaf

hola hi, hello

hombre *m* man; **¡—!** hey!

hombro shoulder; **encogerse de hombros** shrug one's shoulders

hora hour; time; **a buena —** it's about time, this is some time to; **¿Qué — es?** What time is it?

horario schedule

horizonte horizon

horno oven

horrendo horrendous, awful

hotelero innkeeper; hotel manager or owner

hoy today; **de — en adelante** from this day on; **— (en) día** nowadays

huancaína : papas a la — *Peruvian dish made with potatoes and chile*

hueco hollow

huérfano orphan

huír (y) flee

húmedo humid

humilde humble; poor

humillante humiliating

humillar humiliate

humo smoke

I

iberoamericano Iberoamerican

ida departure; **— y venida** trip to and from, round trip

intentidad *f* identity

identificar(se) (qu) identify

idioma *m* language

idólatra *m & f* idolater

iglesia church

ignominioso ignominious, despicable

igual equal; the same; **— que** the same as; **iguales** peers

igualdad *f* equality

iluminar illuminate, brighten

ilusionado full of illusions; excited

ilustre illustrious

imagen *f* image, picture

imaginar imagine; **imagínate** just imagine, just think

impacientarse become impatient

impedir (i,i) prevent

imperio empire; command; domination

impetuoso impetuous
implicar (qu) imply
imponer (impongo) impose
importación f import
importar be important;
import; no me importa I
don't care
impresionante impressive
impresionar impress
impuesto tax
impulsar impel; make work;
charge
incaico Incan
incambiable unchangeable
incapacidad f inability
incapacitado incapacitated
incapaz incapable
incendio fire
incluir (y) include
inclusive including
incomodidad f discomfort
incómodo uncomfortable
incomprehensible
incomprehensible
inconfesado unconfessed
inconfundible unmistakable
inconsciente unconscious
incorporación f
assimilation, addition
incorporarse become
associated, become a part of;
sit up
incrédulo incredulous
increíble unbelievable,
incredible
indefenso defenseless
indicación f direction, hint;
indication
indicador, -a indicating;
indicative
indicar (qu) indicate, direct
indígena m & f native,
indigenous
indigenista m & f person who
studies an indigenous

culture
indio Indian
indirecto : complemento
— indirect object
indiscutido undiscussed
individuo individual
indubitable doubtless,
indubitable
industria industry
inesperado unexpected
inestabilidad f instability
inexacto inexact, incorrect
inexplicable unexplainable;
inexplicable
infaltable ever present
invancia childhood
infantil childhood, childish;
jardín — kindergarten
infeliz unhappy
infiel unfaithful
infierno hell
influir (y) influence
influente influential
informe m report
ingeniería engineering
ingenuo ingenious
Inglaterra England
inglés (-esa) English
ingresar enter
inhabitado uninhabited
iniciar begin, initiate
injusto unjust
inmenso immense
inmigrar immigrate
inmundo filthy
inmunidad f immunity
inodoro toilet
inquietud f disquiet,
concern, restlessness
inquirir (ie) inquire
inscribirse sign up
inscrito signed up
inseguro unsure, insecure
insensibilidad f
unfeelingness; insensitivity

insistir en insist
insoportable unbearable
insospechado unsuspected
inspirar inspire
instalar settle, install,
place
instancia instance; entreaty
instantáneo instantaneous
instintivo instinctive
instrucción f instruction,
education
instruido educated,
instructed
integridad f integrity
intenso intensive, intense
intentar attempt
intercambio exchange; de
— exchange
interés m interest
interesante interesting
interesar interest; no me
interesa I'm not interested
interior m inside; domestic;
interior; interiormente
inside
intermedio intermediate
interrumpir interrupt
intervalo interval, period,
while
intestino intestine
íntimo intimate
intruso intruder
inútil useless
invadir invade
invierno winter
inviolabilidad f inviolability
invitado guest; invited
ir go; irse go away, leave
Irlanda Ireland
irlandés, (-esa) Irish
irrealista m & f unrealistic
irregular uneven, irregular
irritante irritating
irritarse get irritated,
annoyed

inversiones-
investments

isla island
italiano Italian

J

jai alai *a Basque game similar to handball but played with a basket instead of the hands*
jamás never
Japón *m* Japan
jardín *m* garden; — **infantil** kindergarten
jarro pitcher, jar; **a boca de** — point bank
jefe *m* chief, boss, head
jerarquía hierarchy
jesuita *m* Jesuit
jornada workday
joven *m & f* young; youth; young man; young woman
joya jewel; **joyas** jewelry
juego game
jueves *m* Thursday
juez *m* judge
jugador, -a player
jugar (ue) play
jugo juice
juicio judgment
julio July
junio June
juntarse gather, meet, get together
junto together; close
jurar swear
jurista *m & f* lawyer
justicia justice
justificable justifiable
justificar (qu) justify
justo just; fair; just right
juventud *f* youth
juzgar (gu) judge

K

kilovatio kilowatt

L

labio lip
labor *f* work; farm work; labor
laboratorio laboratory
labrar work, fashion, carve
labriego peasant
lado side; **al** — next to; **por** — **de** by; **por (el) otro** — on the other hand
ladrar bark
ladrón (-ona) thief, burglar
lago lake
lágrima tear
lámpara lamp
lana wool
langosta lobster
lanzar (c) hurl, throw; — **un grito** let out a scream
lápiz *m* pencil
largo long; **largamente** for a long time
lástima shame
lata can; **abridor de latas** can opener
latah *see* **lata**
latifunidio large land holding
latino Latin, Latin American and Spanish
Latinoamérica Latin America
latinoamericano Latin American
latir beat; bark; yelp
latón *m* brass
lavabo sink

lavadero laundry; washboard
lavado wash, laundry; — **de cerebro** brain washing
lavadora washing machine
lavanda lavender
lavaplatoh *see* **lavaplatos**
lavaplatos *m* dishwasher
lavar wash; **cuarto de** — wash room; **lavarse** get washed
lavatorio sink
lazo tie
lección *f* lesson
lectura reading; reading material
leche *f* milk
lecho bed
lechón *m* suckling pig
lechuga lettuce
lechuza owl
leer read
legalidad *f* legality
legendario legendary
legitimar legitimize
legua league (*measure*)
lejano distant
lejos far; far away
lengua language
lenguado sole
lento slow
lesión *f* lesion, injury
letra letter; handwriting; **al pie de la** — exactly
letrero sign
levantar lift, raise; **levantarse** get up
leve slight; light; soft
ley *f* law
leyenda legend
liberar liberate; **liberarse** become liberated
liberal liberal, general
libertad *f* liberty, freedom
libertinaje *m* licentiousness,

libertinage, promiscuity
libre free; **estado — asociado** commonwealth
librero book seller; book shelf
libro book
licencia license; permission
licor *m* liquor
licuadora liquifier
líder *m* leader
ligero light
lila lilac
lima lime; file
límite *m* limit
limón *m* lemon
limpiar clean
limpio clean
linaje *m* lineage; class
lindo pretty
línea line
líquido liquid
lista list; **pasar —** call roll
listo ready; clever
literato literary person; writer
literatura literature
local *m* place, locale; local
localizar (c) find, locate; localize
loco crazy, mad; **volverse —** go crazy
lógica logic
lógico logical
lograr achieve, get, manage, reach
loma hill
lombriz *f* earthworm
loro parrot
lucha struggle
luchar struggle
lucir (zc) shine; appear, look
luego then; **desde —** of course; **hasta—** see you

later, good-by; **— — right away**
lugar *m* place; space
lúgubre lugubrious
lujo luxury
luna moon
lunes *m* Monday
luz *f* light

LL

llaga wound, sore
llamada call
llamado so-called; called
llamar call; **está llamado a** it's destined to; **— la atención** attract one's attention; **llamarse** (be) named, (be) called
llanto cry
llave *f* key
llegada arrival
llegar (gu) arrive, get to
llenar fill (up)
lleno full, filled
llevar take; wear; have; lead; **llevarse** carry off
llorar cry
lloriqueo crying
llover (ue) rain
lluvia rain

M

macanear joke; lie
machay *m* valley
machismo maleness, masculinity
Machu Picchu *Incan religious center*
madera wood

madre *f* mother; **— soltera** unwed mother
Madrid *capital of Spain*
madrileño from or of Madrid
Madroño *town in Spain*
madrugada dawn, early morning
maduro mature
maestro teacher; master
Mafalda *Argentine cartoon*
magnánimo magnanimous, generous
magnífico magnificent, wonderful
maíz *m* corn
mal bad; ill, evil; poor; **algo anda —** something's wrong
malacrianza bad upbringing; bad manners
malcriado bad mannered, rude
maldito damned
maleducado rude, bad mannered
malestar *m* discomfort
maleta suitcase
maletín *m* briefcase
malhumor ill-humor
malhumorado ill-humored
maligno malignant, evil
malo bad; sick
maltratado mistreated
mamá mamma, Mom, mommy
mamey mammee (*fruit*)
mancha stain, spot
manchar stain, dirty, blemish
mandar command; send; **— buscar** send for
mandón (-ona) bossy
manejar drive; pilot; manage

manera way, manner;
de esa — that way; **de todas maneras** anyway
manifestación
f demonstration
manifestar manifest; demonstrate
mano *f* hand; **abrir la —** loosen up; **dar la —** shake hands; **— de obra** labor
manta blanket
mantener (mantengo, ie) maintain; support; **mantenerse** keep, remain
manual : trabajo — manual labor
manzana apple
mañana *m* tomorrow; *f* morning
máquina machine; **— de escribir** typewriter
mar *m* ocean, sea
maravilla marvel; **es una —** it's terrific
maravilloso marvelous
marca brand
marcado marked, pronounced
marcha hacer — atrás go backwards
marchar go, march; **marcharse** go away, leave
mareado dizzy
marear make dizzy; **marearse** get dizzy
mareo dizziness
márgen *m* margin; border, edge
marido husband
marino sea, water
Mariscal-Sucre *Quito airport*
marisco shellfish
maroma : nadie dispara una — nobody will take a chance

marzo March
más more
mas but
masa mass
masculinidad *f* masculinity
masculino masculine
masivo massive
matagusano worm killer
matar kill; **— a golpes** beat to death
matemáticas mathematics
materia subject; material
maternidad *f* motherhood
matorral *m* thicket, underbrush
matricular register; **matricularse** register
matrimonial marriage; **separación —** legal separation (*from a spouse*)
matrimonio marriage; wedding; married couple
Matusalén *m* Methuselah
Mayagüenzano from Mayagüez
mayo May
mayor *m & f* adult; major; older, oldest; larger, largest; **— de edad** adult
mayoría majority; adulthood
mayormente principally
meao *see* **meado**
meado urine; pee
mecánico mechanic
mecanizarse (c) become mechanized
mediano median
medianoche *f* midnight
mediante through, by means of
media stocking, sock
medicamento medicine
medicastro witch doctor; quack doctor
médico doctor; medical

medida measure; measurement; **tomar medidas** take measures
medio atmosphere; surroundings, environment; means, way; medium; half; **las dos y media** two-thirty; **medios de difusión** mass media
mediodía *m* noon
mejilla cheek
mejor better; best; rather, instead; **— dicho** rather, that is
mejoramiento improvement
mejorar improve, better; **mejorarse** get better
melancolía melancholy
melcocha taffy, molasses
memoria memory; **aprender de —** memorize; **hacer —** try to remember
memorista *m & f* memorizer
menester necessary
menor *m* younger, youngest; less; least; fewest; minor
menos less, fewer; **y — and certainly not**
mentalidad *f* mentality
mente *f* mind
mentir (ie, i) lie
mentira lie
menudear come down in abundance; repeat
menudo : a — often
mercadería merchandise
mercado market
merced *f* mercy
merecer (zc) deserve
mérito merit, worth
mero mere
mes *m* month
mesa table; **mesita de noche** night table

mestizo *of mixed Indian and Caucasian stock*

meta goal

meter put, put in; **meterse** become involved; pry

método method

metro meter

mexicano Mexican; **mexicano americano** Mexican-American

mezcla mixture

mezclar mix

mezquita mosque

m'hijito mi hijito

micrófono microphone

miedo fear; **tener —** be afraid

miel *f* honey

miembro member

mientras while, as long as

m'ijo mi hijo

mijor *see* **mejor**

mil (a) thousand

milagro miracle

militancia militancy

militar *m* military; soldier

millón *m* million

mimo pampering, indulgence

mina mine

mínimo minimum

minoría minority

minoritario minority

mirada look

Miraflores *section of Lima*

mirar look (at)

misa Mass

miseria misery, abject poverty

misericordia mercy, compassion

misericordioso merciful, compassionate

mismo same; very; itself,

himself, yourself;

misma itself; herself, yourself

misterio mystery

misterioso mysterious

mitad *f* half

mito myth

Moctezuma *Aztec emperor*

modales *m pl.* manners

modelar mold, model

moderado moderate

modesto modest, small

modificar (qu) modify; **modificarse** be modified

modismo idiom

modo way, manner; **de este —** this way; **de otro —** another way; otherwise

mojado wet

molestar bother

molesto bothersome, embarrassed, annoyed

molestoso bothersome

momentáneo momentary

momento moment, minute; **en algún —** at some time

momia mummy

moneda coin

monetario monetary

monja nun

mono monkey

monopolizar (c) monopolize

monótono monotonous

monstruoso monstrous

montado constructed, set up

montaña mountain

montar ride (*a horse*)

Montevideo *capital of Uruguay*

montón *m* lot, bunch

moreno dark-complexioned; brunette

moribundo dying

morir (ue, u) die;

mortal mortal; fatal; awful

mosaico mosaic

mosca fly

mostrador *m* counter

mostrar (ue) show

motor *adj* motor, mechanical

motriz *f* another form of motor

mover (ue) move; **moverse** move

movilidad *f* mobility

movimiento movement

mucama maid

muchacha girl

muchacho boy

mucho much, a lot; **muchos** many

muda change

mudarse move; change

mueble *m* piece of furniture; **muebles** furniture

muela molar; **— del juicio** wisdom tooth

muerte *f* death

muerto dead; dead person

muestra sample

mujer *f* woman; wife; **— de negocios** business woman

mula mule

mundial world

mundo world; **todo el —** everybody

muñeca doll; wrist

murmullo murmur, soft noise

murmurar murmur; gossip

muro wall

museo museum

música music

músico musician

muy very

mimar –
to pamper
mimado –
pampered
to the point
of being
spoiled

N

nacer (zc) be born
nacido: recién — newborn
nacimiento birth
nada nothing, anything; at all; **No me domina —** It doesn't run my life.
nadar swim
nadie no one, nobody, anyone, anybody
nadien *see* **nadie**
naranja orange
narcotizante narcotic
nariz *f* nose, nostril
narrador, -a narrator
natación *f* swimming
natal birth; **tierra —** native land
natural native; natural
naturaleza nature
nave *f* boat, ship
necesario necessary
necesidad *f* necessity, need
necesitar need
nefasto horrid
negación denial; negation
negar (ie) deny; say no
negativa negative answer, no
negativo negative
negocio business; piece of business; **negocios** business
negro black; negro
negroh *see* **negro**
nervio nerve
nervioso nervous
nevar (ie) snow
nido nest
niebla mist, fog
nieta granddaughter
nieto grandson; **nietos** grandchildren

nieve *f* snow
ningún no, not any; any
ninguno no, none, not any; some; any; no one; not at all
niña girl, little girl
niñera nanny, nurse maid
niño child, boy, little boy
nivel *m* level
nobleza nobility
nocturno night; **centro —** night spot, club **club —** night club
noche *f* night; **buenas noches** good night; **todas las noches** every night
nomás just
nombrar name
n'ombre **no hombre**
nombre *m* name
nordeste *m* northeast
norma norm
norte *m* north
norteamericano North American; American
nota grade, note; **sacar una buena (mala) —** get a good (bad) grade
notar note, notice
noticia news; piece of news; **noticias** news
novedad *f* novelty
novela novel
novelista *m & f* novelist
novia fiancée, bride
noviazgo engagement
noviembre *m* November
novillero novice bullfighter
novio fiancé
nubil marriageable
nublado cloudy; unclear
nudo crux; knot
nuestro our, of ours
Nueva York New York

nuevecito brand new
nuevo new; **de —** again
número number
numeroso numerous
nunca never; ever

O

o or
obedecer (zc) obey
obediencia obedience
obispo bishop
obligar (gu) oblige, obligate
obra work; play; **mano de —** labor
obrero worker; working
obsequiar give as a gift
obstáculo obstacle
obtener (obtengo, ie) obtain, get
obvio obvious
ocasión *f* occasion; opportunity, chance
octavo eighth
octubre *m* October
ocultar hide; keep from
oculto hidden, concealed
ocupado busy, occupied
ocupante *m & f* occupant, employee
ocupar occupy, busy, keep busy; **ocuparse de** take care of, pay attention to
ocurrir occur, happen; come, come to mind; **se me ocurre** I have the idea; it occurs to me
Ochún *African goddess of water and fertility*
odiar hate
odio hatred
odioso hateful
ofensa offense, insult

oficial *m* officer; official
oficina office
oficio work, job
ofrecer (zc) offer, give; come up; **¿Qué se le ofrece?** What can I do for you?
oído ear; hearing; heard
oír hear
ojalá I hope; would it be, may it be
ojo eye; **mirar con otros ojos** see in a new light
ola wave
olé yea!
oleada wave
oler (hue) (a) smell (like)
olor *m* odor
olvidar forget; **olvidarse** forget; **se me olvida** it slips my mind
olvido forgetfulness, forgetting; oblivion
ómnibus *m* bus
omnisciente omniscient
once eleven
operador, -a operator (*telephone*)
opinar have an opinion; think; **¿qué opina usted?** what is your opinion?
oponerse (opongo) (a) be opposed to
oportunidad *f* opportunity
oprimir oppress; squeeze; push; press
optar por opt to
opuesto *pp of* **oponer** opposite; opposed
orden *m* order *f* command, religious order, order
ordenar order; put in order

oreja ear
orfanato orphanage
orgullo pride
oriental *m & f* easterner; Uruguayan
orilla bank, shore; border, edge
oro gold
ortodoxia orthodoxy
osar dare
oscuridad *f* darkness
oscuro dark
oso bear
ostión *m* large oyster
otavalo *Ecuadorian Indian culture*
otoño autumn
otorgar (gu) give; grant
otro other, another; **otra vez** again; **por (el) — lado** on the other hand
ovillo ball; **hacerse un —** cower, recoil; curl up

P

paciencia patience
paciente *m & f* patient
padrastro stepfather
padre *m* father, parent; priest
padrenuestro Our Father (*Lord's prayer*)
padrino godfather
paella *Spanish dish of rice, chicken, fish, and vegetables*
pagar (gu) pay
página page
país *m* country
paisaje *m* landscape; countryside
pájaro bird
palabra word
palacio palace
paleta paddle stick
pálido pallid, white

palo stick
palma palm
paloma dove
palomilla *Caribbean dish prepared with steak, onions and spices*
palta avocado
p'allá **para allá**
Pamplona *city in northern Spain*
pan *m* bread; **ganarse el —** earn a living
pandilla band, gang
pantalla screen
pantalones *m pl* pants
pantufla slipper
Papa *m* Pope
papa potato
papá *m* dad, daddy
papagayo parrot
papaya papaya (*tropical fruit*)
papel *m* paper; role
papelón *m* bluffing; **hacer el —** bluff; make a fool of oneself
par *m* pair; **de — en —** wide open
para for, in order to; toward; to
parado standing, stand
paraíso paradise
pararse stand up; stop
parcial partial
parecer (zc) seem; appear; **¿qué le parece?** what do you think?
parecido similar
pared *f* wall
pareja couple, pair
pariente, -a relative
parque *m* park
parroquia: escuela de — parochial school

parroquial parochial

parte *f* part; place; **la mayor—** most, majority; **por la mayor—** for the most part; **por otra—** on the other hand; **por todas partes** everywhere

participar participate

particular private; particular

partida departure

partidario supporter, partisan

partido game; party

partir part, divide; leave

pasado last, past

pasar happen; pass; spend

Pascua Easter

pasear(se) take a walk, ride

paseo walk; ride; **de—** for a walk, ride

pasillo hall

pasta paste

pastel *m* cake

pata leg; foot (*of an animal*)

pataleo kicking; stamping

patata potato; sweet potato

paterno paternal

patica *m* devil; one-footed devil

patín *m* skate

patinaje *m* skating

patinar skate

patria fatherland, homeland

patrulla patrol

pausa time, pause

pavada inanity, stupidity

pavimentado paved

pavo turkey

paz *f* peace

pecho chest

pedalear pedal

pedaleo pedaling

pedazo piece

pedir (i,i) ask (for); order

pegar (gu) hit; glue, stick; **—con el pie** kick

peinar(se) comb; comb one's hair

pelear fight

peligro danger

peligroso dangerous

pelo hair

pelota ball

peludo hairy

peluquero beautician, hairdresser

pena sorrow, penalty; **alma en —** suffering, unredeemed soul; **—de muerte** death penalty

penoso sorrowful

pensar (ie) (en) think (about); intend to

pensión *f* pension; boarding house

pensionista *m & f* pensioner; boarder

peón *m* laborer

peor worse, worst

pequeño small

pera pear

percha coat hanger, coat hook

perchero clothes rack

perder (ie) lose; ruin; miss; **echar a —** ruin

perdón *m* forgiveness; excuse me

perdonar forgive, pardon

pereza laziness

perezoso lazy

perfecto perfect

periódico newspaper

periodismo journalism

periodista *m & f* journalist

permanecer (zc) remain

permiso permission

permitir permit, let

pero but

perro dog

perseguidor, -a chaser, pursuer

persona person

personaje *m* character

personalidad *f* personality

peruano, -a Peruvian

pesado heavy; boring; unpleasant

pesar weight; **a — de** in spite of

pesca fishing

pescado fish

pescador, -a fisherman, fisherwoman

pescar (qu) fish; get; hook; trap

peso weight; monetary unit; **bajar de —** lose weight

pestaña eyelash

petición *f* request

Picchu *see* **Machu Picchu**

pie *m* foot; **al — de la letra** perfectly, literally; **poner el — en la calle** go out, step out

piedra stone

piel *f* skin

pierna leg

pieza room; piece; play

pillar catch

piloto pilot

pino pine

pintar paint, depict, describe

pintor, -a painter

pintoresco picturesque

pintura paint; painting

piña pineapple

piojo louse

pior *see* **peor**

pirámide *f* pyramid

pirata *m* pirate

pisar step

píldoras—
pills

piscina swimming pool
Piscis *m* Pisces
piso floor
pitillo cigarette
placer *m* pleasure
plan *m* plan; **— de estudios** program of studies
plancha iron
planchar iron
planeta *m* planet
planta plant
plástica artistic expression
plata silver; money
plátano banana
platillo saucer
plato plate, dish
playa beach
plaza square; **— de toros** bull ring
plenitud *f* plenitude, fullness
pleno full; in the middle of
población *f* population
poblado populated
pobre poor
pobrecito poor thing
pobreza poverty
Pocitos *street in Montevideo*
poco little, few; **hace —** a little while ago
poder (ue) can; be able; *m* power
poderoso powerful
poema *m* poem
poesía poetry
poeta *m & f* poet
policía *m* policeman; *f* police force
policial police
político political
política politics
pollo chicken
polvo dust
pólvora gunpowder
polvoriento dusty

poner (pongo) put, place; put in; put on; **— atención** pay attention; **— en duda** cast doubt upon; **— un ejemplo** give an example; **— la mesa** set the table; **— un motor** turn on a motor; **— un negocio** begin a business; **— el pie en la calle** step out, go out; **— un profesor particular** hire a private teacher; **ponerse** become; **ponerse a** start to; **ponerse de pie** stand up
popularidad *f* popularity
populoso heavily populated
por for, by, through, per, because of, on behalf of; by; **— la calle** down the street; **— casualidad** accidentally, by chance, by any chance; **— causa de** because of; **— ciento** percent; **— completo** completely; **— consiguiente** therefore; **— lo contrario** on the contrary; **— su cuenta** on his own; **— debajo** underneath; **— delante** ahead; **— desgracia** unfortunately; **— encima de** on top of; **— eso** that's why; **— favor** please; **— fin** at last; **— fortuna** luckily; **— lo general** in general; **— la mañana** in the morning; **— medio de** by means of; **— lo menos** at least; **— otra parte** on the other hand; **— otro lado** on the other hand;

— suerte luckily;
— supuesto of course;
— las tardes in the afternoon
porcelana porcelain
porcentaje *m* percentage
pornografía pornography
porque because; **¿por qué?** why?
porra: a la — to hell with it
portarse behave oneself
portería main door, porter's lodge
portero doorman, porter
porvenir *m* future
posdata (*abbr:* **p.d.**) postscript
poseedor, -a possessor
posibilidad *f* possibility
postre *m* dessert
práctica practice
practicar (qu) practice
práctico practical
preceder precede
precio price
precioso precious, darling, lovely
preciso precise
precisar state precisely; specify
precolombina pre-Columbian
predominar predominate
predominante predomininant
preferir (ie,i) prefer
pregunta question
preguntar ask
prejuicio prejudice
premiar reward
premio prize, reward
prender turn on, light
prensa press
preocupación *f* worry
preocupar (por) worry (about); **preocuparse (por)** be worried, get worried

presa prey; prisoner
presencia presence
presenciar be present;
  witness
presentación *f* introduction
presentar present,
  introduce
preservar preserve
presidente, -a president
presión *f* pressure
préstamo loan
prestar lend;
  — **atención** pay
  attention; — **una calidad**
  give a quality of
presumir presume (to be)
presupuesto budget, funds
previamente beforehand,
  previously
previsible foreseeable
previsto (*pp of*
  prever) foreseen,
  provided for
primario primary; **escuela**
  primaria elementary
  school
primavera spring
primer *variant of* **primero**
primero first
primo cousin
principal principal, main;
  Mex. m & f school principal
principio beginning,
  principle
prisa hurry
privado private
privilegiado privileged
privilegio privilege
probabilidad *f* probability
probar (ue) prove; try;
  experience
problema *m* problem
proceso process
proclamar proclaim
procurar try

pródigo prodigal
producir (zc) produce
productor, -a producer
profesor, -a professor,
  teacher
profundo profound, deep
programa *m* program
progresar progress
progreso progress
prohibir prohibit
prolongar (gu) prolong
promedio average
promesa promise
prometer promise
promoción *f* advancement
pronombre *m* pronoun
pronosticar (qu) predict
pronto soon
propio own; characteristic;
  por cuenta propia on his
  own
proponer (propongo)
  propose
proporcionar give, furnish
propósito purpose
propuesto *pp of*
  proponer proposed
próspero prosperous
proteger (j) protect
proveer (de) provide (with)
provisto *pp of*
  proveer provided
provocar (qu) provoke,
  promote, cause
próximo next
proyecto project
prueba proof, test
psicología psychology
psicológico psychological
psicólogo psychologist
psíquico psychic
publicar (qu) publish
público pu lic, audience
pudoroso modest, shy
pueblo people; town
puente *m* bridge

puerco pig; *adj.* filthy, *used*
  as swearword
puerta door
puerto port
puertorriqueño Puerto
  Rican
pues well, then, why,
  anyhow
puesto job; position; *pp. of*
  poner put
pulpo octopus
pulsera bracelet
puma cougar, panther
puntillas: andar en/de —
  walk on tiptoe
punto point, period
puntual punctual
puntualidad *f* punctuality
puro pure, nothing but, just

Q

que that, which
qué what, what a
quebrar (ie) break
quebrarse break out
Quechua *language of Andean*
  Indian groups
quedar remain, stay, be left,
  be; **quedarse** remain, stay
quedo quiet, still
quehacer *m* task, work
quejarse complain
quejido whine, moan
quejoso complaining,
  plaintive
quemar burn
quemada burn
querer (ie) want; love
querido dear
queso cheese
quien who, whom
quién *interr* who, whom
quieto quiet, still, calm
Quijote: Don — *famous novel*

podrido/
spoiled
(food)

prueba-
challenge

by Miguel de Cervantes

química chemistry
químico chemist
quince fifteen
quinqué *m* oil lamp
quitar take off; take away;
  quitarse take off
Quito *capital of Ecuador*
quizá maybe
quizás maybe

R

rabia anger; **dar —** make
  angry
rabiar rage, rave
rabieta temper tantrum
radicar (qu) live
radiofónico radio
raíz *f* root; **echar**
  raíces take root
rama branch
ramificación *f* extension
rancho hut; *Mex.* ranch
rápido fast, rapid
raqueta racket (*tennis*)
raro rare, strange
rascacielos skyscraper
rascar (qu) scrape, scratch
rasgo characteristic
raspar strike; scrape
rata rat; **— de biblioteca**
  bookworm
rato while
rayo lightning bolt
raza race
razón *f* reason; **tener —** be
  right
reaccionar react
realidad *f* reality
realista realistic
realizar (c) realize, carry
  out, achieve; **realizarse** be
  fulfilled

rebajar humiliate, deflate
rebosante overflowing
recelo fear, distrust
recepción *f* reception;
  reception desk
receptáculo receptacle
receta recipe
rechazar (c) reject
recibir receive
recién recent, recently, just,
  newly; **— nacido**
  newborn
reciente recent
recinto area, place
recitar recite
reclamar claim, demand;
  complain
recobrar recover
recoger (j) pick, pick up,
  harvest; gather
recomendar (ie)
  recommend
recompensa recompense,
  reward
recompensar recompense,
  reward
reconocer (zc) recognize
reconstruir (y) reconstruct
recordar (ue) remember;
  remind
recorrer go around; go
  through; look around
recreo recreation, recess
rectificar (qu) rectify
recuerdo memory
recuperar recuperate
recurso recourse, trick
red *f* net
redondo round
reducido small
reducir (zc) reduce
reemplazar (c) replace
reemplazo replacement
reemprender undertake
  again

referirse (ie,i) (a) refer (to)
reflejar reflect
reflejo reflection
refresco soft drink
refrigerador *m* refrigerator
refugio refuge, shelter
regalo gift, present
régimen *m* regime
registrar search
regla rule
regresar return
regreso return
rehacer (rehago) redo, remake
reinar reign
reír(se) (i,i) laugh
reja grille, lattice
relacionar relate
relámpago lightning
relato story
religioso religious
reliquia relic
reloj *m* clock, watch
remediar remedy, resolve
remedio remedy; **¿qué**
  — tenía? what else could
  she do?
rencor *m* rancor, grudge
rendir overtake
rendirse (ie,i) become
  exhausted, worn out
renglón line
renunciar renounce
reparar repare
repartir distribute, hand out
reparto distribution
repente: de — all of a
  sudden
repentino sudden
repetir (i,i) repeat
reponer (repongo)
  reestablish, put back,
  fix, answer back
reportero reporter
representante *m & f*
  representative

representar represent; act out

reproducir (zc) reproduce

reptil *m* reptile

repuesto spare, extra

requerir (ie,i) require

requisito requirement

res *f* beef

resbalar slip, slide, roll off;
  resbalarse slip, slide

resentimiento resentment

resentir (ie,i) resent, feel resentment

residir reside

resignar resign

resolver (ue) resolve, solve

resoplar puff, breathe hard

respaldar support, back up

respecto: al — about that;
  con — a with respect to

respetar respect

respeto respect

respetuoso respectful

respirar breathe

resplandecer (zc) shine, stand out

responder respond, answer

responsabilidad
  f responsibility

respuesta answer

restante remaining

restaurante *m* restaurant

resuelto resolved

resultado result

resultar turn out, result, wind up

resumen *m* summary

resuscitar resurrect

retener (retengo, ie) retain

retomar take again

retornar return

retraer (retraigo) retract

retrato portrait

retrete *m* toilet

reunión *f* meeting, reunion

reunir(se) (ú) gather, get together; reunite

revelar reveal

revés *m* back, reverse;
  al — wrong side out; upside down; the opposite way

revista magazine

revolucionar revolutionize

rey *m* king

rezar (c) pray

rico rich; delicious

ridículo ridiculous

rielar twinkle

riesgo risk

rincón *m* corner; small place

riñón *m* kidney

riqueza wealth

rítmico rhythmic

ritmo rhythm

rito rite

robar rob, steal

robo robbery

rociar splash

rodear surround

rogar (gu) beg

rojo red

romano Roman

rompecabezas *m* puzzle

romper break

ropa clothes

ropero clothes closet

rosa pink; rose

rosario rosary

rostro face

roto (*pp of* romper) broken

rotundo firm, peremptory, full

rubio blond

rueda wheel

ruedo bullring

ruego plea; prayer

ruido noise

rumbo direction

rumor *m* sound; rumor

Rusia Russia

ruso Russian

ruta route

rutinario routine

S

sábado Saturday

saber know; know how;
  — a taste like

sabio wise person, scholar;
  adj wise

sabor *m* flavor

saborear taste; savor

sabroso delicious

sacar (qu) get, take out; take off; — una nota get a grade

sacerdocio priesthood

sacerdote *m* priest

saco jacket

sacrificio sacrifice

Sagitario Sagittarius

sagrado sacred

sal *f* salt

sala living room; — de clase classroom; — de estar den, sitting room; — de recepción reception hall; — de recreo den, family room

salario salary

salchicha sausage

salida exit; dismissal

salir (salgo) leave; go out; come out

salón *m* parlor

salpicar (qu) dot, splash

saltar jump, leap; —le encima a alguien jump on top of someone

salud *f* health

saludar greet

saludo greeting
salvaje savage, wild
salvar save
san *variant of* **santo**
sanar cure, heal
sancocho *Venezuelan fish stew*
sangre *f* blood
sangría *Spanish drink of wine and fruit juices*
sanidad *f* sanitation
sano healthy
santo saint
sarampión *m* measles
satisfacer (satisfago) satisfy; *pp* **satisfecho** satisfied
satisfactorio satisfactory
sayama *type of snake*
sea *subj of* **ser; por más ... que** — no matter how ... she may be; — **lo que fuere** whatever the case, anyway
secadora dryer
seco dry
secretario secretary
secuestrar kidnap
secundario secondary; **escuela secundaria** high school
sed *f* thirst; **tener** — be thirsty
seductor, -a seductive
seguida: en — right away
seguir (i,i) follow, keep on; continue
según according to
segundo second
seguridad *f* security, certainty
seguro sure; safe
selva jungle
semana week
semejante similar
senador, -a senator

sencillo simple
seno breast
sentar (ie) seat; **sentarse** sit down
sentido sense; **recobrar el** — regain consciousness
sentimiento feeling, sentiment
sentir(se) (ie,i) feel
seña sign
señalar signal; point out
señor Mr.; lord, sir; gentleman
señora Mrs., ma'am; wife; lady
señorita Miss, young lady
separar separate
septiembre *m* September
ser be; *m* being
sereno night watchman
serie *f* series
serio serious
serpiente *f* serpent; snake
servicio service; household help
servidumbre *f* servants
servir (i,i) serve; be good for; be used for
sésamo sesame
sesenta sixty
seta mushroom
setenta seventy
severidad *f* severity
sicológico psychological
siempre always, still
sierpe *f* snake
sierra mountain range
sigiloso silent, reserved
siglo century
significado meaning
significar (qu) meaning
significativo meaningful, significant
signo sign
siguiente following

sílaba syllable
silbar whistle; hiss
silbato whistle
silbido whistle
silencio silence
silencioso silent
silla chair
sillín *m* seat
sillón *m* armchair
silvestre wild
simbolizar (c) symbolize
simpatía friendly feeling
simpático nice
sin without
sindicalista *m & f* union
sindicalizar (c) unionize
sindicato union
singular singular; strange
sino but (rather) — **que** but (rather)
sinónimo synonym
sintético synthetic
siquiera even; **ni** — not even
sirviente maid
sirviente, -a servant
sistema *m* system
sitio place
sobra: de — more than enough
sobrante extra
sobrar be more than enough
sobras *pl* leftovers
sobre on; about; *m* envelope
sobrenatural supernatural
sobrepasar go beyond, outdo
sobrepoblación *f* overpopulation
sobresaliente outstanding
sobresalir **(sobresalgo)** excel, be outstanding

sobresaltar startle; start

sobreviviente *m & f*
survivor

sobrevivir survive

sobrina niece

sobrino nephew

sociedad *f* society

socio partner, associate

sociológico sociological

sociólogo sociologist

socorro help

sol *m* sun; **reloj de
— sundial**

solamente only

soldado soldier

soledad *f* solitude

soler (ue) have the custom
of; **suele llegar tarde** he
usually arrives late

solidaridad *f* solidarity

sólido solid

sollozo cry, sob, sobbing

solo alone, lone

sólo only, just

soltar (ue) let loose

soltero bachelor; unmarried

solucionar resolve

sombra shadow

sombreado shaded

sombrío somber

someter subject, dominate

somnolento sleepy

sonar (ue) sound, ring

sonido sound

sonoro sonorous, clear,
loud

sonreír (i,i) smile

sonriente smiling

sonrisa smile

soñar (ue) (con) dream
(about)

sorprendente surprising

sorprender surprise

sorpresa surprise

soslayo: mirar de — look

suspiciously, look out of
the corner of one's eye

sospecha suspicion

sospechar suspect

sospechoso suspicious

sostener (sostengo, ie)
sustain, support

Sr. *abbr. of* **señor**

Sra. *abbr. of* **señora**

Srta. *abbr. of* **señorita**

suave soft

subconsciente subconscious

subir rise, go up, gain, get
up, get on; **— de
peso** gain weight

subterfugio trick

subterráneo subway

suceder happen

suceso event, happening

sucio dirty

Sucre: Marichal — *Quito
airport*

Sudamérica South America

sudar sweat

sudoroso sweaty

suegra mother-in-law

sueldo salary

suelo floor

**suelto: dormir a pierna
suelta** sleep soundly

sueño dream

suerte *f* luck; **golpe de
— stroke of luck; por
— luckily; tener —** be
lucky

suéter *m* sweater

suficiente enough,
sufficient

sufrimiento suffering

sufrir suffer

sugerir (ie,i) suggest

suntuoso sumptuous

superioridad *f* superiority

supermercado supermarket

supersticioso superstitious

suplementario supplementary

suplicar (qu) beg, implore

súplica plea

suplirse supply, make up
for

suponer (supongo) suppose

suprimir suppress

supuesto *pp of*
suponer supposed; **por
—** of course

sur *m* south

suroeste *m* southwest

su his, her, its, your, their

suspiro sigh

sustantivo noun

sustituir (y) substitute

susto fear, fright, dread

susurro whisper

sutileza subtlety; **dejarse de
sutilezas** cut out the
quibbling

suyo his, her, its, your,
their, of his, of hers, of
yours, of theirs

T

tabla board; **— de
planchar** ironing board

tablero panel, board; **—
telefónico** switchboard

taco *Mexican dish consisting
of meat or chicken with cheese,
onions and tomatoes wrapped
in a corn pancake*

tal such, such a

tal vez perhaps, maybe

Talia *South American comic
strip character*

taller *m* workshop, studio

tamal *m Mexican dish
consisting of corn meal
dumpling filled with meat or
chicken and spices, steamed in
corn husks*

tamaño size

también also
tampoco neither, either
tan so
tanto so much; **tantos** so many
tapar cover; cover up
tapices *m pl* tapestry
tardar take a long time; take time
tarde *f* afternoon; *adj* late; **buenas tardes** good afternoon
tarea task, homework
tarjeta card
tarro can
tartamudear stammer, stutter
Tauro Taurus
tauromaquia bullfighting
taza cup
teatral theatrical
teatro theater
techo roof
técnico technical
tecnología technology
Tejas Texas
tela cloth; material
telefónico: tablero — switchboard
telefonista *m & f* telephone operator
teléfono telephone
telenovela soap opera
televidente *m & f* television viewer
televisor *m* television set
telón *m* curtain
tema *m* theme, topic; subject
temblar (ie) tremble
temer fear
temor *m* fear
tempestad *f* storm
templado moderate, temperate

templo temple
temporal temporary
temprano early
tendencia tendency
tender (ie) stretch out; hand over; **— la cama** make the bed
tener (tengo, ie) have, hold; **— años** be . . . years old; **— la bondad de** be kind enough to; **— calor** be warm; **— cuidado** be careful; **— la culpa** be guilty; **— frío** be cold; **— ganas de** feel like; **— hambre** be hungry; **— miedo** be afraid; **— pausa** have time; **— que** have to; **— razón** be right; **— sed** be thirsty; **— suerte** be lucky; **— vergüenza** be ashamed
tenida outfit
tenista *m & f* tennis player
tenso tense, tight, taut
teología theology
teológico theological
teólogo theologian
teoría theory
tercer *see* **tercero**
tercero third
terminación *f* end, ending
terminar end, finish, wind up
terraza terrace
terreno land, terrain, plot, ground
terrestre terrestrial, earthly
terrible terrific, terrible
territorio territory
tesis *f* thesis
tesoro treasure
testigo witness
testimonio testimony
tía aunt

tiempo time; weather; **con —** ahead of time
tienda store
tierra land, earth
timbre *m* bell
tímido timid, shy
tinto red (*wine*)
tío uncle; **tíos** uncles, aunt and uncle
típico typical
tipo type
tiranía tyranny
tirar throw; throw down; throw away; **— ventosidades** pass gas; **tirarse en trineo** go sledding
títere *m* puppet
título title
toc tap
tocadiscos *m* record player
tocador *m* dressing trable, vanity table
tocar (qu) touch; ring, play; **le toca a Ud.** it's your turn
tocha path
todavía still, even, yet
todo all, every; completely; **— lo contrario** just the opposite; **— el mundo** everybody; **en — caso** anyway; **— el día** all day; **todos los días** every day
todopoderoso all-powerful
tolerar tolerate, stand
tomar take, drink; **— una decisión** make a decision; **— el desayuno** eat breakfast
tomate *m* tomato
tono tone
tontería piece of nonsense, foolishness
tonto dumb, stupid; silly
torear bullfight

toreo bullfighting
torero bullfighter
tormenta storm
toro bull
toronja grapefruit
torpe clumsy
torta cake
total total, after all, **en —**
all in all
totalidad *f* totality
trabajador, -a worker; *adj.*
hard-working
trabajar work
trabajo work, job
traducir (zc) translate
traer (traigo) bring
tragar (gu) swallow
tragedia tragedy
trágico tragic
traje *m* suit; **— de**
baño bathing suit
trampolín *m* diving board
tranquilizar (c) calm, make
tranquil
transponer
(transpongo) transpose
transporte *m* transportation
tranvía *m* streetcar
tras after
trasero back, hind
trasmitir transmit
trasnochador, -a nocturnal,
staying up all night
trastornar disturb
→ **trastorno** disturbance
tratado treaty
tratamiento treatment
tratar (de) try, treat, call;
deal
trato treatment; dealing
través: a — de through
trece thirteen
treinta thirty
tremendo tremendous
tren *m* train

mental quirk, derangement

trenza braid
triángulo triangle
tribunal *m* court
tribu *f* tribe
tributo tribute
trineo sled
triste sad
tristeza sadness
trituradora garbage
disposal
triunfar triumph, succeed
triunfo triumph
triuno three in one, triune
tromba licuadora liquifier
tronco trunk
tropa troop
trozo piece
trocado switched, wrong,
false
trueno thunder
tuerto one-eyed
tunda one-footed devil;
bogeyman
turístico tourist, touristic
tu your
tuyo your, yours

U

últimamente lately
último last; **por —** last of all
umbral doorway
único unique, only
unidad *f* unity
unido united; **Estados**
Unidos United States
unir unite, unify
universidad *f* university
universitario university
unos some
untar smear
uña nail
urbanidad *f* etiquette
urgencia urgency, rush,

hurry
uruguayo Uruguayan
usar use
uso use
usté *var. of* **usted**
usted you
útil useful
utilizar (c) use; utilize
uva grape

V

vacación *f* vacation day, day
off; **vacaciones** vacation
vaca cow
vaciar (í) empty
vago vague
vainilla vanilla
valer (valgo) be worth; cost;
más vale tarde que
nunca better late than
never
validez *f* validity
válido valid
valiente valiant, brave
valija valise, suitcase
valioso valuable
valor *m* value
vanidad *f* vanity
vapor *m* steam; steamboat
vara stick
variar (í) vary
variedad *f* variety
varios several, various
varón *m* man; **niño—** male
child; **varoncito** boy
vástago offspring
vasto vast
vecino neighbor
veinte twenty
vejez *f* old age
vela candle
velador *m* night table

velo   veil
vencer (z)   vanquish, defeat
vendedor, -a   salesperson
vender   sell
venéreo   venereal
vengativo   vengeful
venida   coming back, return;
   ida y —   trip to and from
venir (vengo, ie)   come; la
   semana que viene   next
   week; el año que
   viene   next year
ventaja   advantage
ventana   window
ventosidad f   gas (from the
   intestine)
ver (veo)   see; —
   televisión   watch
   television;
verano   summer
verdad f   truth; es —   it's
   true; ¿—?   right? isn't it?
verdadero   real, true
verde   green, dirty
verdura   green, green
   vegetable
vergüenza   shame; tener
   —   be ashamed; dar
   —   make ashamed
vestido   dress, garment
vestir (i,i)   dress
vestuario   clothing
vez f   time; algunas
   veces   sometimes; en —
   de   instead of; tal
   —   maybe
viajar   travel
viaje m   trip

vía   way, route
vicepresidente, -a   vice
   president
vicioso   vicious; degenerate,
   corrupt
víctima   victim
vida   life
viejo   old; old person;
   familiar endearment
viento   wind
vientre m   belly, womb
vigilancia   watchfulness
vigilante m & f   guard,
   watchman
vigilar   watch, watch over
villa   town
vínculo   bond
vino   wine
Viña del Mar   city in Chile
violencia   violence
violento   violent
virgen f   virgin
virilidad f   virility,
   masculinity
virreinato   viceroyalty
virrey m   viceroy
virtud f   virtue
visita   visit, visitor
visitar   visit
vista   view, vision; sight;
   punto de —   point of view
vitalidad f   vitality
viuda   widow
vivienda   housing; dwelling
vivir   live
vivo   alive; clever; bright
vocablo   word
vocal f   vowel

volador, -a   flying
voltear   turn
volumen m   volume
voluntad f   will
volver (ue)   return; —
   a   (do something) again;
   volverse   turn; — loco
   —   go crazy
votaciones pl   elections
votar   vote
voto   vote
voz f   voice; dar
   voces   shout
vuelta   turn; dar una
   —   take a ride, walk; estar
   de —   be back; darle
   vueltas al asunto   turn the
   matter over in one's mind

Y

ya   already; now
yanqui   Yankee, American
Yayita   Chilean comic strip
   character
yugoslavo   Yugoslavian

Z

zanahoria   carrot
zapato   shoe
zodíaco   zodiac
zona   zone
zorra   fox

PERMISSIONS

"La familia" from *Comisión interamericana de mujeres*

"El hijo único: ¿un problema?" from *Buenhogar*

Isabel Cuchi Coll, "La hija del divorcio," published by Ediciones Rumbos, Barcelona, by permission of author

Marisa Paltrinieri, "¿Sabe Ud. conquistar a un hombre?" from *Buenhogar*

"La mujer española ante la ley" from *Visión*

Alfonso Hernández-Catá, "El maestro," by permission of Nascimento, Santiago de Chile

Tomás Rivera, "Es que duele," published by Quinto Sol, by permission of author

"Condorito," by permission of Empresa Editora Pincel Limitada

Eduardo G. Rico, "Entrevista con El Cordobés," from *Dopesa*

A. W. Maldonado, "¿Cómo resolver el problema del crimen?" by permission of *El Mundo*

Antonio Martínez Ballesteros, "Las bicicletas," published by Escelicer, by permission of Independent School Press

Juan José Arreola, "Baby H. P."

Manuel González Ramírez, "El rosario de ébano y plata," published by Aguilar

J. David Suárez Torres, "Frente a una taza de café," by permission of author

Jorge Luis Borges, "Historia de dos que soñaron," by permission of Torres Aguero

Germán Arciniegas, "América, tierra firme," by permission of author

Arturo Jiménez Borja, "La culebra y la zorra," published by Doncel, Madrid

Adalberto Ortiz, "La entundada," by permission of author

276